苏·区·振·兴·智·库

赣南苏区推动中小企业发展的经验及思考

田延光◎主编　杨　鑫　黄仕佼◎著

EXPERIENCE ON PROMOTING THE DEVELOPMENT OF SMALL AND MEDIUM ENTERPRISES IN SOUTHERN JIANGXI SOVIET AREA

经济管理出版社
ECONOMY & MANAGEMENT PUBLISHING HOUSE

图书在版编目（CIP）数据

赣南苏区推动中小企业发展的经验及思考/田延光主编，杨鑫，黄仕佼著．—北京：经济管理出版社，2019．5
ISBN 978-7-5096-6500-8

Ⅰ．①赣…　Ⅱ．①田…　②杨…　③黄…　Ⅲ．①中小企业—企业发展—研究—赣南地区　Ⅳ．①F279．243

中国版本图书馆 CIP 数据核字（2019）第 065736 号

组稿编辑：丁慧敏
责任编辑：丁慧敏　张莉琼
责任印制：黄章平
责任校对：赵天宇

出版发行：经济管理出版社
（北京市海淀区北蜂窝 8 号中雅大厦 A 座 11 层　100038）
网　　址：www．E-mp．com．cn
电　　话：（010）51915602
印　　刷：三河市延风印装有限公司
经　　销：新华书店
开　　本：720mm×1000mm/16
印　　张：15
字　　数：222 千字
版　　次：2019 年 6 月第 1 版　　2019 年 6 月第 1 次印刷
书　　号：ISBN 978-7-5096-6500-8
定　　价：59．00 元

前言

2012年中央出台《国务院关于支持赣南等原中央苏区振兴发展的若干意见》（以下简称《若干意见》）。2013年，中央决定，由国家发改委、中央组织部牵头，组织中央国家机关及有关单位分别支援赣南苏区各县。自此，赣南苏区在党中央和国务院的决策、领导以及指挥下，掀起了一场声势浩大的发展运动，至今已经快七个年头了。这六年多来，赣南苏区的发展进入了高速发展的快车道，经济发展取得了显著的成效，各地县域政府根据自身的区域特点和产业发展特色，先后探索出了诸多特色产业发展模式，吸引了大量的中小企业聚集，形成了初具规模的特色产业发展集群（如赣州的新能源汽车产业城、南康家具产业城、稀金谷、青峰药谷，赣南的电子信息产业带等），积累了相当多推动中小企业发展的经验。

赣州市始终把发展民营经济作为深化改革开放的重要举措及振兴苏区发展的有力支撑，中小民营经济呈现出持续快速健康发展的良好态势。截至2018年10月，赣州市拥有经工商登记注册的中小企业9.8万户，是1979年包括个体工商户在内中小企业的326倍多。其中，规模以上中小企业1861户，拥有省级“专精特新”中小企业175户，年均新增中小企业2450户。赣州市还加强政策支持，深入开展“降成本优环境”活动，让中小企业共享政策的阳光雨露。加强创智培育，创办赣州创业大学，引导中小企业转型升级。举办“个升企”知识培训班，引导和推动个体工商户升级为公司制企业。创新设立“创业信贷通”“小微信贷通”“财园信贷通”，加强对中小企业的融资服务。加强精准帮扶，促进中小企业发展。同时，通过“小微信贷通”“创业信贷通”，有力地缓解了中小企业融资难问题。截至2018年10月底，赣州市已经拥有各类市场主体近52万户，全市中小企业总户数达9.8万户，同比增长20.07%。全市中小民营企业吸纳就业人数190万余人，成为解决就业和再就业的主要载体。2018年前三个季度，赣州市非公经济增加值1179.8亿元，增速9.5%，两项指标均居全省第二，非公经济增加值占同期全市国内生产总值（GDP）的比重为60.5%。赣州市中小企业行业门类从无到有、企业数量由少到多、经济规模由小变大、竞争力由弱渐强、发展质量快速提升，已经成为推动全市经济社会发展不可或缺的重要力量。

因此，本书的主要内容就是要通过详尽的实地调研及访谈，总结《若干意见》出台之后，赣南中央苏区在推动中小企业发展过程中所做出的努力及取得的经验，详细剖析各个产业集群发展过程中的每一个细节，深入挖掘各地县域政府在推动中小企业发展过程中所做的努力，总结并归纳发展成功的经验，为今后更好地推动中小企业的发展提供借鉴。具体章节如下：第一章，引言。介绍了本书的研究背景、目的、意义、研究方法和主要研究内容。第二章，我国对中小企业的界定与相关支持政策。第三章，《国务院关于支持赣南等原中央苏区振兴发展的若干意见》出台后苏区发展迎来新篇章。第四章，江西省出台相关政策助力赣州中小企业发展。第五章，《国务院关于支持赣南等原中央苏区振兴发展的若干意见》出台后赣州中小企业发展成效分析。第六章，对口支援加速助推中小企业发展。第七章，赣州助推中小企业发展经验探索。第八章，赣南苏区中小企业未来发展困境与思考。在以上八章中，黄仕佼博士主要负责撰写第一章到第四章的主要内容，杨鑫博士主要负责撰写第五章到第八章的主要内容。

总体来说，本书在梳理中央、江西及赣州出台的支持中小企业发展的政策、国家各部委对口支援赣南苏区各县项目的同时，重点介绍了赣南苏区如何围绕《若干意见》大力推动中小企业的发展，介绍了赣南苏区的具体做法与相关经验。赣州市政府为了支持赣州苏区中小企业的发展可谓在方方面面都尽心尽力、不遗余力，各项政策、措施、规划、布局等都系统而全面。所以，本书在最后从赣南苏区中小企业未来长远和可持续发展的角度提出了“继续打造硬实力，着力提升软实力，关注硬软实力转化”的思考。未来“软实力”必将成为中小企业可持续发展的动力源泉，希望赣南苏区在不断增强硬实力的同时，多注重软实力的培育，尤其是如何将硬实力增强转化为软实力提升的问题。最后，祝赣南苏区中小企业的明天更美好！

目 录

第一章　引　言

第一节　研究背景、目的和意义

2012 年 6 月 28 日国务院出台了《国务院关于支持赣南等原中央苏区振兴发展的若干意见》（以下简称《若干意见》）。《若干意见》的出台，正式把振兴赣南苏区经济上升为国家战略，强调了苏区经济发展的重要性。同时，为了更好地落实《若干意见》的扶持精神，2014 年 3 月，赣闽粤三省联合出台《赣闽粤原中央苏区振兴发展规划》，对于推动苏区实现跨越式发展、实现全面小康社会的奋斗目标，具有切实的指导意义。

中央苏区是指土地革命战争时期党中央在赣南地区和闽西地区建立的根据地，在革命时期作出过巨大的贡献。赣南苏区特指江西范围内的原中央苏区（以下简称赣南苏区），地域广阔，人口密集，自然资源丰富，但是由于战争的破坏和政策等原因，经济一直没有得到较好的发展，逐步与我国其他地区拉开差距，成为经济落后区，如何大力发展赣南苏区经济，成为当前振兴赣南苏区发展的重要课题。众所周知，大众创业、万众创新的主力军是中小企业，目前中国注册在案的中小企业超过 1100 万家，加上个体工商户总数超过 3800 万户，中小企业总数已占全国企业数量的 99%以上，贡献的最终产品和服务价值超过 GDP 总份额的 60%，吸纳了全国九成的就业人口，由此可见中小企业在我国经济发展过程中有着极其重要的地位，著名企业家马云曾表

示“中国未来的很多问题还是要靠中小企业来解决”。而赣南苏区拥有丰富且独具特色的矿产资源，广阔的森林资源和红色旅游资源等，如何依赖这些有利的资源禀赋，发展相关特色产业，培育一批优质特色的中小企业，增加就业，促进农民增收，振兴赣南苏区经济成为当前急需解决的问题。

因此，本书主要以赣南苏区县为研究范围，分析当地特色资源与经济发展之间的动态关系，探索赣南苏区在《若干意见》之后，如何运用政策红利推动中小企业快速做大做强，形成产业群聚集的发展之路。

第二节　本书主要内容

2012 年《若干意见》出台之后，在党中央和国务院的决策、领导及指挥下，赣南等中央苏区掀起了一场声势浩大的发展运动，至今已经将近七个年头。这六年多来，赣南等中央苏区的发展进入了高速发展的快车道，经济发展取得了显著的成效，各地县域政府根据自身的区域特点和产业发展特色，先后探索出了诸多特色产业发展模式，吸引了大量的中小企业聚集，形成了初具规模的特色产业发展集群，积累了相当多的推动中小企业发展的经验。如赣州的新能源汽车产业城、南康家具产业城、稀金谷、青峰药谷，赣南的电子信息产业带等。

因此，本书的主要研究内容就是要通过详尽的实地调研及访谈，总结 2012 年《若干意见》之后，赣南中央苏区在推动中小企业发展过程中所做出的努力及取得的经验，详细解剖各个产业集群发展过程中的每一个细节，深入挖掘各地县域政府在推动中小企业发展过程中所做的努力，把所有这些发展的成功经验进行总结归纳，为今后更好地推动中小企业的发展提供借鉴。具体章节内容如下：

第一章，引言。介绍了本书的研究背景、目的、意义、研究方法和主要研究内容。

第二章，我国对中小企业的界定与相关支持政策。首先，介绍各国对中小企业界定的标准及我国现行的《中小企业划型标准规定》界定标准。其次，研究说明了中小企业在我国经济发展过程中所起到的关键性作用及重要性地位。最后，梳理了我国若干年来支持中小企业发展的主要政策。

第三章，《国务院关于支持赣南等原中央苏区振兴发展的若干意见》出台后苏区发展迎来新篇章。本章主要介绍了《若干意见》对于赣南苏区发展的重要意义和总体要求。详细解读了《若干意见》的主要内容，包括政策扶持和保障，开启了赣南苏区发展的新篇章。

第四章，江西省出台相关政策助力赣州中小企业发展。自国家出台《若干意见》之后，江西省政府和赣州市政府迅速反应，就税收、金融、人才、产业引导、中小企业创业就业环境改善等方面出台了一系列的政策文件，支持赣南等原中央苏区的发展，大力持续推动改善中小企业经营环境，助推中小企业发展快速成长。

第五章，《国务院关于支持赣南等原中央苏区振兴发展的若干意见》出台后赣州中小企业发展成效分析。《若干意见》后，赣州迎来了飞速发展的黄金时期，中小企业经营环境持续改善。本章从自 2012 年来的主要经济指标变化，赣州工业园区建设及招商引资状况，第一、第二、第三产业中中小企业经济发展状况及未来规划等情况，阐述了自 2012 年以来中小企业经营与发展环境发生的巨大变化。

第六章，对口支援加速助推中小企业发展。本章介绍了中央国家机关及有关单位对口支援赣南等原中央苏区实施方案，包括江西省高等院校及科研机构对口支援赣南等原中央苏区实施方案。从政策、资金、人才等方面介绍了国家各部委对口支援赣南苏区县的主要成效，并从宁都高级技工学校、龙南保税物流中心、兴国新农村建设、安远路网等案例详细解读对口支援在助推中小企业发展过程中的重要性作用。

第七章，赣州助推中小企业发展经验探索。本章通过十个方面详细解读了自《若干意见》出台后，赣州在助推中小企业成长、改善中小企业经营环境等方面所做出的努力，包括政策、政府的顶层设计与推动、中小企业融资对接、赣州港、创新协调共赢供应链体系、政府重点培育扶持、简化中小企业办事流程、建设国家省级企业配套检查中心、宜居环境打造、康养产业发展等方面。

第八章，赣南苏区中小企业未来发展困境与思考。《若干意见》出台后赣州发展迅猛，各项基础设施建设等“硬实力”提高显著，但教育、医疗等“软实力”发展还相对滞后，影响未来中小企业的可持续发展。因此，本书将从“软硬”实力两个方面的提升和转化等来探讨赣南未来中小企业的可持续发展之路。

第三节　本书主要研究方法

本书主要采取了实地调研法、文献研究法等研究方法。

2012 年以来，苏区振兴研究院研究人员先后承担了一系列重大课题，如“振兴原中央苏区的现实条件、产业布局和财税政策研究”“实施中央苏区振兴规划政策研究”“江西与全国同步建设小康社会发展战略研究”“赣闽粤中央苏区内陆开放型经济体系建设研究”等。为了提高课题研究的质量，确保课题所提政策切实有效，课题组深入中央苏区开展了多次、大量的实地调研，收集了大量的一手调研资料、数据及图片。

主要的实地调研形式有：实地考察、座谈会、问卷调查以及与相关部委挂职领导、企业家单独访谈等。

座谈会是收集研究资料的主要形式。近几年来，苏区振兴研究院与江西省苏区振兴办、市苏区振兴办、县（市、区）苏区振兴办建立了紧密的工作关系，为资料收集创造了良好的条件。足迹遍布江西省赣州市、吉安市、抚州市等地。

为了更好地收集资料，座谈会一般分层次召开，即省级层面、市级层面、县级层面。

（1）省级层面的座谈会。2016 年 4 月 9 日，“汇聚苏区振兴对策，打造江西特色智库”研讨会在江西师范大学召开。出席会议的领导和专家有江西省人大常委会原副主任胡振鹏，江西师范大学党委书记、苏区振兴研究院院长田延光，江西省赣南等中央苏区振兴发展工作办公室副主任谢宝河、省农业厅副厅长唐安米、省政府参事王志国、原中央苏区振兴发展工作办公室苏区振兴发展处处长江东灿，赣州市赣南苏区振兴发展工作办公室副主任缪小征、南昌大学经济管理学院院长刘耀彬、南昌大学中国中部经济社会发展研究中心常务副主任傅春、江西师范大学社会科学处处长董圣鸿、江西师范大学商学院副院长张明林、苏区振兴研究院常务副院长刘善庆、苏区振兴研究院副院长黎志辉和黄小勇等。与会领导和专家就赣南等中央苏区振兴发展的重大战略问题及对策建议等提出了真知灼见，收集了相当多的信息。

（2）市级层面的座谈会。2012 年，由江西师范大学原党委书记、苏区振兴研究院院长陈绵水教授带队，在抚州市、吉安市、赣州市三个市的市政府分别组织召开座谈会，为重大课题研究提供资料、信息。2012 年 7 月，赣州市政府组织“江西师范大学课题调研会”，市属各部门领导与会，提供了书面报告、统计年鉴等资料。

（3）县级层面的座谈会。2012 年以来，先后多次在瑞金市、南康区、南城县、兴国县、大余县、信丰县等县（市）组织召开座谈会。其中 2019 年 1 月 13~28 日，由省苏区振兴办牵头组织了一次大范围的针对赣南苏区全域的实地调研、座谈及访谈，调研组历时半个多月先后考察了宁都、石城、瑞金、会昌、寻乌、安远、定南、全南、龙南、信丰、大余、崇义、上犹、南康、赣州章贡区、赣州经开区、赣州溶江新区、赣县、于都、兴国等县市。在调研考察过程中，各地县（市）委、县（市）政府都高度重视，积极配合组织召开座谈会，各县振兴办主任全程陪同实地考察，帮助协调各个部门收集数据，为课题调研提供了极大方便，收集了大量素材。

（4）各县挂职的国家部委干部访谈。国家部委挂职干部对苏区的振兴发展起到了不可或缺的关键性作用，他们不仅为各县带来了崭新的发展理念、也带来了实实在在的具体支援政策和项目，更是承上启下联络的桥梁。可以说如果没有他们，苏区的振兴发展不会如此顺畅和高效。此次 2019 年赣州全域的大范围考察调研，调研组专门访谈了这些国家部委的挂职干部。

第二章　我国对中小企业的界定与相关支持政策

第一节　我国对中小企业的界定

中小企业的定义主要有以下几种方法：①法律定义。法律定义中小企业的概念，通常具有一个广泛而稳定的特点。部分发达国家对中小企业有定义，有中小企业法，例如，美国《中小企业法》规定，不构成垄断行业的企业是中小型企业，鼓励竞争反对垄断。②策略定义。部分国家对中小企业有相关的规定，也有发达国家对中小企业的定义没有特别规定。政府为促进经济发展，往往对中小企业给予优惠政策，而没有明确的中小企业界定或者法律概念会造成政策支持的难以推行。通过研究各国对中小企业的定义发现，经常使用的指标中，最多的是资本量、工人数、营业额，一些国家采用中小企业资产价值来定义。政府政策中对中小企业的定义，其考虑的原因是中小企业因为需要政策支持，通过制定明确的概念将支持对象限制在一定范围内，使得有真实需求的中小企业获得切实有意义的资金、税收等一系列支持。③统计界线。事实上，大型企业和中小型企业作为企业集团的一部分，没有明显的界限。人们在对大型企业和中小型企业进行统计分析时常常人为地在大小企业之间设定一个数值。

国际上对中小企业的划分一般依据三个标准：企业资本数、企业职工数、

一定时期的营业额，在这三个因素中一般难以全部采用，通常只采用其中两项。中小企业的界定由于行业的不同、时间空间的不同，其定义难以一致。在不同国家或地区，不同时期，不同产业、行业，呈现出不一致的状态。例如：

美国：对于中小企业的界定主要是根据企业员工的人数，把雇员人数不超过500人的企业定义为中小企业。

英国：质的规定——市场份额较小；所有者亲自管理；企业独立经营；

量的指标——小制造业：从业人员在200人以下；

小建筑业、矿业——从业人员在25人以下；

小零售业——年销售收入在18.5万英镑以下；

小批发业——年销售收入在73万英镑以下。

欧盟：雇员人数在250人以下且年产值不超过4000万欧元，或者资产占年度负债总额不超过2700万欧元且不被一个或几个大企业持有25%以上的股权。其中，雇员少于50人、年产值不超过700万欧元，或者资产年度负债总额不超过500万欧元，并且有独立法人地位的企业。

日本：制造业——从业人员300人以下或资本额3亿日元以下；

批发业——从业人员100人以下或资本额1亿日元以下；

零售业——从业人员50人以下或资本额5000万日元以下；

服务业——从业人员100人以下或资本额5000万日元以下。

我国对于中小企业的界定更为系统、详尽，截至2018年，我国对中小企业的定义经历了六次较大的修改，分别为20世纪50年代、1962年、1978年、1988年、2003年和最近一次的2011年。在2011年的法规中，小微企业被合并在中小企业的概念之中。故本书所指中小企业也包含了小微企业的概念，下文不再赘述。根据《国务院关于进一步促进中小企业发展的若干意见》（国发〔2009〕36号）和《中华人民共和国中小企业促进法》，我国发展改革委员会、工业和信息化部、财政部和国家统计局在2011年4月发布了《中小企业划型标准规定》。规定的主要内容包括：

（1）根据《中华人民共和国中小企业促进法》和《国务院关于进一步促进中小企业发展的若干意见》（国发〔2009〕36号），制定本规定。

（2）中小企业划分为中型、小型、微型三种类型，具体标准根据企业从业人员、营业收入、资产总额等指标，结合行业特点制定。

（3）本规定适用的行业包括：农、林、牧、渔业，工业（包括采矿业，制造业，电力、热力、燃气及水生产和供应业），建筑业，批发业，零售业，交通运输业（不含铁路运输业），仓储业，邮政业，住宿业，餐饮业，信息传输业（包括电信、互联网和相关服务），软件和信息技术服务业，房地产开发经营，物业管理，租赁和商务服务业，其他未列明行业（包括科学研究和技术服务业，水利、环境和公共设施管理业，居民服务、修理和其他服务业，社会工作，文化、体育和娱乐业等）。

（4）各行业划型标准。

1）农、林、牧、渔业。营业收入20000万元以下的为中小微型企业。其中，营业收入500万元及以上的为中型企业，营业收入50万元及以上的为小型企业，营业收入50万元以下的为微型企业。

2）工业。从业人员1000人以下或营业收入40000万元以下的为中小微型企业。其中，从业人员300人及以上，且营业收入2000万元及以上的为中型企业；从业人员20人及以上，且营业收入300万元及以上的为小型企业；从业人员20人以下或营业收入300万元以下的为微型企业。

3）建筑业。营业收入80000万元以下或资产总额80000万元以下的为中小微型企业。其中，营业收入6000万元及以上，且资产总额5000万元及以上的为中型企业；营业收入300万元及以上，且资产总额300万元及以上的为小型企业；营业收入300万元以下或资产总额300万元以下的为微型企业。

4）批发业。从业人员200人以下或营业收入40000万元以下的为中小微型企业。其中，从业人员20人及以上，且营业收入5000万元及以上的为中型企业；从业人员5人及以上，且营业收入1000万元及以上的为小型企业；从业人员5人以下或营业收入1000万元以下的为微型企业。

5）零售业。从业人员300人以下或营业收入20000万元以下的为中小微型企业。其中，从业人员50人及以上，且营业收入500万元及以上的为中型企业；从业人员10人及以上，且营业收入100万元及以上的为小型企业；从

业人员 10 人以下或营业收入 100 万元以下的为微型企业。

6）交通运输业。从业人员 1000 人以下或营业收入 30000 万元以下的为中小微型企业。其中，从业人员 300 人及以上，且营业收入 3000 万元及以上的为中型企业；从业人员 20 人及以上，且营业收入 200 万元及以上的为小型企业；从业人员 20 人以下或营业收入 200 万元以下的为微型企业。

7）仓储业。从业人员 200 人以下或营业收入 30000 万元以下的为中小微型企业。其中，从业人员 100 人及以上，且营业收入 1000 万元及以上的为中型企业；从业人员 20 人及以上，且营业收入 100 万元及以上的为小型企业；从业人员 20 人以下或营业收入 100 万元以下的为微型企业。

8）邮政业。从业人员 1000 人以下或营业收入 30000 万元以下的为中小微型企业。其中，从业人员 300 人及以上，且营业收入 2000 万元及以上的为中型企业；从业人员 20 人及以上，且营业收入 100 万元及以上的为小型企业；从业人员 20 人以下或营业收入 100 万元以下的为微型企业。

9）住宿业。从业人员 300 人以下或营业收入 10000 万元以下的为中小微型企业。其中，从业人员 100 人及以上，且营业收入 2000 万元及以上的为中型企业；从业人员 10 人及以上，且营业收入 100 万元及以上的为小型企业；从业人员 10 人以下或营业收入 100 万元以下的为微型企业。

10）餐饮业。从业人员 300 人以下或营业收入 10000 万元以下的为中小微型企业。其中，从业人员 100 人及以上，且营业收入 2000 万元及以上的为中型企业；从业人员 10 人及以上，且营业收入 100 万元及以上的为小型企业；从业人员 10 人以下或营业收入 100 万元以下的为微型企业。

11）信息传输业。从业人员 2000 人以下或营业收入 100000 万元以下的为中小微型企业。其中，从业人员 100 人及以上，且营业收入 1000 万元及以上的为中型企业；从业人员 10 人及以上，且营业收入 100 万元及以上的为小型企业；从业人员 10 人以下或营业收入 100 万元以下的为微型企业。

12）软件和信息技术服务业。从业人员 300 人以下或营业收入 10000 万元以下的为中小微型企业。其中，从业人员 100 人及以上，且营业收入 1000 万元及以上的为中型企业；从业人员 10 人及以上，且营业收入 50 万元及以上的为小型企业；从业人员 10 人以下或营业收入 50 万元以下的为微型企业。

13）房地产开发经营。营业收入 200000 万元以下或资产总额 10000 万元以下的为中小微型企业。其中，营业收入 1000 万元及以上，且资产总额 5000 万元及以上的为中型企业；营业收入 100 万元及以上，且资产总额 2000 万元及以上的为小型企业；营业收入 100 万元以下或资产总额 2000 万元以下的为微型企业。

14）物业管理。从业人员 1000 人以下或营业收入 5000 万元以下的为中小微型企业。其中，从业人员 300 人及以上，且营业收入 1000 万元及以上的为中型企业；从业人员 100 人及以上，且营业收入 500 万元及以上的为小型企业；从业人员 100 人以下或营业收入 500 万元以下的为微型企业。

15）租赁和商务服务业。从业人员 300 人以下或资产总额 120000 万元以下的为中小微型企业。其中，从业人员 100 人及以上，且资产总额 8000 万元及以上的为中型企业；从业人员 10 人及以上，且资产总额 100 万元及以上的为小型企业；从业人员 10 人以下或资产总额 100 万元以下的为微型企业。

16）其他未列明行业。从业人员 300 人以下的为中小微型企业。其中，从业人员 100 人及以上的为中型企业；从业人员 10 人及以上的为小型企业；从业人员 10 人以下的为微型企业。

（5）企业类型的划分以统计部门的统计数据为依据。

（6）本规定适用于在中华人民共和国境内依法设立的各类所有制和各种组织形式的企业。个体工商户和本规定以外的行业，参照本规定进行划型。

（7）本规定的中型企业标准上限即为大型企业标准的下限，国家统计部门据此制定大中小微型企业的统计分类。国务院有关部门据此进行相关数据分析，不得制定与本规定不一致的企业划型标准。

（8）本规定由工业和信息化部、国家统计局会同有关部门根据《国民经济行业分类》修订情况和企业发展变化情况适时修订。

（9）本规定由工业和信息化部、国家统计局会同有关部门负责解释。

（10）本规定自发布之日起执行，原国家经贸委、原国家计委、财政部和国家统计局 2003 年颁布的《中小企业标准暂行规定》同时废止。

从国家新颁布的规定来看，国家对中型、小型、微型三种类型企业的具体标准根据企业从业人员、资产总额、营业收入等指标，分不同行业来制定。除信息传输、房地产开发经营和租赁及商务服务者三个子行业外，其他行业所指中小企业营业收入基本规模都在5000万元以下。而全行业所指中小企业的人员规模基本都在300人及300人以下。从人员和营业收入的界定来看，中小企业规模的界定符合我国现阶段企业特点。

第二节　中小企业在经济发展中的重要地位及作用

中小企业即使在当今世界上最发达的市场经济国家，也始终占有重要地位。例如，在美国企业总数中，中小型企业约占98%，所提供的产品和劳务的价值约占美国国民生产总值的45%，中小企业的就业人数也占全国就业总数的50%以上；在日本企业总数中，中小型企业约占99.8%，所提供的产品和劳务的价值约占日本国民生产总值的47%，中小企业的就业人数也占全国就业总数的67%以上；在德国企业总数中，中小型企业约占99.7%，所提供的产品和劳务的价值约占德国国民生产总值的45%，中小企业的就业人数也占全国就业总数的70%以上（见表2.1）。

表2.1　各国中小企业所占企业总数和就业人口比重及经济增长贡献率

	中国	美国	日本	德国
占国内企业总数（%）	99.7	98	99.8	99.7
对经济增长的贡献率（%）	55	45	47	45
占总就业人数的比重（%）	75	50	67	70

资料来源：根据网上资料整理所得。

我国中小型企业约占企业总数的99.7%，所提供的产品和劳务的价值约占我国国民生产总值的55%，中小企业的就业人数也占全国就业总数的75%以上。因此，中小企业在我国的经济生活中占据着极其重要的地位，并发挥着相较于其他发达国家更重要的作用。这也主要体现在以下几个方面：

第一，中小企业是我国经济持续增长的重要保障。近年来我国出口总额的60%是由中小企业提供的。无论从工业总产值比例还是增加值比例来看，中小企业均高于大企业，中小企业的单位资金效用率也明显高于大企业。除此以外，中小企业的发展对地区经济的发展和腾飞发挥了巨大的作用。在东部沿海经济发达地区，广东经济的快速增长得益于改革开放以后大量外资企业的引入。浙江的经济发展主要依靠私有经济的快速增长。在江苏，乡镇企业的快速发展对其经济腾飞起到了巨大的推动作用。在全国各个地区也是一样，改革开放以后各地区中小企业犹如雨后春笋般蓬勃发展，带动地方经济发展的同时也促进了就业，为我国各地区的经济发展注入了强大的动力。

第二，中小企业是我国市场经济的主导力量。①中小企业是我国经济市场化进程的先遣队。中小企业数量多、分布广，有利于分散改革风险，降低改革成本。同时，中小企业还是我国进行经济体制改革、建立市场经济体制的“实验室”。许多改革措施都是在中小企业进行改革试点并取得一定经验后才逐步推开，以避免不必要的损失。②中小企业能促进充分竞争，活跃市场。从中小企业自身来说，由于其竞争力弱，更强烈地要求市场竞争的充分性和公平性。因此，对于发展中国家而言，众多中小企业的存在，防止了垄断行为的发生，刺激了有效需求的增长，从而使经济充满了活力，并成为经济高速增长的主要来源。

第三，中小企业是增加就业、稳定社会的重要力量。中小企业在解决就业及推进城镇化方面具有大企业不可替代的作用。全国工业企业中85%以上的职工就业于中小企业，而中小型的商业零售企业则占据了90%的就业份额，在建筑施工企业中有65%以上的人员就业于中小规模企业。我国作为一个工业化水平较低、人口众多的发展中国家，在经济转轨时期，面临着巨大的就业压力。非公有制的小企业已成为吸纳城镇新增劳动力就业和公有制单位富余职工再就业的主要渠道。并且在今后一个时期内，中小企业仍将是我国增加就业

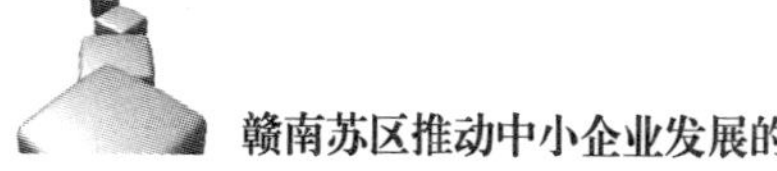

机会、安置城乡劳动力就业的基本场所和主要渠道。

第四，中小企业是技术创新的主导力量。中小企业在技术创新方面，具有大企业难以比拟的创造性和灵活性。尽管实力雄厚的大企业在耗资较大的基础研究或重大科研项目上可发挥规模经济的优势，中小企业可以在应用型与发展型技术创新上大显身手。中小企业中有相当一部分为高新技术企业，知识和技术密集型企业。其创新成果不仅在数量上占有相当份额，而且水平和影响也不亚于大企业，它们创造了许多被认为是现代最重要的工业创新成果。

第五，中小企业是农村经济发展和地方财政的重要财源。以中小企业为主的农村工业、乡镇企业在促进农村经济健康迅速发展中发挥了重要作用。农村工业以直接资金援助，提供生产资料和基础设施等多种形式支援农村经济的发展。中小企业尤其是乡镇企业的发展，能够为农村剩余劳动力提供就业机会，提高农民的收入水平，为农业发展积累资金，从而有利于改善城乡关系，促进农村社会经济的进步。从整体上看，中小企业是我国当前地方经济的主体力量，是地方政府获得财政收入、安置就业人员的主要载体。实施财政包干和分税制以后，中小企业更是地方财政的重要支柱。中小企业支撑着绝大部分地方工业及服务业、零售业、基础建设、农用工业、公益性事业及利用地区资源的特色产业，对地方经济的长远发展，满足人民生活的基本需要，起着非常重要的作用。

总之，中小企业在各国国民经济中具有举足轻重、不可替代的地位和作用，尤其是在像我国这样的发展中国家，中小企业的作用将更加重要，更有明显的比较优势。因此，中小企业对我国的经济发展具有特殊的重要意义。

第三节　2003 年出台《中华人民共和国中小企业促进法》

2003 年中华人民共和国主席令（第 69 号）《中华人民共和国中小企业促

进法》，由中华人民共和国第九届全国人民代表大会常务委员会第二十八次会议于2002年6月29日通过，旨在改善我国中小企业经营环境，促进我国中小企业健康发展，主要归纳为六大部分内容。

一、明确地位与发展原则

中小企业为我国国民经济的发展做出了重要贡献。因此，为了改善中小企业经营环境，保障中小企业公平参与市场竞争，维护中小企业合法权益，支持中小企业创业创新，促进中小企业健康发展，扩大城乡就业，发挥中小企业在国民经济和社会发展中的重要作用，2003年出台了《中华人民共和国中小企业促进法》。

《中华人民共和国中小企业促进法》明确了中小企业在国家经济发展和社会发展中的重要地位，将促进中小企业发展作为国家长期发展战略，坚持各类企业权利平等、机会平等、规则平等，对中小企业特别是其中的小型微型企业实行积极扶持、加强引导、完善服务、依法规范、保障权益的方针，为中小企业的创立和发展创造有利的环境。当然，该法对中小企业也提出了相关要求。例如，中小企业应当依法经营，遵守国家劳动用工、安全生产、职业卫生、社会保障、资源环境、质量标准、知识产权、财政税收等方面的法律、法规，遵循诚信原则，规范内部管理，提高经营管理水平；不得损害劳动者合法权益，不得损害社会公共利益。

二、资金支持方面

（1）中央财政预算应当设立中小企业科目，安排扶持中小企业发展专项资金。地方人民政府应当根据实际情况为中小企业提供财政支持。

（2）国家扶持中小企业发展专项资金用于促进中小企业服务体系建设，开展支持中小企业的工作，补充中小企业发展基金和扶持中小企业发展的其他事项。

（3）国家设立中小企业发展基金。中小企业发展基金由下列资金组成：中央财政预算安排的扶持中小企业发展专项资金；基金收益；捐赠；其他资

金等。国家通过税收政策，鼓励对中小企业发展基金的捐赠。

（4）国家明确了中小企业发展基金用于下列扶持中小企业发展的相关事项或方向：例如，创业辅导和服务；支持建立中小企业信用担保体系；支持技术创新；鼓励专业化发展以及与大企业的协作配套；支持中小企业服务机构开展人员培训、信息咨询等项工作；支持中小企业开拓国际市场；支持中小企业实施清洁生产等其他事项。

（5）强调中国人民银行应当加强信贷政策指导，改善中小企业融资环境。中国人民银行应当加强对中小金融机构的支持力度，鼓励商业银行调整信贷结构，加大对中小企业的信贷支持。各金融机构应当对中小企业提供金融支持，努力改进金融服务，转变服务作风，增强服务意识，提高服务质量。各商业银行和信用社应当改善信贷管理，扩展服务领域，开发适应中小企业发展的金融产品，调整信贷结构，为中小企业提供信贷、结算、财务咨询、投资管理等方面的服务。国家政策性金融机构应当在其业务经营范围内，采取多种形式，为中小企业提供金融服务。

（6）国家采取措施拓宽中小企业的直接融资渠道，积极引导中小企业创造条件，通过法律、行政法规允许的各种方式直接融资。

（7）明确国家通过税收政策鼓励各类依法设立的风险投资机构增加对中小企业的投资。

（8）国家推进中小企业信用制度建设，建立信用信息征集与评价体系，实现中小企业信用信息查询、交流和共享的社会化。县级以上人民政府和有关部门应当推进和组织建立中小企业信用担保体系，推动对中小企业的信用担保，为中小企业融资创造条件。同时，国家鼓励各种担保机构为中小企业提供信用担保。鼓励中小企业依法开展多种形式的互助性融资担保。

三、创业扶持方面

（1）要求政府有关部门应当积极创造条件，提供必要的、相应的信息和咨询服务，在城乡建设规划中根据中小企业发展的需要，合理安排必要的场地和设施，支持创办中小企业。失业人员、残疾人员创办中小企业的，所在地政府应当积极扶持，提供便利，加强指导。政府有关部门应当采取措施，拓宽渠道，引导中小企业吸纳大中专学校毕业生就业。

（2）国家在有关税收政策上支持和鼓励中小企业的创立和发展。同时，国家对失业人员创立的中小企业和当年吸纳失业人员达到国家规定比例的中小企业，符合国家支持和鼓励发展政策的高新技术中小企业，在少数民族地区、贫困地区创办的中小企业，安置残疾人员达到国家规定比例的中小企业，在一定期限内减征、免征所得税，实行税收优惠。

（3）地方人民政府应当根据实际情况，为创业人员提供工商、财税、融资、劳动用工、社会保障等方面的政策咨询和信息服务。企业登记机关应当依法定条件和法定程序办理中小企业设立登记手续，提高工作效率，方便登记者。不得在法律、行政法规规定之外设置企业登记的前置条件；不得在法律、行政法规规定的收费项目和收费标准之外，收取其他费用。

（4）国家鼓励中小企业根据国家利用外资政策，引进国外资金、先进技术和管理经验，创办中外合资经营、中外合作经营企业。鼓励个人或法人依法以工业产权或非专利技术等投资参与创办中小企业。

四、技术创新扶持方面

（1）国家制定政策，鼓励中小企业按照市场需要，开发新产品，采用先进的技术、生产工艺和设备，提高产品质量，实现技术进步。规定中小企业技术创新项目以及为大企业产品配套的技术改造项目，可以享受贷款贴息政策。

（2）政府有关部门应当在规划、用地、财政等方面提供政策支持，推进建立各类技术服务机构，建立生产力促进中心和科技企业孵化基地，为中小企业提供技术信息、技术咨询和技术转让服务，为中小企业产品研制、技术开发提供服务，促进科技成果转化，实现企业技术、产品升级。

（3）鼓励中小企业与研究机构、大专院校开展技术合作、开发与交流，促进科技成果产业化，积极发展科技型中小企业。

五、市场开拓扶持方面

（1）国家鼓励和支持大企业与中小企业建立以市场配置资源为基础的、稳定的原材料供应、生产、销售、技术开发和技术改造等方面的协作关系，带动和促进中小企业发展。引导、推动并规范中小企业通过合并、收购等方式，进行资产重组，优化资源配置。

（2）规定政府采购应当优先安排向中小企业购买商品或者服务。要求政府有关部门和机构应当为中小企业提供指导和帮助，促进中小企业产品出口，推动对外经济技术合作与交流。相关政策性金融机构应当通过开展进出口信贷、出口信用保险等业务，支持中小企业开拓国外市场。鼓励符合条件的中小企业到境外投资，参与国际贸易，开拓国际市场。

（3）国家鼓励中小企业服务机构举办中小企业产品展览展销和信息咨询活动。

六、社会服务支持方面

（1）国家鼓励社会各方面力量，建立健全中小企业服务体系，为中小企业提供服务。政府应当根据实际需要扶持建立的中小企业服务机构，应当为中小企业提供优质服务。同时，中小企业服务机构也应当充分利用计算机网络等先进技术手段，逐步建立健全向全社会开放的信息服务系统，并联系和引导各类社会中介机构为中小企业提供服务。

（2）国家鼓励各类社会中介机构为中小企业提供创业辅导、企业诊断、信息咨询、市场营销、投资融资、贷款担保、产权交易、技术支持、人才引进、人员培训、对外合作、展览展销和法律咨询等服务。鼓励有关机构、大专院校培训中小企业经营管理及生产技术等方面的人员，提高中小企业的营销、管理和技术水平。

（3）要求行业的自律性组织应当积极为中小企业服务。中小企业是自我约束、自我服务的自律性组织，应当维护中小企业的合法权益，反映中小企业的建议和要求，为中小企业开拓市场、提高经营管理能力提供服务。

第四节　2005年出台《关于鼓励支持和引导个体私营等非公有制经济发展的若干意见》

改革开放以来，我国个体私营等非公有制经济不断发展壮大，已成为社会主义市场经济的重要组成部分和促进社会生产力发展的重要力量，个体私营等非公有制在国内生产总值中所占比重已从1979年的不足1%提高到目前的1/3左右。20世纪90年代中期以来，城镇新增就业岗位的70%以上是由非公有制经济提供的，从农村转移出的劳动力的70%以上也在非公有制经济就业。实践证明，大力发展个体私营等非公有制经济，有利于繁荣城乡经济、增加财政收入，有利于扩大社会就业、改善人民生活，有利于优化经济结构、促进经济增长，对于完善社会主义市场经济体制、全面建设小康社会和加快社会主义现代化进程具有重大的战略意义。

以公有制为主体、多种所有制经济共同发展是我国社会主义初级阶段的基本经济制度。毫不动摇地巩固和发展公有制经济，毫不动摇地鼓励、支持和引导非公有制经济发展，使两者在社会主义现代化进程中相互促进、共同发展是必须长期坚持的基本方针，是完善社会主义市场经济体制、建设中国特色社会主义的必然要求。改革开放以来，我国个体、私营等非公有制经济不断发展壮大，已经成为社会主义市场经济的重要组成部分和促进社会生产力发展的重要力量。积极发展个体、私营等非公有制经济，有利于繁荣城乡经济、增加财政收入，有利于扩大社会就业、改善人民生活，有利于优化经济结构、促进经济发展，对全面建设小康社会和加快社会主义现代化进程具有重大的战略意义。

因此，2005年2月，国务院下发了《关于鼓励支持和引导个体私营等非公有制经济发展的若干意见》（国发〔2005〕3号），该文件按照中共十六大、十六届三中和四中全会精神及宪法修正案要求，着力消除影响非公有制经济

发展的体制性障碍，确立平等的市场主体地位，明确提出了今后一个时期鼓励、支持和引导非公有制经济发展的要求，提出了促进非公有制经济发展的七大方面重要政策措施。

一、放宽市场准入门槛

（1）贯彻平等准入、公平待遇原则。允许非公有资本进入法律法规未禁入的行业和领域。允许外资进入的行业和领域，也允许国内非公有资本进入，并放宽股权比例限制等方面的条件。在投资核准、融资服务、财税政策、土地使用、对外贸易和经济技术合作等方面，对非公有制企业与其他所有制企业一视同仁，实行同等待遇。对需要审批、核准和备案的事项，政府部门必须公开相应的制度、条件和程序。同时，要求国家有关部门与地方人民政府要尽快完成清理和修订限制非公有制经济市场准入的法规、规章和政策性规定工作。

（2）允许非公有资本进入垄断行业和领域。加快垄断行业改革，在电力、电信、铁路、民航、石油等行业和领域，进一步引入市场竞争机制。对其中的自然垄断业务，积极推进投资主体多元化，非公有资本可以参股等方式进入；对其他业务，非公有资本可以独资、合资、合作、项目融资等方式进入。在国家统一规划的前提下，除国家法律法规等另有规定的外，允许具备资质的非公有制企业依法平等取得矿产资源的探矿权、采矿权，鼓励非公有资本进行商业性矿产资源的勘查开发。

（3）允许非公有资本进入公用事业和基础设施领域。加快完善政府特许经营制度，规范招投标行为，支持非公有资本积极参与城镇供水、供气、供热、公共交通、污水垃圾处理等市政公用事业和基础设施的投资、建设与运营。在规范转让行为的前提下，具备条件的公用事业和基础设施项目，可向非公有制企业转让产权或经营权。鼓励非公有制企业参与市政公用企业、事业单位的产权制度和经营方式改革。

（4）允许非公有资本进入社会事业领域。支持、引导和规范非公有资本投资教育、科研、卫生、文化、体育等社会事业的非营利性和营利性领域。

在放开市场准入的同时，加强政府和社会监管，维护公众利益。支持非公有制经济参与公有制社会事业单位的改组改制。通过税收等相关政策，鼓励非公有制经济捐资捐赠社会事业。

（5）允许非公有资本进入金融服务业。在加强立法、规范准入、严格监管、有效防范金融风险的前提下，允许非公有资本进入区域性股份制银行和合作性金融机构。符合条件的非公有制企业可以发起设立金融中介服务机构。允许符合条件的非公有制企业参与银行、证券、保险等金融机构的改组改制。

（6）允许非公有资本进入国防科技工业建设领域。坚持军民结合、寓军于民的方针，发挥市场机制的作用，允许非公有制企业按有关规定参与军工科研生产任务的竞争以及军工企业的改组改制。鼓励非公有制企业参与军民两用高技术开发及其产业化。

（7）鼓励非公有制经济参与国有经济结构调整和国有企业重组。大力发展国有资本、集体资本和非公有资本等参股的混合所有制经济。鼓励非公有制企业通过并购和控股、参股等多种形式，参与国有企业和集体企业的改组改制改造。非公有制企业并购国有企业，参与其分离办社会职能和辅业改制，在资产处置、债务处理、职工安置和社会保障等方面，参照执行国有企业改革的相应政策。鼓励非公有制企业并购集体企业，有关部门要抓紧研究制定相应政策。

（8）鼓励、支持非公有制经济参与西部大开发、东北地区等老工业基地振兴和中部地区崛起。西部地区、东北地区等老工业基地和中部地区要采取切实有效的政策措施，大力发展非公有制经济，积极吸引非公有制企业投资建设和参与国有企业重组。东部沿海地区也要继续鼓励、支持非公有制经济发展壮大。

二、加大财税金融支持

（1）加大财税及信贷支持力度。逐步扩大国家有关促进中小企业发展专项资金规模，省级人民政府及有条件的市、县应在本级财政预算中设立相应的专项资金。加快设立国家中小企业发展基金。研究完善有关税收扶持政策。

有效发挥贷款利率浮动政策的作用，引导和鼓励各金融机构从非公有制经济特点出发，开展金融产品创新，完善金融服务，切实发挥银行内设中小企业信贷部门的作用，改进信贷考核和奖惩管理方式，提高对非公有制企业的贷款比重。城市商业银行和城市信用社要积极吸引非公有资本入股；农村信用社要积极吸引农民、个体工商户和中小企业入股，增强资本实力。政策性银行要研究改进服务方式，扩大为非公有制企业服务的范围，提供有效的金融产品和服务。鼓励政策性银行依托地方商业银行等中小金融机构和担保机构，开展以非公有制中小企业为主要服务对象的转贷款、担保贷款等业务。

（2）拓宽直接融资渠道，鼓励金融服务的创新发展。非公有制企业在资本市场发行上市与国有企业一视同仁。在加快完善中小企业板块和推进制度创新的基础上，分步推进创业板市场，健全证券公司代办股份转让系统的功能，为非公有制企业利用资本市场创造条件。鼓励符合条件的非公有制企业到境外上市。规范和发展产权交易市场，推动各类资本的流动和重组。鼓励非公有制经济以股权融资、项目融资等方式筹集资金。建立健全创业投资机制，支持中小投资公司的发展。允许符合条件的非公有制企业依照国家有关规定发行企业债券。改进对非公有制企业的资信评估制度，对符合条件的企业发放信用贷款。对符合有关规定的企业，经批准可开展工业产权和非专利技术等无形资产的质押贷款试点。鼓励金融机构开办融资租赁、公司理财和账户托管等业务。改进保险机构服务方式和手段，开展面向非公有制企业的产品和服务创新。支持非公有制企业依照有关规定吸引国际金融组织投资。

（3）建立健全信用担保体系。支持非公有制经济设立商业性或互助性信用担保机构。鼓励有条件的地区建立中小企业信用担保基金和区域性信用再担保机构。建立和完善信用担保的行业准入、风险控制和补偿机制，加强对信用担保机构的监管。建立健全担保业自律性组织。

三、完善经济的社会服务

（1）发展社会中介服务、创业服务。各级政府要加大对中介服务机构的支持力度，坚持社会化、专业化、市场化原则，不断完善社会服务体系。支持发展创业辅导、筹资融资、市场开拓、技术支持、认证认可、信息服务、管理咨询、人才培训等各类社会中介服务机构。按照市场化原则，规范和发展各类行业协会、商会等自律性组织。整顿中介服务市场秩序，规范中介服务行为，为非公有制经济营造良好的服务环境。进一步落实国家就业和再就业政策，加大对自主创业的政策扶持，鼓励下岗失业人员、退役士兵、大学毕业生和归国留学生等各类人员创办小企业，开发新岗位，以创业促就业。各级政府要支持建立创业服务机构，鼓励为初创小企业提供各类创业服务和政策支持。对初创小企业，可按照行业特点降低公司注册资本限额，允许注册资金分期到位，减免登记注册费用。

（2）支持开展企业经营者和员工培训，加强企业科技创新能力。根据非公有制经济的不同需求，开展多种形式的培训。整合社会资源，创新培训方式，形成政府引导、社会支持和企业自主相结合的培训机制。依托大专院校、各类培训机构和企业，重点开展法律法规、产业政策、经营管理、职业技能和技术应用等方面的培训，各级政府应给予适当补贴和资助。企业应定期对职工进行专业技能培训和安全知识培训。要加大对非公有制企业科技创新活动的支持，加快建立适合非公有制中小企业特点的信息和共性技术服务平台，推进非公有制企业的信息化建设。大力培育技术市场，促进科技成果转化和技术转让。科技中介服务机构要积极为非公有制企业提供科技咨询、技术推广等专业化服务。引导和支持科研院所、高等院校与非公有制企业开展多种形式的产学研联合。鼓励国有科研机构向非公有制企业开放试验室，充分利用现有科技资源。支持非公有资本创办科技型中小企业和科研开发机构。鼓励有专长的离退休人员为非公有制企业提供技术服务。切实保护单位和个人知识产权。

（3）支持企业开拓国内外市场。改进政府采购办法，在政府采购中非公有制企业与其他企业享受同等待遇。推动信息网络建设，积极为非公有制企业提供国内外市场信息。鼓励和支持非公有制企业扩大出口和“走出去”，到境外投资兴业，在对外投资、进出口信贷、出口信用保险等方面与其他企业享受同等待遇。鼓励非公有制企业在境外申报知识产权。发挥行业协会、商

会等中介组织作用，利用好国家中小企业国际市场开拓资金，支持非公有制企业开拓国际市场。

（4）推进企业信用制度建设。加快建立适合非公有制中小企业特点的信用征集体系、评级发布制度以及失信惩戒机制，推进建立企业信用档案试点工作，建立和完善非公有制企业信用档案数据库。对资信等级较高的企业，有关登记审核机构应简化年检、备案等手续。要强化企业信用意识，健全企业信用制度，建立企业信用自律机制。

四、维护中小企业合法权益

（1）完善私有财产保护制度、维护企业合法权益。要严格执行保护合法私有财产的法律法规和行政规章，任何单位和个人不得侵犯非公有制企业的合法财产，不得非法改变非公有制企业财产的权属关系。按照宪法修正案规定，加快清理、修订和完善与保护合法私有财产有关的法律法规和行政规章。非公有制企业依法进行的生产经营活动，任何单位和个人不得干预。依法保护企业主的名誉、人身和财产等各项合法权益。非公有制企业合法权益受到侵害时提出的行政复议等，政府部门必须及时受理，公平对待，限时答复。

（2）保障职工合法权益。非公有制企业要尊重和维护职工的各项合法权益，要依照《中华人民共和国劳动法》等法律法规，在平等协商的基础上与职工签订规范的劳动合同，并健全集体合同制度，保证双方权利与义务对等；必须依法按时足额支付职工工资，工资标准不得低于或变相低于当地政府规定的最低工资标准，逐步建立职工工资正常增长机制；必须尊重和保障职工依照国家规定享有的休息休假权利，不得强制或变相强制职工超时工作，加班或延长工时必须依法支付加班工资或给予补休；必须加强劳动保护和职业病防治，按照《中华人民共和国安全生产法》等法律法规要求，切实做好安全生产与作业场所职业危害防治工作，改善劳动条件，加强劳动保护。要保障女职工的合法权益和特殊利益，禁止使用童工。

（3）推进社会保障制度建设、建立健全企业工会组织。非公有制企业及其职工要按照国家有关规定，参加养老、失业、医疗、工伤、生育等社会保险，缴纳社会保险费。按照国家规定建立住房公积金制度。有关部门要根据非公有制企业量大面广、用工灵活、员工流动性大等特点，积极探索建立健全职工社会保障制度。非公有制企业要保障职工依法参加和组建工会的权利。企业工会组织实行民主管理，依法代表和维护职工合法权益。企业必须为工会正常开展工作创造必要条件，依法拨付工会经费，不得干预工会事务。

五、引导中小企业提高自身素质

（1）贯彻执行国家法律法规和政策规定、规范企业经营管理行为。非公有制企业要贯彻执行国家法律法规，依法经营，照章纳税。服从国家的宏观调控，严格执行有关技术法规，自觉遵守环境保护和安全生产等有关规定，主动调整和优化产业、产品结构，加快技术进步，提高产品质量，降低资源消耗，减少环境污染。国家支持非公有制经济投资高新技术产业、现代服务业和现代农业，鼓励发展就业容量大的加工贸易、社区服务、农产品加工等劳动密集型产业。同时，强调非公有制企业从事生产经营活动，必须依法获得安全生产、环保、卫生、质量、土地使用、资源开采等方面的相应资格和许可。企业要强化生产、营销、质量等管理，完善各项规章制度。建立安全、环保、卫生、劳动保护等责任制度，并保证必要的投入。建立健全会计核算制度，如实编制财务报表。企业必须依法报送统计信息。加快研究改进和完善个体工商户、小企业的会计、税收、统计等管理制度。

（2）完善中小企业组织制度、提高企业经营管理者素质。企业要按照法律法规的规定，建立规范的个人独资企业、合伙企业和公司制企业。公司制企业要按照《中华人民共和国公司法》要求，完善法人治理结构。探索建立有利于个体工商户、小企业发展的组织制度。非公有制企业出资人和经营管理人员要自觉学习国家法律法规和方针政策，学习现代科学技术和经营管理知识，增强法制观念、诚信意识和社会公德，努力提高自身素质。引导非公有制企业积极开展扶贫开发、社会救济和“光彩事业”等社会公益性活动，增强社会责任感。各级政府要重视非公有制经济的人才队伍建设，在人事管理、教育培训、职称评定和政府奖励等方面，与公有制企业实行同等政策。

建立职业经理人测评与推荐制度，加快企业经营管理人才职业化、市场化进程。

（3）鼓励中小企业做大做强、推进专业化协作和产业集群发展。国家支持有条件的非公有制企业通过兼并、收购、联合等方式，进一步壮大实力，发展成为主业突出、市场竞争力强的大公司大集团，有条件的可向跨国公司发展。鼓励非公有制企业实施品牌发展战略，争创名牌产品。支持发展非公有制高新技术企业，鼓励其加大科技创新和新产品开发力度，努力提高自主创新能力，形成自主知识产权。国家关于企业技术改造、科技进步、对外贸易以及其他方面的扶持政策，对非公有制企业同样适用。引导和支持企业从事专业化生产和特色经营，向“专、精、特、新”方向发展。鼓励中小企业与大企业开展多种形式的经济技术合作，建立稳定的供应、生产、销售、技术开发等协作关系。通过提高专业化协作水平，培育骨干企业和知名品牌，发展专业化市场，创新市场组织形式，推进公共资源共享，促进以中小企业集聚为特征的产业集群健康发展。

六、改进政府对中小企业的监管

（1）改进监管方式、加强劳动监察和劳动关系协调。各级人民政府要根据非公有制企业生产经营特点，完善相关制度，依法履行监督和管理职能。各有关监管部门要改进监管办法，公开监管制度，规范监管行为，提高监管水平。加强监管队伍建设，提高监管人员素质。及时向社会公布有关监管信息，发挥社会监督作用。同时，各级劳动保障等部门要高度重视非公有制企业劳动关系问题，加强对非公有制企业执行劳动合同、工资报酬、劳动保护和社会保险等法规、政策的监督检查。建立和完善非公有制企业劳动关系协调机制，健全劳动争议处理制度，及时化解劳动争议，促进劳动关系和谐，维护社会稳定。

（2）规范国家行政机关和事业单位收费行为。进一步清理现有行政机关和事业单位收费，除国家法律法规和国务院财政、价格主管部门规定的收费项目外，任何部门和单位无权向非公有制企业强制收取任何费用，无权以任何理由强行要求企业提供各种赞助费或接受有偿服务。要严格执行收费公示制度和收支两条线的管理规定，企业有权拒绝和举报无证收费和不合法收费行为。各级人民政府要加强对各类收费的监督检查，严肃查处乱收费、乱罚款及各种摊派行为。

七、加强指导和政策协调

加强对非公有制经济发展的指导。首先，要求各级人民政府要根据非公有制经济发展的需要，强化服务意识，改进服务方式，创新服务手段。要将非公有制经济发展纳入国民经济和社会发展规划，加强对非公有制经济发展动态的监测和分析，及时向社会公布有关产业政策、发展规划、投资重点和市场需求等方面的信息。建立促进非公有制经济发展的工作协调机制和部门联席会议制度，加强部门之间配合，形成促进非公有制经济健康发展的合力。要充分发挥各级工商联在政府管理非公有制企业方面的助手作用。统计部门要改进和完善现行统计制度，及时准确反映非公有制经济发展状况。其次，要营造良好的舆论氛围。大力宣传党和国家鼓励、支持和引导非公有制经济发展的方针政策与法律法规，宣传非公有制经济在社会主义现代化建设中的重要地位和作用，宣传和表彰非公有制经济中涌现出的先进典型，形成有利于非公有制经济发展的良好社会舆论环境。最后，要求抓紧制订和完善促进非公有制经济发展的具体措施及配套办法，认真解决非公有制经济发展中遇到的新问题，促进非公有制经济健康发展。

第五节　2009年出台《关于进一步促进中小企业发展的若干意见》

中小企业是我国国民经济和社会发展的重要力量，促进中小企业发展，是保持国民经济平稳较快发展的重要基础，是关系民生和社会稳定的重大战

略任务。受国际金融危机冲击，我国中小企业生产经营困难。中央及时出台相关政策措施，加大财税、信贷等扶持力度，改善中小企业经营环境，中小企业生产经营出现了积极变化，但发展形势依然严峻。主要表现在：融资难、担保难问题依然突出，部分扶持政策尚未落实到位，企业负担重，市场需求不足，产能过剩，经济效益大幅下降，亏损加大等。必须采取更加积极有效的政策措施，帮助中小企业克服困难，转变发展方式，实现又好又快发展。

2008 年国际金融危机给我国实体经济带来了较大冲击，对外向度较高和劳动密集型中小企业影响尤其严重。党中央、国务院及时实施了“保增长、扩内需、调结构、惠民生”一揽子计划，国内经济企稳回升已经明确，中小企业生产经营也出现了积极变化。但经济回升向好的势头还不稳固，中小企业发展形势依然严峻。为此，国务院对进一步促进中小企业发展工作进行了部署，国务院发布了《关于进一步促进中小企业发展的若干意见》（国发〔2009〕36 号）（以下简称《意见》）。

《意见》强调要完善中小企业政策法律体系，落实扶持中小企业发展的政策程序，清理不利于中小企业发展的法律法规和规章制度，开展多种形式的法制教育，为中小企业的发展营造一个良好的环境；制定进一步营造有利于中小企业发展的良好环境、切实缓解中小企业融资困难、加大对中小企业的财税扶持力度、加快中小企业技术进步和结构调整、支持中小企业开拓市场、努力改进对中小企业的服务、提高中小企业经营管理水平、加强对中小企业工作的领导八个方面的政策措施，向全社会传递了中央政府高度重视中小企业发展的信号，大大提振了中小企业的信心。《意见》主要包括以下几个方面的内容。

一、营造有利于中小企业发展的良好环境

（1）完善中小企业政策法律体系、加强对中小企业的权益保护。落实扶持中小企业发展的政策措施，清理不利于中小企业发展的法律法规和规章制度。深化垄断行业改革，扩大市场准入范围，降低准入门槛，进一步营造公平、公开的市场环境。加快制定融资性担保管理办法，修订《贷款通则》，修

订中小企业划型标准，明确对小型企业的扶持政策。组织开展对中小企业相关法律和政策特别是金融、财税政策贯彻落实情况的监督检查，发挥新闻舆论和社会监督的作用，加强政策效果评价。坚持依法行政，保护中小企业及其职工的合法权益。

（2）完善政府采购支持中小企业的有关制度、构建和谐劳动关系。制定政府采购扶持中小企业发展的具体办法，提高采购中小企业货物、工程和服务的比例。进一步提高政府采购信息发布透明度，完善政府公共服务外包制度，为中小企业创造更多的参与机会。同时，采取切实有效的措施，加大对劳动密集型中小企业的支持，鼓励中小企业不裁员、少裁员，稳定和增加就业岗位。对中小企业吸纳困难人员就业、签订劳动合同并缴纳社会保险费的，在相应期限内给予基本养老保险补贴、基本医疗保险补贴、失业保险补贴。对受金融危机影响较大的困难中小企业，将阶段性缓缴社会保险费或降低费率政策执行期延长至 2010 年底，并按规定给予一定期限的社会保险补贴或岗位补贴、在岗培训补贴等。中小企业可与职工就工资、工时、劳动定额进行协商，符合条件的，可向当地人力资源社会保障部门申请实行综合计算工时和不定时工作制。

二、切实缓解中小企业融资困难

（1）落实支持小企业发展的金融政策、加强和改善对中小企业的金融服务。完善小企业信贷考核体系，提高小企业贷款呆账核销效率，建立完善信贷人员尽职免责机制。鼓励建立小企业贷款风险补偿基金，对金融机构发放小企业贷款按增量给予适度补助，对小企业不良贷款损失给予适度风险补偿。同时，国有商业银行和股份制银行都要建立小企业金融服务专营机构，完善中小企业授信业务制度，逐步提高中小企业中长期贷款的规模和比重。提高贷款审批效率，创新金融产品和服务方式。完善财产抵押制度和贷款抵押物认定办法，采取动产、应收账款、仓单、股权和知识产权质押等方式，缓解中小企业贷款抵质押不足的矛盾。对商业银行开展中小企业信贷业务实行差异化的监管政策。建立和完善中小企业的金融服务体系。加快研究鼓励民间

资本参与发起设立村镇银行、贷款公司等股份制金融机构的办法；积极支持民间资本以投资入股的方式，参与农村信用社改制为农村商业（合作）银行、城市信用社改制为城市商业银行以及城市商业银行的增资扩股。支持、规范发展小额贷款公司，鼓励有条件的小额贷款公司转为村镇银行。

（2）进一步拓宽中小企业融资渠道。加快创业板市场建设，完善中小企业上市育成机制，扩大中小企业上市规模，增加直接融资。完善创业投资和融资租赁政策，大力发展创业投资和融资租赁企业。鼓励有关部门和地方政府设立创业投资引导基金，引导社会资金设立主要支持中小企业的创业投资企业，积极发展股权投资基金。发挥融资租赁、典当、信托等融资方式在中小企业融资中的作用。稳步扩大中小企业集合债券和短期融资券的发行规模，积极培育和规范发展产权交易市场，为中小企业产权和股权交易提供服务。

（3）完善中小企业信用担保体系、发挥信用信息服务在中小企业融资中的作用。设立包括中央、地方财政出资和企业联合组建的多层次中小企业融资担保基金和担保机构。各级财政要加大支持力度，综合运用资本注入、风险补偿和奖励补助等多种方式，提高担保机构对中小企业的融资担保能力。落实好对符合条件的中小企业信用担保机构免征营业税、准备金提取和代偿损失税前扣除的政策。国土资源、住房城乡建设、金融、工商等部门要为中小企业和担保机构开展抵押物和出质的登记、确权、转让等提供优质服务。加强对融资性担保机构的监管，引导其规范发展。鼓励保险机构积极开发为中小企业服务的保险产品。同时推进中小企业信用制度建设，建立和完善中小企业信用信息征集机制和评价体系，提高中小企业的融资信用等级。完善个人和企业征信系统，为中小企业融资提供方便快速的查询服务。构建守信受益、失信惩戒的信用约束机制，增强中小企业信用意识。

三、加大对中小企业的财税扶持力度

（1）加大财政资金支持力度、落实和完善税收优惠政策。逐步扩大中央财政预算扶持中小企业发展的专项资金规模，重点支持中小企业技术创新、结构调整、节能减排、开拓市场、扩大就业，以及改善对中小企业的公共服务。加快设立国家中小企业发展基金，发挥财政资金的引导作用，带动社会资金支持中小企业发展。地方财政也要加大对中小企业的支持力度。国家运用税收政策促进中小企业发展，具体政策由财政部、税务总局会同有关部门研究制定。为有效应对国际金融危机，扶持中小企业发展，2010 年 1 月 1 日～12 月 31 日，对年应纳税所得额低于 3 万元（含 3 万元）的小型微利企业，其所得减按 50%计入应纳税所得额，按 20%的税率缴纳企业所得税。中小企业投资国家鼓励类项目，除《国内投资项目不予免税的进口商品目录》所列商品外，所需的进口自用设备以及按照合同随设备进口的技术及配套件、备件，免征进口关税。中小企业缴纳城镇土地使用税确有困难的，可按有关规定向省级财税部门或省级人民政府提出减免税申请。中小企业因有特殊困难不能按期纳税的，可依法申请在三个月内延期缴纳。

（2）进一步减轻中小企业社会负担。凡未按规定权限和程序批准的行政事业性收费项目和政府性基金项目，均一律取消。全面清理整顿涉及中小企业的收费，重点是行政许可和强制准入的中介服务收费、具有垄断性的经营服务收费，能免则免，能减则减，能缓则缓。严格执行收费项目公示制度，公开前置性审批项目、程序和收费标准，严禁地方和部门越权设立行政事业性收费项目，不得擅自将行政事业性收费转为经营服务性收费。进一步规范执收行为，全面实行中小企业缴费登记卡制度，设立各级政府中小企业负担举报电话。健全各级政府中小企业负担监督制度，严肃查处乱收费、乱罚款及各种摊派行为。任何部门和单位不得通过强制中小企业购买产品、接受指定服务等手段牟利。严格执行税收征收管理法律法规，不得违规向中小企业提前征税或者摊派税款。

四、加快中小企业技术进步和结构调整

（1）支持中小企业提高技术创新能力和产品质量，加快技术改造。支持中小企业加大研发投入，开发先进适用的技术、工艺和设备，研制适销对路的新产品，提高产品质量。加强产学研联合和资源整合，加强知识产权保护，重点在轻工、纺织、电子等行业推进品牌建设，引导和支持中小企业创建自

主品牌。支持中华老字号等传统优势中小企业申请商标注册，保护商标专用权，鼓励挖掘、保护、改造民间特色传统工艺，提升特色产业。按照重点产业调整和振兴规划要求，支持中小企业采用新技术、新工艺、新设备、新材料进行技术改造。中央预算内技术改造专项投资中，要安排中小企业技术改造资金，地方政府也要安排中小企业技术改造专项资金。中小企业的固定资产由于技术进步原因需加速折旧的，可按规定缩短折旧年限或者采取加速折旧的方法。

（2）推进中小企业节能减排和清洁生产、提高企业协作配套水平。促进重点节能减排技术和高效节能环保产品、设备在中小企业的推广应用。按照发展循环经济的要求，鼓励中小企业间资源的循环利用。鼓励专业服务机构为中小企业提供合同能源管理、节能设备租赁等服务。充分发挥市场机制作用，综合运用金融、环保、土地、产业政策等手段，依法淘汰中小企业中的落后技术、工艺、设备和产品，防止落后产能异地转移。严格控制过剩产能和“两高一资”行业盲目发展。对纳入环境保护、节能节水企业所得税优惠目录的投资项目，按规定给予企业所得税优惠。同时，鼓励中小企业与大型企业开展多种形式的经济技术合作，建立稳定的供应、生产、销售等协作关系。鼓励大型企业通过专业分工、服务外包、订单生产等方式，加强与中小企业的协作配套，积极向中小企业提供技术、人才、设备、资金支持，及时支付货款和服务费用。

（3）引导中小企业集聚发展、加快发展生产性现代服务业。按照布局合理、特色鲜明、用地集约、生态环保的原则，支持培育一批重点示范产业集群。加强产业集群环境建设，改善产业集聚条件，完善服务功能，壮大龙头骨干企业，延长产业链，提高专业化协作水平。鼓励东部地区先进的中小企业通过收购、兼并、重组、联营等多种形式，加强与中西部地区中小企业的合作，实现产业有序转移。鼓励支持中小企业在科技研发、工业设计、技术咨询、信息服务、现代物流等生产性服务业领域发展。积极促进中小企业在软件开发、服务外包、网络动漫、广告创意、电子商务等新兴领域拓展，扩大就业渠道，培育新的经济增长点。

五、支持中小企业开拓市场

（1）支持引导中小企业积极开拓国内市场。支持符合条件的中小企业参与家电、农机、汽车摩托车下乡和家电、汽车“以旧换新”等业务。中小企业专项资金、技术改造资金等要重点支持销售渠道稳定、市场占有率高的中小企业。采取财政补助、降低展费标准等方式，支持中小企业参加各类展览展销活动。支持建立各类中小企业产品技术展示中心，办好中国国际中小企业博览会等展览展销活动。鼓励电信、网络运营企业以及新闻媒体积极发布市场信息，帮助中小企业宣传产品，开拓市场。

（2）支持中小企业开拓国际市场。进一步落实出口退税等支持政策，研究完善稳定外需、促进外贸发展的相关政策措施，稳定和开拓国际市场。充分发挥中小企业国际市场开拓资金和出口信用保险的作用，加大优惠出口信贷对中小企业的支持力度。鼓励支持有条件的中小企业到境外开展并购等投资业务，收购技术和品牌，带动产品和服务出口。

（3）支持中小企业提高自身市场开拓能力。引导中小企业加强市场分析预测，把握市场机遇，增强质量、品牌和营销意识，改善售后服务，提高市场竞争力。提升和改造商贸流通业，推广连锁经营、特许经营等现代经营方式和新型业态，帮助和鼓励中小企业采用电子商务，降低市场开拓成本。支持餐饮、旅游、休闲、家政、物业、社区服务等行业拓展服务领域，创新服务方式，促进扩大消费。

六、努力改进对中小企业的服务体系建设

（1）加快推进中小企业服务体系建设和公共服务基础设施建设。加强统筹规划，完善服务网络和服务设施，积极培育各级中小企业综合服务机构。通过资格认定、业务委托、奖励等方式，发挥工商联以及行业协会（商会）和综合服务机构的作用，引导和带动专业服务机构的发展。建立和完善财政补助机制，支持服务机构开展信息、培训、技术、创业、质量检验、企业管理等服务。通过引导社会投资、财政资金支持等多种方式，重点支持在轻工、

纺织、电子信息等领域建设一批产品研发、检验检测、技术推广等公共服务平台。支持小企业创业基地建设，改善创业和发展环境。鼓励高等院校、科研院所、企业技术中心开放科技资源，开展共性关键技术研究，提高服务中小企业的水平。完善中小企业信息服务网络，加快发展政策解读、技术推广、人才交流、业务培训和市场营销等重点信息服务。

（2）完善政府对中小企业的服务效率。深化行政审批制度改革，全面清理并进一步减少、合并行政审批事项，实现审批内容、标准和程序的公开化、规范化。投资、工商、税务、质检、环保等部门要简化程序、缩短时限、提高效率，为中小企业设立、生产经营等提供便捷服务。

七、提高中小企业经营管理水平

（1）引导和支持中小企业加强管理、大力开展对中小企业各类人员的培训。支持培育中小企业管理咨询机构，开展管理咨询活动。引导中小企业加强基础管理，强化营销和风险管理，完善治理结构，推进管理创新，提高经营管理水平。督促中小企业苦练内功、降本增效，严格遵守安全、环保、质量、卫生、劳动保障等法律法规，诚实守信经营，履行社会责任。实施中小企业银河培训工程，加大财政支持力度，充分发挥行业协会（商会）、中小企业培训机构的作用，广泛采用网络技术等手段，开展政策法规、企业管理、市场营销、专业技能、客户服务等各类培训。高度重视对企业经营管理者的培训，在3年内选择100万家成长型中小企业，对其经营管理者实施全面培训。

（2）加快推进中小企业信息化。继续实施中小企业信息化推进工程，加快推进重点区域中小企业信息化试点，引导中小企业利用信息技术提高研发、管理、制造和服务水平，提高市场营销和售后服务能力。鼓励信息技术企业开发和搭建行业应用平台，为中小企业信息化提供软硬件工具、项目外包、工业设计等社会化服务。

八、加强对中小企业工作的领导

（1）加强指导协调、建立中小企业统计监测制度。成立国务院促进中小企业发展工作领导小组，加强对中小企业工作的统筹规划、组织领导和政策协调，领导小组办公室设在工业和信息化部。各地可根据工作需要，建立相应的组织机构和工作机制。统计部门要建立和完善对中小企业的分类统计、监测、分析和发布制度，加强对规模以下企业的统计分析工作。有关部门要及时向社会公开发布发展规划、产业政策、行业动态等信息，逐步建立中小企业市场监测、风险防范和预警机制。

第六节　2017年新修《中华人民共和国中小企业促进法》

《中华人民共和国中小企业促进法》自2003年实施以来，在改善中小企业发展环境，促进中小企业发展方面发挥了积极作用。中小企业是社会主义市场经济的重要组成部分，在促进经济增长、增加社会就业、推动技术创新和保障社会稳定等方面具有不可替代的作用，对国民经济和社会发展具有重要的战略意义。同时也要看到，多数中小企业产业层次较低、科技水平不高、抵御外部风险能力较弱。特别是近年来受经济下行压力影响，中小企业普遍面临生产成本上升、盈利水平下降等问题，生存与发展的压力不断加大。全国人大常委会十分重视中小企业发展促进工作，2009年专门听取和审议了国务院关于促进中小企业发展情况的专项工作报告，2011~2012年开展了中小企业促进法立法后评估工作，认为现行法律某些方面已经不适应进一步促进中小企业发展的实际需要，扶持政策不够具体，可操作性不强等，应针对中小企业面临的新情况和新问题做出修改完善，为中小企业特别是小微企业创造更为有利的法制环境。

根据全国人大常委会的立法工作安排，全国人大财政经济委员会于2014年1月牵头成立了由工业和信息化部、发展改革委员会、财政部等十四个部委参加的中小企业促进法（修订）起草组。两年多来，起草组主要开展了以

下工作。一是通过网络向社会公开征集法律修改意见建议，分析整理了制约中小企业发展的突出问题和对中小企业促进法的主要意见。二是邀请部分专家学者、企业负责人、部分省市中小企业部门负责人作为顾问小组成员，就有关立法问题征询意见和建议。三是多次赴地方就中小企业税费负担、融资环境、公共服务、劳动用工等情况展开深入调研，广泛听取全国人大代表、地方政府、中小企业代表等的意见。四是研究参考了美、日、欧等国家和地区有关促进中小企业发展的法律和政策，吸收借鉴国际经验。在上述工作基础上，起草组多次进行专题研究论证，经过反复修改，2016 年 4 月 19 日，全国人大财政经济委员会第 44 次全体会议审议并原则上通过了修订草案，5 月初报全国人大常委会办公厅发函征求国务院意见。8 月上旬收到国务院办公厅的反馈意见后，进一步对修订草案做了修改完善。

2017 年 9 月 1 日第十二届全国人大常委会第二十九次会议，高票通过了新修订的《中华人民共和国中小企业促进法》。同日，国家主席习近平签署了第七十四号主席令，正式公布了新修订的《中华人民共和国中小企业促进法》（以下简称新《中小企业促进法》），新法已于 2018 年 1 月 1 日起施行。新《中小企业促进法》在做好与原法的继承与衔接的同时，坚持发挥市场的决定性作用，强化政府支持力度，着力解决突出问题，注重增强法律的可操作性，为今后一段时期促进我国中小企业发展提供了法律依据，对促进中小企业持续健康发展具有十分重要的意义。

中小企业是大众创业、万众创新的重要力量，是我国数量最大的企业群体，中小企业在国民经济和社会发展中的重要地位和贡献可以用“56789”来概括，即 50%以上的税收、60%以上的 GDP、70%以上的发明创造、80%以上的就业是由中小企业提供和创造的，中小企业的数量占企业总数量的 99%以上（工业中，中小企业占有 99.6%）。为依法促进中小企业健康发展，2002 年 6 月 29 日第九届全国人大常委会第二十八次会议通过了《中华人民共和国中小企业促进法》，这部法律自 2003 年 1 月 1 日起施行以来，在改善中小企业经营环境、促进中小企业健康发展等方面发挥了积极作用。但与此同时也要看到，多数中小企业产业层次较低，科技水平不高、抵御外部风险能力较弱。特别是近年来，受经济下行压力影响，中小企业普遍面临生产成本上升、盈利水平下降等问题，生存与发展的压力不断加大，这些对完善中小企业促进制度的顶层设计、改革相关工作体制机制、修改促进中小企业的法律制度提出了新的现实要求。

一、新《中小企业促进法》的背景和意义

（1）激发中小企业活力的需要。中共十八大以来，根据党中央的部署，各级人民政府不断推动简政放权，大力削减行政审批事项，深化商事制度改革，全面公布地方政府权力和责任清单，为包括中小企业在内的广大企业创业创新营造了宽松环境。通过立法层面规范行政许可事项，实现行政许可便捷化，减轻中小企业负担，简化小型微型企业税收征管程序和注销登记程序等，有利于进一步激发中小企业的创业创新活力。

（2）推动中小企业转型升级发展的需要。中小企业总体产业层次较低，科技水平不高，抵御外来风险能力较弱，新法鼓励支持和引导中小企业走"专精特新"之路，应用互联网、云计算等现代技术手段创新生产方式，研究开发拥有自主知识产权的技术和产品，目的就是推动中小企业转型升级发展。

（3）促进实体经济发展的需要。中小企业大多从事制造业、服务业等产业，是我国实体经济中的重要组成部分，促进实体经济发展就要高度重视中小企业的健康成长。要创造宽松的市场环境，支持中小企业在从事实体经济中实现健康发展；四是维护中小企业合法权益的需要。改革开放以来，我国基本形成了归属清晰、权责明确、保护严格、流转顺畅的现代产权制度和产权保护法律框架，但现实中利用公权侵害私有产权，违法查封扣押冻结民营企业财产等现象仍时有发生。新《中小企业促进法》明确了"三个平等"，专章规定了权益保护及相应的法律责任，为保证各种所有制经济依法平等使用生产要素，公开公平公正参与市场竞争提供了法制保障。

二、新《中小企业促进法》体现的原则和思路

（1）处理好市场公平竞争与中小企业特殊保护的关系。大企业还是中小

企业都是市场经济主体，都应当平等地遵守市场经济规则，但中小企业在市场经济的浪潮中抗风险能力较弱，在处理市场公平竞争与中小企业特殊保护上，新《中小企业促进法》提出各类企业权利平等、机会平等、规则平等，对中小企业特别是其中的小型微型企业实行积极扶持，另一方面也要求中小企业依法经营，遵守有关法律法规。为保证中小企业能公平参与市场竞争，在本法具体内容中，对中小企业给予一定的倾斜保护和特殊政策，侧重在环境上提供公平竞争的条件来扶持中小企业，但不是取消竞争来实行扶持，尽量减少对具体的中小企业实行点对点补贴等措施。

（2）着力让中小企业有更多获得感。新法在修订中，结合国家行政审批制度改革、“大众创业、万众创新”、普惠金融体系建设推进等，将实践中行之有效的政策措施上升为法律规定，同时处理好法律相关规定的针对性和包容性之间的关系，为今后国家进一步出台扶持政策留有空间，如规定国家对符合条件的小型微型企业，实行缓征、减征、免征企业所得税、增值税，鼓励各类金融机构开发和提供适合中小企业特点的金融产品和服务，此外，在创业扶持、创新支持、市场开拓等方面也增加了不少有针对性的措施，尽量为中小企业创造宽松的制度环境，增强中小企业的获得感。

（3）处理好制度刚性与法律规定可行性之间的关系。新《中小企业促进法》的修订，注重把党中央的政策、国务院的具体措施、地方成功的有效做法，能在法律中体现的尽量体现，即立足长远性问题，着力加强制度建设。同时考虑到促进中小企业发展涉及政府的多个部门以及社会的方方面面，很多规定主要是从支持、服务、保障方面为中小企业提供宽松的发展环境，尽量减少和避免行政管理方面的内容。

三、新《中小企业促进法》呈现出的变化

（1）进一步明确法律贯彻落实责任主体。原法规定“国务院负责企业工作的部门对全国中小企业工作进行综合协调、指导和服务”，随着近年来政府的机构改革和职能调整，需进一步明确法律贯彻落实的责任主体，保障法律的有效组织实施。新《中小企业促进法》在国务院层面明确“国务院负责中

小企业促进工作综合管理的部门组织实施促进中小企业发展政策，对中小企业促进工作进行宏观指导、综合协调和监督检查”，在地方层面规定“县级以上地方各级人民政府根据实际情况建立中小企业促进工作协调机制，明确相应的负责中小企业促进工作综合管理的部门，负责本行政区域内的中小企业促进工作”。首次明确了中小企业工作部门是“综合管理”的部门，首次提出了中小企业主管部门对中小企业促进工作可进行“监督检查”。

（2）进一步规范财税支持相关政策。财税政策是促进中小企业发展的重要手段，新《中小企业促进法》总结了近年来的实践经验，明确规定“中央财政应当在本级预算中设立中小企业科目，安排中小企业发展专项资金”，进一步规范专项资金将“重点用于支持中小企业公共服务体系和融资服务体系建设”。同时，新法对中小企业发展基金的性质和操作运营进行了补充细化，规定“国家中小企业发展基金应当遵循政策性导向和市场化运作原则，主要用于引导和带动社会资金支持初创期中小企业”。此外，法律中还将部分现行的税收优惠政策上升为了法律。

（3）进一步完善融资促进相关措施。为引导金融机构服务实体经济和中小企业，新《中小企业促进法》规定金融机构应当发挥服务实体经济的功能，高效、公平地服务中小企业；国有大型商业银行应当设立普惠金融机构，为小型微型企业提供金融服务；地区性中小银行应当积极为其所在地的小型微型企业提供金融服务，促进实体经济发展。为鼓励金融机构加强对中小企业的服务力度，新《中小企业促进法》规定国务院银行业监督管理机构采取合理提高小型微型企业不良贷款容忍度等措施，引导金融机构增加小型微型企业融资规模和比重；国家鼓励各类金融机构开发和提供适合中小企业特点的金融产品和服务。此外，新《中小企业促进法》还对中小企业政策性信用担保体系建设做出了规定，鼓励各类担保机构为中小企业融资提供信用担保服务。

（4）保护中小企业财产权等合法权益。实践中社会各界关于营造公平市场秩序、增强中小企业权益保护的呼声和要求一直很高，为此，新《中小企业促进法》增设“权益保护”专章，规定国家保护中小企业及其出资人的财

产权和其他合法权益，设立拖欠货款解决条款，保护中小企业的合法权益，规定国家机关、事业单位和大型企业不得违约拖欠中小企业的货物、工程、服务款项。中小企业有权要求拖欠方支付拖欠款并要求对拖欠造成的损失进行赔偿。新《中小企业促进法》还将现行的规范涉企收费、监督检查机制等相关政策上升为法律。

（5）关于中小企业工作的监督检查。为了加强对法律执行情况的监督检查，保障法律的有效实施，新法增设了“监督检查”专章。明确提出了县级以上人民政府应当定期组织开展对中小企业促进工作情况的监督检查，国务院负责中小企业促进工作综合管理的部门应当委托第三方机构定期开展中小企业发展环境评估，并向社会公布。对县级以上人民政府及有关部门对中小企业发展专项资金、中小企业发展基金管理和使用情况的评估和监督作出规定。对强制或者变相强制中小企业参加考核、评比、表彰、培训等活动的行为以及违法向中小企业收费、罚款、摊派财务等行为的查处作出了相关规定。此外，新《中小企业促进法》对创业创新、服务措施、政府采购等方面在原法基础上也做了不少重要的补充和修改。

四、新《中小企业促进法》的基本框架和主要内容

修订草案将现行法律由 7 章扩展为 10 章，由 45 条增加为 62 条。主要有以下改变：一是现行法律第二章“资金支持”主要是财税和金融支持，但规定都比较原则，目前国家对中小企业财税和金融方面的扶持政策更加成熟和具体，为进一步增强这方面的支持导向和内容，将原第二章“资金支持”拆分为“财税支持”和“融资促进”两章。二是实践中关于营造公平的市场秩序、增强中小企业权益保障的呼声和要求很高，为此增加了第八章“权益保护”章节。三是将原第四章“技术创新”更名为“创新支持”，对第四章、第五章和第六章有关内容做了修改，以更好地体现改善中小企业经营环境，保障中小企业公平参与市场竞争，推动中小企业创业和创新的立法宗旨。四是为了加强法律执行情况监督检查，保障法律的有效实施，增加第九章“监督检查”章节。此次修改的重点内容有以下七个方面：

（1）关于中小企业发展促进工作机制。各方面普遍反映，中小企业促进工作政策性强，涉及面广，迫切需要强有力的组织领导和综合协调。现行法律规定由国务院负责企业工作的部门对全国中小企业工作进行综合协调、指导和服务。随着政府机构改革和职能调整，负责企业工作的政府部门分散，法律实施责任主体界定不清，易导致政策零散、职能弱化、交叉和缺位等现象，不利于法律实施。综合考虑各方面意见，修订草案规定由国务院中小企业促进工作综合协调部门，牵头组织实施国家中小企业政策，对全国中小企业发展促进工作进行综合协调、监督检查和指导服务，以加强对中小企业工作的组织领导。

（2）关于融资促进。各方面特别是广大企业反映，"融资难"依旧是制约中小企业发展的主要因素之一。在网络调查中，43%的受访者反映存在融资难问题，排在突出问题的第一位。能够获得融资的中小企业，也存在融资成本过高的问题。多数意见认为，现行促进法对中小企业融资方面的支持规定较为原则、缺乏可操作性，建议进一步充实、细化。为此，修订草案从加强金融基础设施建设、推进普惠金融服务、完善金融组织体系、构建专业化经营与差异化考核体系、创新金融服务和担保方式、大力发展直接融资和多层次资本市场、建立社会化的信用信息征集与评价体系等方面作出一系列具体规定，加强对中小企业特别是小型微型企业的融资支持。新增加的内容主要包括：一是要求银行业监督管理机构对金融机构开展小型微型企业金融服务实行差异化监管；二是推动中小银行、非存款类放贷机构和互联网金融有序健康发展；三是政策性金融机构应当采取多种形式为中小企业提供金融服务；四是多渠道推动股权融资，发展并规范债券市场，促进中小企业利用多种方式直接融资；五是提出推动建立全国统一的动产融资登记互联网公示系统，支持金融机构为中小企业提供动产担保融资；六是中小企业以应收账款申请动产担保融资时，其应收账款的付款方，包括各级政府采购人、工程建设项目的中标人、大型企业，应当确认债权债务关系，支持中小企业融资；七是鼓励征信机构发展针对中小企业融资的征信产品和服务，依法向各级政府相关部门、公用事业单位和商业机构采集信息。

（3）关于权益保护和减轻企业负担。许多中小企业反映自身权益得不到有

效保护，面临着负担重、维权难的问题。一是来自行政机关的各类检查、评比多，行政审批事项流程烦琐，存在乱收费、摊派现象，干扰了企业正常生产经营，增加了企业负担。二是一些大企业滥用市场支配地位，长期拖欠中小企业大量资金，导致中小企业销售回款难。三是缺乏正规有效的维权渠道维护自身的合法权益，维权成本过高。为此，修订草案在总则中明确规定：各级人民政府应当规范行政许可事项，依法开展管理工作，取消没有法律、法规依据的检查、评比等行政行为。同时，修订草案在专设的“权益保护”一章中规定，一是国家保护中小企业及其出资人的合法权益；保护中小企业依法平等使用生产要素、公平参与市场竞争和同等受到法律保护的权利。二是规范涉企收费、现场检查等行政行为，建立和实施涉企行政事业性收费目录清单制度，任何单位不得执行目录清单之外的行政事业性收费，国家对微型企业行政事业性收费实行优惠政策；严禁行业协会、商会依靠代行政府职能或利用行政资源擅自设立收费项目、提高收费标准。三是建立专门针对中小企业的维权渠道和维权机制，明确规定各级人民政府或者有关协会、商会中小企业维权服务机构向中小企业提供维权服务等公共服务。同时，针对一些大企业以及政府部门拖欠中小企业资金这一突出问题，修订草案规定：政府部门和大型企业不得违约拖欠中小企业的货物、工程和服务款项；中小企业有权要求拖欠方支付拖欠款并要求对拖欠造成的损害进行赔偿；中小企业可以就拖欠资金问题向中小企业维权服务机构申请协助。

（4）关于中小企业发展专项资金和中小企业发展基金。现行法律规定国家设立中小企业发展专项资金和中小企业发展基金。法律实施以来，中小企业发展专项资金增长很快，并发挥了很大作用。修订草案总结了近年来的实践经验，进一步规范了专项资金的管理和使用，明确了重点用于支持改善中小企业发展环境，促进中小企业公共服务体系和服务平台建设；专项资金向小型微型企业倾斜，资金管理使用坚持公开、透明的原则，实行预算绩效管理。但是，中小企业发展基金多年来一直未落实。2015 年 9 月国务院发布了设立国家中小企业发展基金的决定，明确基金的性质为政策性基金，按市场化原则操作，重点支持种子期、初创期成长型中小企业发展。为此，修订草案对该条款做了补充细化，同时规定县级以上地方人民政府可以根据实际情况设立中小企业发展基金。

（5）关于创业创新和市场开拓。许多地方和企业反映，现行法律在支持中小企业创业创新和市场开拓方面规定得比较原则，建议补充细化有关扶持规定，加大支持力度。为此，修订草案规定：一是改善企业创业环境，优化审批流程，实现小型微型企业行政许可便捷；二是规定政府为创业者提供法律法规、工商财税、社会保险等方面的咨询服务，鼓励引导社会服务机构为小型微型企业提供创业培训等综合服务，鼓励发展为小型微型企业创业提供服务的互联网平台；三是完善知识产权保护，减轻微型企业申请和维护知识产权的费用等负担；四是鼓励中小企业参与产业共性关键技术研发、标准制定和国家科研项目实施，支持中小企业行业协会、商会等参与标准的制定；五是鼓励科研机构、高等学校和大型企业等向中小企业开放试验设施，开展技术研发与合作，帮助企业开发新产品，培养专业人才；六是鼓励互联网、大数据、云计算等现代技术手段在中小企业技术改造、转型升级和生产经营管理等方面的应用；七是规定政府采购应当优先安排向中小企业购买商品或者服务，提高小型微型企业在政府采购中的份额。

（6）关于社会服务。中小企业普遍反映政府公共服务和社会化服务体系和机制不健全，专业服务机构发展滞后，缺乏为中小企业提供人才培训、创业辅导、管理咨询、市场营销、技术开发和法律援助等服务的各类优质专业机构，支持服务体系建设的政策措施不完善，不能满足中小企业快速发展的需要，希望增加政府公共服务供给，同时注重发挥市场的作用，建立完善的社会化服务体系，为中小企业提供服务保障。为此，修订草案规定：县级以上地方人民政府应当根据实际需要建立和完善中小企业公共服务机构，为中小企业提供公益性服务；国家鼓励各类社会专业服务机构为中小企业提供创业辅导、信息咨询、信用服务、投资融资、人才引进、法律咨询和维权服务等专业服务。同时，中小企业普遍反映，各级各类政府部门服务信息零散、庞杂，不好找、不好用，信息化服务水平不高。为此，修订草案规定：国家统计部门应当建立健全中小企业统计调查制度，加强监测分析，定期发布有

关信息；各级政府中小企业促进工作综合协调部门的网站，应当汇集并提供涉及中小企业的法律法规、政策及创业、创新、金融、市场、权益保护等各类政务服务信息供免费查询。同时还规定各级人民政府其他部门的网站应当提供本部门涉及中小企业的法律法规、政策措施等各类政务服务信息。

（7）关于监督检查。修订草案对保护中小企业合法权益、改进政府的服务等做了各项规定，并明确责任追究：一是各级人民政府及有关部门应当将中小企业工作评价列入年度考核范围；各级人民政府应当定期对本法的实施情况进行检查，对违反本法的行为及时进行纠正，对相关责任人员依法给予行政处分；县级以上人民政府应当定期向同级人民代表大会常务委员会报告中小企业促进工作情况和本法各项规定的实施情况。二是县级以上人民政府建立中小企业发展专项资金使用和效果的审计检查、企业评价、社会评价机制和资金使用动态评估制度。三是中小企业促进工作综合协调部门应当建立专门渠道，听取中小企业对政府相关管理工作的意见和建议，并及时向相关部门反馈，督促改进。

因此，随着新《中小企业促进法》的深入贯彻落实，法律修订的“红利”不断释放，将进一步改善中小企业经营环境，保障中小企业公平参与市场竞争，维护中小企业合法权益，支持中小企业创业创新，不断培育新增量、新动能，促进中小企业持续健康发展。

第七节　2017 年出台《关于扩大小型微利企业所得税优惠政策范围的通知》

2017 财政部、税务总局《关于扩大小型微利企业所得税优惠政策范围的通知》给小微企业发展注入了强心剂。

一、减免政策着力三方面：普惠、易行、增强企业获得感

众所周知，小微企业是发展的生力军、就业的主渠道、创新的重要源泉。从政策上来看，此次推出的小微企业普惠性税收减免政策，是2017年减税降费政策的重要内容，也是更大力度减税的重要体现，重点聚焦在以下三个方面。

一是突出普惠性实质性降税。在小微企业减税政策中，进一步放宽小微企业的限制条件。这次小微企业的企业所得税减税，惠及1798万家企业，占全国纳税企业总数的95%以上，其中98%是民营企业，我国绝大部分企业主体都能够从这个政策中受惠。

二是实打实、硬碰硬，增强企业的获得感。将现行小微企业优惠税种由企业所得税、增值税，扩大至资源税、城市维护建设税、城镇土地使用税等8个税种和2项附加。同时，在降低小微企业实际税负的同时，引入超额累进计税办法，小微企业年应纳税所得额不超过100万元、100万~300万元的部分，实际税负分别降至5%和10%，年应纳税所得额不超过300万元的企业税负降低50%以上。小微企业四项政策均可追溯享受，自2018年1月1日起实施。

三是切实可行、简明易行。在小微企业所得税政策方面，通过扩范围、加力度，直接降低实际税负，增强小微企业享受优惠的确定性和便捷度，减少税收遵从成本。小规模纳税人增值税免税标准，直接由月销售额3万元提高到10万元。初创科技型企业优惠政策，也是直接提高标准、放宽范围。同时，兼顾地方财力差异，采取了允许地方可在50%幅度内减征6项地方税种和2项附加的措施。

二、以更大力度的减税政策激发市场活力

近年来，我国不断加大对增值税小规模纳税人的税收优惠力度，逐步将其免税标准提高至月销售额3万元。这次进一步将其免税标准提高至月销售额10万元，免税政策受益面大幅扩大，且税收优惠方式简明易行好操作，将

明显增强企业的获得感，更大地激发市场活力，支持小微企业发展壮大，更好地发挥小微企业吸纳就业主渠道的关键性作用。

此外，与之前相比，这次出台的小型微利企业所得税优惠力度也进一步加大。一方面，放宽小型微利企业标准，扩大小型微利企业的覆盖面；另一方面，引入超额累进计算方法，加大企业所得税减税优惠力度。

举例来看，一个年应纳税所得额为300万元的企业，此前不在小型微利企业范围之内，需要按25%的法定税率缴纳企业所得税75万元，按照新出台的优惠政策，如果其从业人数和资产总额符合条件，其仅需缴纳企业所得税25万元，所得税负担大幅减轻。

三、扩展投资初创科技型企业享受优惠政策范围

值得注意的是，根据此次出台的减免政策，投资初创科技型企业享受优惠政策的范围将进一步扩展，投向这类企业的创投企业和天使投资个人可享有更多税收优惠。

创投企业和天使投资个人投向初创科技型企业可按投资额的70%抵扣应纳税所得额。政策调整前，初创科技型企业的主要条件包括从业人数不超过200人、资产总额和年销售收入均不超过3000万元等。此次调整将享受创业投资税收优惠的被投资对象范围，进一步扩展到从业人数不超过300人、资产总额和年销售收入均不超过5000万元的初创科技型企业，与调整后的企业所得税小型微利企业相关标准保持一致。

此外，两部门有关负责人明确，已经享受了原有地方税种优惠政策的增值税小规模纳税人，可以进一步享受本次普惠性税收减免政策，两类政策可叠加享受。

以城镇土地使用税为例，对在城镇土地使用税征税范围内单独建造的地下建筑用地，暂按应征税款的50%征收城镇土地使用税。在此基础上，如果各省（自治区、直辖市）进一步对城镇土地使用税采取减征50%的措施，则最高减免幅度可达75%。

四、《关于扩大小型微利企业所得税优惠政策范围的通知》的主要内容

2017年1月1日~2019年12月31日，将小型微利企业的年应纳税所得额上限由30万元提高至50万元，对年应纳税所得额低于50万元（含50万元）的小型微利企业，其所得减按50%计入应纳税所得额，按20%的税率缴纳企业所得税。前面所称小型微利企业，是指从事国家非限制和禁止行业，并符合下列条件的企业：

（1）工业企业，年度应纳税所得额不超过50万元，从业人数不超过100人，资产总额不超过3000万元；

（2）其他企业，年度应纳税所得额不超过50万元，从业人数不超过80人，资产总额不超过1000万元。

并规定企业从业人数，应当包括与企业建立劳动关系的职工人数和企业接受的劳务派遣用工人数。企业从业人数和资产总额指标，应按企业全年的季度平均值确定。具体计算公式如下：

季度平均值=(季初值+季末值)÷2

全年季度平均值=全年各季度平均值之和÷4

年度中间开业或者终止经营活动的，以其实际经营期作为一个纳税年度确定相关指标。

第八节　2019年出台《关于加强金融服务民营企业的若干意见》

2009年，中共中央办公厅、国务院办公厅印发了《关于加强金融服务民营企业的若干意见》，并发出通知，要求各地区各部门结合实际认真贯彻落实。意见提出，通过综合施策，实现各类所有制企业在融资方面得到平等待

遇，确保对民营企业的金融服务得到切实改善，融资规模稳步扩大，融资效率明显提升，融资成本逐步下降并稳定在合理水平，民营企业特别是小微企业融资难融资贵问题得到有效缓解，充分激发民营经济的活力和创造力。

众所周知，民营经济是社会主义市场经济的重要组成部分，在稳定增长、促进创新、增加就业、改善民生等方面发挥着不可替代的作用。党中央、国务院始终高度重视金融服务民营企业工作。各地区各部门及各金融机构认真落实，出台措施，积极支持民营企业融资，取得一定成效，但部分民营企业融资难融资贵问题仍然比较突出。

2019 年，中共中央办公厅、国务院办公厅印发了《关于加强金融服务民营企业的若干意见》，并发出通知，要求各地区各部门结合实际认真贯彻落实。强调要加大金融政策支持力度，着力提升对民营企业金融服务的针对性和有效性；强化融资服务基础设施建设，着力破解民营企业信息不对称、信用不充分等问题；完善绩效考核和激励机制，着力疏通民营企业融资堵点；积极支持民营企业融资纾困，着力化解流动性风险并切实维护企业合法权益。

通过综合施策，实现各类所有制企业在融资方面得到平等待遇，确保对民营企业的金融服务得到切实改善，融资规模稳步扩大，融资效率明显提升，融资成本逐步下降并稳定在合理水平，民营企业特别是小微企业融资难融资贵问题得到有效缓解，充分激发民营经济的活力和创造力。

《关于加强金融服务民营企业的若干意见》包含五个部分，十八条意见，目的是平等对待各类所有制企业，有效缓解民营企业融资难融资贵问题，增强微观主体活力，充分发挥民营企业对经济增长和创造就业的重要支撑作用。主要体系在以下几个方面。

一、实施差别化货币信贷支持政策

合理调整商业银行宏观审慎评估参数，鼓励金融机构增加民营企业、小微企业信贷投放。完善普惠金融定向降准政策。增加再贷款和再贴现额度，把支农支小再贷款和再贴现政策覆盖到包括民营银行在内的符合条件的各类金融机构。加大对民营企业票据融资的支持力度，简化贴现业务流程，提高贴现融资效率，及时办理再贴现。加快出台非存款类放贷组织条例。支持民营银行和其他地方法人银行等中小银行发展，加快建设与民营中小微企业需求相匹配的金融服务体系。深化联合授信试点，鼓励银行与民营企业构建中长期银企关系。

二、加大直接融资支持力度

积极支持符合条件的民营企业扩大直接融资。完善股票发行和再融资制度，加快民营企业首发上市和再融资审核进度。深化上市公司并购重组体制机制改革。结合民营企业合理诉求，研究扩大定向可转债适用范围和发行规模。扩大创新创业债试点，支持非上市、非挂牌民营企业发行私募可转债。抓紧推进在上海证券交易所设立科创板并试点注册制。稳步推进新三板发行与交易制度改革，促进新三板成为创新型民营中小微企业融资的重要平台。支持民营企业债券发行，鼓励金融机构加大民营企业债券投资力度。

三、支持金融机构通过资本市场补充资本

加快商业银行资本补充债券工具创新，支持通过发行无固定期限资本债券、转股型二级资本债券等创新工具补充资本。从宏观审慎角度对商业银行储备资本等进行逆周期调节。把民营企业、小微企业融资服务质量和规模作为中小商业银行发行股票的重要因素。研究取消保险资金开展财务性股权投资行业范围限制，规范实施战略性股权投资。聚焦民营企业融资增信环节，提高信用保险和债券信用增进机构覆盖范围。引导和支持银行加快处置不良资产，将盘活资金重点投向民营企业。

四、从战略高度抓紧抓好信息服务平台建设

依法开放相关信息资源，在确保信息安全的前提下，推动数据共享。地方政府依托国家数据共享交换平台体系，抓紧构建完善金融、税务、市场监管、社保、海关、司法等大数据服务平台，实现跨层级跨部门跨地域互联互通。健全优化金融机构与民营企业信息对接机制，实现资金供需双方线上高效对接，让信息“多跑路”，让企业“少跑腿”。发展各类信用服务机构，鼓

励信用服务产品的开发和创新。支持征信机构、信用评级机构利用公共信息为民营企业提供信用产品及服务。加大守信激励和失信惩戒力度。

五、采取多种方式健全地方增信体系

发挥国家融资担保基金引领作用，推动各地政府性融资担保体系建设和业务合作。政府出资的融资担保机构应坚持准公共定位，不以营利为目的，逐步减少反担保等要求，对符合条件的可取消反担保。对民营企业和小微企业贷款规模增长快、户数占比高的商业银行，可提高风险分担比例和贷款合作额度。鼓励有条件的地方设立民营企业和小微企业贷款风险补偿专项资金、引导基金或信用保证基金，重点为首贷、转贷、续贷等提供增信服务。研究探索融资担保公司接入人民银行征信系统。

六、积极推动地方各类股权融资规范发展

积极培育投资于民营科创企业的天使投资、风险投资等早期投资力量，抓紧完善进一步支持创投基金发展的税收政策。规范发展区域性股权市场，构建多元融资、多层细分的股权融资市场。鼓励地方政府大力开展民营企业股权融资辅导培训。

七、抓紧建立“愿贷、敢贷、能贷”长效机制

商业银行要推动基层分支机构下沉工作重心，提升服务民营企业的内生动力。尽快完善内部绩效考核机制，制定民营企业服务年度目标，加大正向激励力度。对服务民营企业的分支机构和相关人员，重点对其服务企业数量、信贷质量进行综合考核。建立健全尽职免责机制，提高不良贷款考核容忍度。设立内部问责申诉通道，为尽职免责提供机制保障。授信中不得附加以贷转存等任何不合理条件，对相关违规行为一经查实，严肃处理。严厉打击金融信贷领域强行返点等行为，对涉嫌违法犯罪的机构和个人，及时移送司法机关等有关机关依法查处。

（1）民企贷款纳入考核，以求“愿贷”。通知指出，银保监会将在 2019

年 2 月底前明确民营企业贷款统计口径，并要求商业银行在 3 月底前制定 2019 年度民营企业服务目标。银保监会将按季监测银行业金融机构民营企业贷款情况。根据实际情况按法人机构制定实施差异化考核方案，形成贷款户数和金额并重的年度考核机制。通知指出，国有控股大型商业银行要充分发挥“头雁”效应，2019 年普惠型小微企业贷款力争总体实现余额同比增长 30%以上。

（2）正向激励，尽职免责，以求“敢贷”。通知指出，商业银行要于每年年初制定民营企业服务年度目标，在内部绩效考核机制中提高民营企业融资业务权重，加大正向激励力度。这种机制一方面“多赏”，即对民营企业贷款增速和质量高于行业平均水平的分支机构和个人，予以奖励；另一方面“少罚”，即提高不良贷款考核容忍度，建立健全民营企业贷款尽职免责和容错纠错机制。其实，2018 年全年贷款结构中，中长期贷款占比有所下滑，而票据融资占比则有所上升，背后反映了银行风险偏好的下降。在经济放缓周期中，银行将贷款重点支持央企或国有企业等龙头企业，而对民营企业则相对谨慎。通知强化从内外部同时激励民企贷款，目的在于改善银行对民企的风险偏好，最终达到“敢贷”的目标。

（3）补充资本，以求“能贷”。通知指出，加快商业银行资本补充债券工具创新，通过发行无固定期限资本债券、转股型二级资本债券等创新工具补充资本，支持保险资金投资银行发行的二级资本债券和无固定期限资本债券。为了推动永续债发行，央行创设了央行票据互换工具（CBS），公开市场业务一级交易商可以使用持有的合格银行发行的永续债从人民银行换入央行票据。

商业银行对民企的惜贷，除了风险偏好原因，也受制于自身资本充足水平。资管新规的出台促进非标资产回表、大额风险暴露管理办法将风险暴露的计量基础由资本升级为一级资本等因素都增加了商业银行的资本补充需求。而民企贷款的资本占用水平更高，补充资本水平是支持商业银行能贷的前提。

八、有效提高民营企业融资可获得性

新发放公司类贷款中，民营企业贷款比重应进一步提高。贷款审批中不得对民营企业设置歧视性要求，同等条件下民营企业与国有企业贷款利率和贷款条件保持一致。金融监管部门按法人机构实施差异化考核，形成贷款户数和金额并重的考核机制。若发现数据造假，将依法严肃处理相关机构和责任人员。国有控股大型商业银行要主动作为，加强普惠金融事业部建设，落实普惠金融领域专门信贷政策，完善普惠金融业务专项评价机制和绩效考核制度，在提高民营企业融资可获得性和金融服务水平等方面积极发挥“头雁”作用。

九、减轻对抵押担保的过度依赖

商业银行要坚持审核第一还款来源，把主业突出、财务稳健、大股东及实际控制人信用良好作为授信的主要依据，合理提高信用贷款比重。商业银行要依托产业链核心企业信用、真实交易背景和物流、信息流、资金流闭环，为上下游企业提供无须抵押担保的订单融资、应收应付账款融资。

十、提高贷款需求响应速度和审批时效

商业银行要积极运用金融科技支持风险评估与信贷决策，提高授信审批效率。对于贷款到期有续贷需求的，商业银行要提前主动对接。鼓励商业银行开展线上审批操作，各商业银行应结合自身实际，将一定额度信贷业务的审批权下放至分支机构；确需集中审批的，要明确内部时限，提高时效。

十一、增强金融服务民营企业的可持续性

商业银行要遵循经济金融规律，依法合规审慎经营，科学制订信贷计划，不得组织运动式信贷投放。健全信用风险管控机制，不断提升数据治理、客户评级和贷款风险定价能力，强化贷款全生命周期的穿透式风险管理，在有效防范风险的前提下加大对民营企业的支持力度。加强享受优惠政策低成本资金的使用管理，严格监控资金流向，防止被个别机构或个人截留、挪用甚至转手套利，有效防范道德风险。加强金融监管与指导，处理好支持民营企业发展与防范金融风险之间的关系。

十二、从实际出发帮助遭遇风险事件的企业摆脱困境

加快实施民营企业债券融资支持工具和证券行业支持民营企业发展集合资产管理计划。研究支持民营企业股权融资，鼓励符合条件的私募基金管理人发起设立民营企业发展支持基金。支持资管产品、保险资金依法合规通过监管部门认可的私募股权基金等机构，参与化解处置民营上市公司股票质押风险。对暂时遇到困难的民营企业，金融机构要按照市场化、法治化原则，区别对待，分类采取支持处置措施。

十三、加快清理拖欠民营企业账款

坚持边界清晰、突出重点、源头治理、循序渐进，运用市场化、法治化手段，抓紧清理政府部门及其所属机构（包括所属事业单位）、大型国有企业（包括政府平台公司）因业务往来与民营企业形成的逾期欠款，确保民营企业有明显的获得感。政府部门、大型国有企业特别是中央企业要做“重合同、守信用”的表率，认真组织清欠工作，依法依规及时支付各类应付未付账款。要加强政策支持，完善长效机制，严防新增拖欠，切实维护民营企业合法权益。

十四、企业要主动创造有利于融资的条件，加强对落地实施的监督检查

民营企业要依法合规经营，珍惜商业信誉和信用记录。严格区分个人家庭收支与企业生产经营收支，规范会计核算制度，主动做好信息披露。加强自身财务约束，科学安排融资结构，规范关联交易管理。不逃废金融债务，为金融支持提供必要的基础条件。各地区各部门及各金融机构要树牢“四个意识”，坚定“四个自信”，坚决做到“两个维护”，坚持问题导向，明确责任，确定时限，狠抓落实。推动第三方机构开展金融服务民营企业政策落实情况评估，提高政策落实透明度。及时总结并向各地提供可复制、易推广的成功案例和有效做法。对贯彻执行不力的，要依法依规予以严肃问责，确保各项政策落地落细落实。

第九节 政策梳理与小结

国家早在2003年施行《中小企业促进法》，2005年出台《鼓励支持和引导个体私营等非公有制经济发展若干意见》（即非公经济36条），2009年提出36号文件《进一步扶持中小企业发展的政策措施》，2010年出台《关于鼓励和引导民间投资健康发展的若干意见》，2017年新修订《中华人民共和国中小企业促进法》及财政部出台的《关于扩大小型微利企业所得税优惠政策范围的通知》，2019年中共中央办公厅、国务院办公厅印发《关于加强金融服务民营企业的若干意见》，从政策的延续性上可以看出，国家把持续改善中小企业发展环境，促进中小企业的健康发展作为国家战略的重点。从2017年新修订的《中华人民共和国中小企业促进法》就可以看出，新《中小企业促进法》在做好与原法的继承与衔接的同时，坚持发挥市场的决定性作用，强化政府支持力度，着力解决突出问题，注重增强法律的可操作性，为今后一段时期促进我国中小企业发展提供了法律依据，对促进中小企业持续健康发展具有十分重要的意义。具体来说有以下四个方面。

一、激发中小企业活力的需要

根据党中央的部署，各级人民政府不断推动简政放权，大力削减行政审批事项，深化商事制度改革，全面公布地方政府权力和责任清单，为包括中小企业在内的广大企业创业创新营造了宽松环境。通过立法层面规范行政许可事项，实现行政许可便捷化，减轻中小企业负担，简化小型微型企业税收征管程序和注销登记程序等，有利于进一步激发中小企业的创业创新活力。

二、推动中小企业转型升级发展的需要

中小企业总体产业层次较低，科技水平不高，抵御外来风险能力较弱，

新法鼓励支持和引导中小企业走“专精特新”之路，应用互联网、云计算等现代技术手段创新生产方式，研究开发拥有自主知识产权的技术和产品，目的就是推动中小企业转型升级发展。

三、促进实体经济发展的需要

中小企业大多从事制造业、服务业等产业，是我国实体经济中的重要组成部分，促进实体经济发展就要高度重视中小企业的健康成长。要创造宽松的市场环境，支持中小企业在从事实体经济时实现健康发展。

四、维护中小企业合法权益的需要

改革开放以来，我国基本形成了归属清晰、权责明确、保护严格、流转顺畅的现代产权制度和产权保护法律框架，但现实中利用公权侵害私有产权，违法查封扣押冻结民营企业财产等现象仍时有发生。新法中就明确了“三个平等”，专门规定了权益保护及相应的法律责任，为保证各种所有制经济依法平等地使用生产要素，公开公平公正地参与市场竞争提供了法制保障。

第三章 《国务院关于支持赣南等原中央苏区振兴发展的若干意见》出台后苏区发展迎来新篇章

第一节 《若干意见》出台的重大意义与总体要求

赣南等原中央苏区在中国革命史上具有特殊的重要地位。中华人民共和国成立以来特别是改革开放以来，赣南等原中央苏区发生了翻天覆地的变化，但由于种种原因，经济社会发展明显滞后，与全国的差距仍在拉大。

一、重大意义

（一）重要性和紧迫性

赣南等原中央苏区地域范围包括赣闽粤，是土地革命战争时期中国共产党创建的最大最重要的革命根据地，是中华苏维埃共和国临时中央政府所在地，是人民共和国的摇篮和苏区精神的主要发源地，为中国革命做出了重大贡献和巨大牺牲。由于战争创伤的影响，以及自然地理等多种原因，迄今为止，原中央苏区特别是赣南地区，经济发展仍然滞后，民生问题仍然突出，贫困落后面貌仍然没有得到根本改变。还有不少群众住在危旧土坯房里，没有干净的水，不能正常用电，一些红军和革命烈士后代的生活依然困窘；基础设施薄弱、产业结构单一、生态环境脆弱等制约当地经济社会发展的问题

仍然比较突出。振兴发展赣南等原中央苏区，既是一项重大的经济任务，更是一项重大的政治任务，对于全国革命老区加快发展具有标志性意义和示范作用。支持赣南等原中央苏区振兴发展，是尽快改变其贫困落后面貌，确保与全国同步实现全面建设小康社会目标的迫切要求；是充分发挥其自身比较优势，逐步缩小区域发展差距的战略需要；是建设我国南方地区重要生态屏障，实现可持续发展的现实选择；是进一步保障和改善民生，促进和谐社会建设的重大举措。

（二）发展机遇

赣南等原中央苏区既存在着历史包袱沉重、现实基础薄弱等困难和问题，又具有加快发展的有利条件和重大机遇。地理位置条件相对优越，是珠三角、厦漳泉地区的直接腹地和内地通向东南沿海的重要通道；特色资源丰富，素有世界钨都和稀土王国之称；正处于产业转移加快推进和工业化、城镇化加速发展阶段，市场开发潜力大；国家扶持力度进一步加大，原中央苏区人民思富图强、负重拼搏的意识不断增强。当前赣南等原中央苏区已进入加快发展的关键时期，必须牢牢抓住历史机遇，奋力攻坚克难，努力实现全面振兴和跨越式发展。

二、总体要求

（一）指导思想

以邓小平理论和“三个代表”重要思想为指导，深入贯彻落实科学发展观，弘扬苏区精神，加大扶持力度，加快新型工业化和城镇化进程，以解决突出的民生问题为切入点，着力改善城乡生产生活条件；以加快交通、能源、水利等基础设施建设为突破口，着力增强发展的支撑能力；以承接产业转移为抓手，着力培育壮大特色优势产业；以发展社会事业为重点，着力提升基本公共服务水平；以保护生态环境为前提，着力促进可持续发展；以改革开放为动力，着力破解体制机制障碍，努力走出一条欠发达地区实现跨越式发展的新路子，使原中央苏区人民早日过上富裕幸福的生活，确保与全国同步进入全面小康社会。

（二）基本原则

统筹兼顾，突出重点。在原中央苏区范围内，赣南具有特殊地位，面临特殊困难，要把支持赣南加快发展作为工作重点，协同推进原中央苏区整体振兴发展。

立足当前，着眼长远。采取更加有力的措施，力争在两三年内使突出的民生问题得到有效解决；加快实施一批增强“造血”功能的工程和项目，不断提升自我发展能力。

加快发展，推进转型。坚定不移地走新型工业化、城镇化道路，同步推进农业现代化，促进“三化”协调发展；坚持加快发展与转型发展相结合，努力实现又好又快发展。

改革创新，开放合作。进一步解放思想，开拓创新，深化重点领域和关键环节改革，鼓励先行先试，增强发展动力和活力；加强区域合作，构筑开放平台，提高对内对外开放水平。

国家扶持，自力更生。充分考虑赣南等原中央苏区的特殊地位和当前面临的特殊困难，国家在资金、项目和对口支援等方面进一步加大支持力度；充分调动和发挥地方的积极性、主动性、创造性，大力弘扬苏区精神，通过自身努力加快发展。

（三）战略定位

全国革命老区扶贫攻坚示范区。集中力量打好新阶段扶贫攻坚战，编制实施罗霄山片区区域发展与扶贫攻坚规划，为全国革命老区扶贫开发、群众脱贫致富、全面建设小康社会积累经验，提供示范。

全国稀有金属产业基地、先进制造业基地和特色农产品深加工基地。建设具有较强国际竞争力的稀土、钨稀有金属产业基地。依托本地资源和现有产业基础，大力发展新材料和具有特色的先进制造业。建设世界最大的优质脐橙产业基地和全国重要的特色农产品、有机食品生产与加工基地。

重要的区域性综合交通枢纽。依托赣州区域性中心城市的区位优势，加快现代综合交通体系和快速通道建设，建成连接东南沿海与中西部地区的区域性综合交通枢纽和物流商贸中心。

我国南方地区重要的生态屏障。推进南岭、武夷山等重点生态功能区建设，加强江河源头保护和江河综合整治，加快森林植被保护与恢复，提升生态环境质量，切实保障我国南方地区生态安全。

红色文化传承创新区。加强革命遗址保护和利用，推动红色文化发展创新，提升苏区精神和红色文化影响力，建设全国爱国主义教育和革命传统教育基地，打造全国著名的红色旅游目的地。

（四）发展目标

到2015年，赣南等原中央苏区在解决突出的民生问题和制约发展的薄弱环节方面取得了突破性进展。尽快完成赣州市农村安全饮水、农村危旧土坯房改造、农村电网改造升级、农村中小学薄弱学校改造等任务；基础设施建设取得重大进展，特色优势产业集群进一步壮大，城镇化率大幅提升，生态建设和环境保护取得显著成效；经济保持平稳较快发展；城乡居民收入增长与经济发展同步，基本公共服务水平接近或达到中西部地区平均水平。

到2020年，赣南等原中央苏区整体实现跨越式发展。现代综合交通运输体系和能源保障体系基本形成；现代产业体系基本建立，工业化、城镇化水平进一步提高；综合经济实力显著增强，人均主要经济指标与全国平均水平的差距明显缩小；人民生活水平和质量进一步提升，基本公共服务水平接近或达到全国平均水平，与全国同步实现全面建设小康社会的目标。

第二节 《若干意见》的基本内容

一、优先解决突出民生问题，凝聚振兴发展民心民力

解决好民生问题是振兴发展的首要任务。要加大资金投入，集中力量尽快解决最突出的民生问题，切实改善群众生产生活条件，保护和调动人民群众参与振兴发展的积极性。

（一）加大以土坯房为主的农村危旧房改造力度

加大对赣南等原中央苏区农村危旧土坯房改造的支持力度，重点支持赣州市加快完成改造任务。适应城镇化趋势，结合新农村建设，积极探索创新土坯房改造方式。大力支持保障性住房建设，加大对赣州市城市棚户区改造的支持力度，加快国有工矿棚户区和国有农林场危房改造，“十二五”末基本完成改造任务。

（二）加快解决农村饮水安全问题

加大农村安全饮水工程实施力度，2014 年底前解决赣州市农村饮水安全问题，“十二五”期间全面完成赣南等原中央苏区农村饮水安全任务。支持有条件的农村地区发展规模化集中供水，鼓励城镇供水管网向农村延伸。建立健全农村水质安全监测系统。

（三）加强农村电网改造和农村道路建设

加快推进赣南等原中央苏区新一轮农村电网改造升级，“十二五”期间建立起安全可靠、节能环保、技术先进、管理规范的新型农村电网。支持赣州市农网改造升级工程建设，电网企业加大投入，2013 年底前解决赣州市部分农村不通电或电压低问题。实施农村公路危桥改造，推进县乡道改造和连通工程，进一步提高农村公路的等级标准和通达深度。

（四）提高特殊困难群体生活水平

将居住在农村和城镇无工作单位、18 周岁之前没有享受过定期抚恤金待遇且年满 60 周岁的烈士子女，以及试行义务兵役制后至《退役士兵安置条例》实施前入伍、年龄在 60 周岁以上（含 60 周岁）、未享受到国家定期抚恤补助的农村籍退役士兵等人员纳入抚恤补助范围，落实相关待遇。积极研究在乡退伍红军老战士、失散红军等人员遗孀定期生活补助政策。支持解决上述特殊困难对象中孤老病残优抚对象的集中供养问题。帮助残疾人改善生活条件。

二、大力夯实农业基础，促进城乡统筹发展

把解决“三农”问题放在突出位置，巩固提升农业基础地位，大力发展现代农业，促进农业稳定发展、农民持续增收，加快城乡一体化进程，打牢

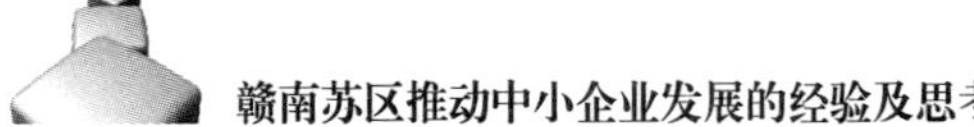

振兴发展的坚实基础。

（一）稳定发展粮食生产

以吉泰盆地、赣抚平原商品粮基地为重点，加强粮食生产重大工程建设，不断提高粮食综合生产能力。严格基本农田保护，支持高标准基本农田建设，加大中低产田改造投入，积极推行“单改双”，稳定粮食播种面积。支持发展现代种业，加快良种繁育体系建设。扩大对种粮农民的直接补贴和农资综合补贴规模，扩大良种补贴范围。将适宜丘陵山区的中小型农机具纳入农机购置补贴范围，促进提高农业机械化水平。支持农业科技服务体系建设，加快新技术、新品种的引进、示范和推广。

（二）大力发展特色农业

优化农产品区域布局，推进农业结构调整，加快发展特色农业，建设面向东南沿海和港澳地区的重要农产品供应基地。做强脐橙产业，加快脐橙品种选育和改良，推进标准化、有机果园建设，支持贮藏、加工、物流设施建设。积极推进国家脐橙工程（技术）研究中心建设，研究建立脐橙交易中心。对脐橙实行柑橘苗木补贴政策和“西果东送”政策。大力发展油茶、毛竹、花卉苗木等特色林业，支持油茶示范基地县建设。积极发展蜜橘、茶叶、白莲、生猪、蔬菜、水产品、家禽等特色农产品。支持畜禽标准化规模养殖场（小区）建设。研究开展脐橙、蜜橘、白莲保险。支持动植物疫病防控、农产品质量的安全检验检测等体系建设，扶持农业产业化龙头企业和农民专业合作社发展。支持赣州、吉安、抚州等市建设国家现代农业示范区。

（三）促进城乡统筹发展

统筹城乡规划建设，推动城镇道路、供水、生态、环保等基础设施向农村延伸，公共服务向农村拓展。扎实推进新农村建设，加强村庄规划布局，引导农村社区建设，改善农村人居环境。大力发展县域经济，提升带动农村发展的能力。支持基础较好的中心镇壮大实力，增强对周边农村的生产生活服务功能。推进户籍管理制度改革，把有合法稳定职业和稳定住所的农村人口逐步转为城镇居民。大力发展休闲农业、乡村旅游，拓展农业功能，多渠道增加农民收入。强化农村劳动力转移就业和创业能力培训，鼓励外出农民工回乡创业，建设农民创业基地。支持赣州开展统筹城乡发展综合改革试验。

三、加快基础设施建设，增强振兴发展支撑能力

坚持基础设施先行，按照合理布局、适度超前的原则，加快实施一批重大交通、能源、水利等基础设施项目，构建功能完善、安全高效的现代化基础设施体系。

（一）建设赣州综合交通枢纽

编制赣州市综合交通枢纽规划，加快构建综合交通运输体系，加强与周边城市和沿海港口城市的高效连接，把赣州建成我国重要的区域性综合交通枢纽。加快赣（州）龙（岩）铁路扩能改造，建设昌（南昌）吉（安）赣（州）铁路客运专线，规划研究赣州至深圳铁路客运专线和赣州至韶关铁路复线，打通赣州至珠三角、粤东沿海、厦漳泉地区的快速铁路通道，加快赣（州）井（冈山）铁路前期工作，加强赣州至湖南、广东、福建等周边省份铁路运输通道的规划研究，提升赣州在全国铁路网中的地位和作用。改造扩建赣州黄金机场，研究建设航空口岸。适时将赣州黄金机场列为两岸空中直航航点。加快赣江航道建设，结合梯级开发实现赣州—吉安—峡江三级通航，加快建设赣州港。

（二）加强交通基础设施建设

完善铁路网络，加快鹰（潭）瑞（金）梅（州）铁路、浦（城）梅（州）铁路、广（州）梅（州）汕（头）铁路扩能前期工作，适时开工建设。规划研究吉安至建宁铁路。研究瑞金火车站升级改造。加强公路建设，支持大庆—广州高速公路赣州繁忙路段实施扩容改造工程，规划建设兴国—赣县、寻乌—全南、乐安—宁都—于都、广昌—建宁、金溪—资溪—光泽等高速公路。加大国省道干线公路改造力度，力争县县通国道，重点推进通县二级公路建设。加快推进国家公路运输枢纽站场建设。支持三明沙县机场新建工程，扩建吉安井冈山机场、龙岩连城机场，研究建设赣东南机场和瑞金通勤机场。

（三）提高能源保障能力

研究论证瑞金电厂扩建项目，规划建设抚州电厂、粤电大埔电厂“上大

压小”工程等电源点项目。推进国电井冈山水电站前期工作。支持发展风电、太阳能、生物质能发电。建设赣州东（红都）500千伏输变电工程和抚州至赣州东（红都）500千伏线路。提高县网供电保障能力，建设石城、崇义、安远等县220千伏变电站。取消赣州市220千伏、110千伏输变电工程建设贷款地方财政贴息等配套费用。推进樟树—吉安—赣州、泉州—赣州、揭阳—梅州—赣州等成品油管道项目建设。依托蒙西至华中电煤运输通道建设，解决赣州地区煤运问题。支持建设赣州天然气及成品油仓储基地。

（四）加快水利基础设施建设

加大支持力度，加快实施城镇防洪工程建设，提高赣州等市城镇防洪标准。开展上犹江引水、引韩济饶供水等水资源配置工程和韩江（高陂）大型水利枢纽前期工作，继续支持廖坊灌区工程建设。加快章江等大型灌区续建配套与节水改造，尽快完成病险水库除险加固。加快中小河流治理。逐步扩大赣南苏区小型农田水利重点县建设覆盖面。将一般中小型灌区新建、续建配套及节水改造、中小型排涝泵站更新改造以及小水窖、小水池、小塘坝、小泵站、小水渠“五小”水利工程纳入中央支持范围。建立山洪地质灾害监测预警预报体系。

四、培育壮大特色优势产业，走出振兴发展新路子

坚持市场导向，立足比较优势，着力培育产业集群，促进集聚发展、创新发展，推动服务业与制造业、产业与城市协调发展，构建特色鲜明、结构合理、集约高效、环境友好的现代产业体系。

（一）积极推动优势矿产业发展

发挥骨干企业和科研院所作用，加大技术改造和关键技术研发力度，促进稀土、钨等精深加工，发展高端稀土、钨新材料和应用产业，加快制造业集聚，建设全国重要的新材料产业基地。将赣南等原中央苏区列为国家找矿突破战略行动重点区域，加大地质矿产调查评价、中央地质勘查基金等中央财政资金的支持力度。支持赣州建设稀土产业基地和稀土产学研合作创新示范基地，享受国家高新技术产业园区和新型工业化产业示范基地扶持政策。

积极推进技术创新，提升稀土开采、冶炼和应用技术水平，提高稀土行业集中度。按照国家稀土产业总体布局，充分考虑资源地利益，在赣州组建大型稀土企业集团。国家稀土、钨矿产品生产计划指标向赣州倾斜。研究支持建设南方离子型稀土与钨工程（技术）研究中心，加大国家对稀土、钨等稀有金属关键技术攻关的支持力度。支持赣州建设南方离子型稀土战略资源储备基地，研究论证建立稀有金属期货交易中心。

（二）加快提升制造业发展水平

发挥现有产业优势，大力发展电子信息、现代轻纺、机械制造、新型建材等产业，积极培育新能源汽车及其关键零部件、生物医药、节能环保、高端装备制造等战略性新兴产业，形成一批科技含量高、辐射带动力强、市场前景广阔的产业集群。支持设立战略性新兴产业创业投资资金，建设高技术产业孵化基地。加大对重大科技成果的推广应用和产业化支持力度，增强科技创新能力。支持国内整车企业在赣州等市设立分厂。支持军工企业在赣州、吉安发展军民结合高技术产业。支持赣州新型电子、氟盐化工、南康家具以及吉安电子信息、抚州黎川陶瓷、龙岩工程机械等产业基地建设。支持建设国家级检验检测技术研发服务平台。

（三）促进红色文化旅游产业大发展

编制赣南等原中央苏区革命遗址保护规划，加大对革命旧居旧址的保护和修缮力度，发挥革命旧居旧址在爱国主义教育中的重要作用。支持中央苏区历史博物馆、中央苏区烈士陵园、东固革命烈士陵园等红色文化教育基地的建设。支持在瑞金建设公务员培训基地。大力发展红色旅游，将赣南等原中央苏区红色旅游列入国家旅游发展战略，支持红色旅游基础设施建设。深化赣南与井冈山、闽西、粤东北的旅游合作，以瑞金为核心高起点建设一批精品景区和经典线路，支持创建国家 AAAAA 级旅游景区，推动红色旅游与生态旅游、休闲旅游、历史文化旅游融合发展。支持赣州、吉安创建国家旅游扶贫试验区。

（四）大力发展现代服务业

健全金融机构组织体系，完善金融机构、金融市场和金融产品，推动建

立赣闽粤湘四省边际区域性金融资源共享机制。鼓励境内外金融机构在赣州设立经营性分支机构，支持和鼓励各类银行业金融机构发起设立新型农村金融机构。大力发展现代物流业，研究完善物流企业营业税差额纳税试点办法，支持赣州、抚州创建现代物流技术应用和共同配送综合试点城市，推动赣州、吉安综合物流园区及广昌物流仓储配送中心等项目建设。鼓励发展科技研发、工业设计和服务外包，规范发展法律咨询、信用评估、广告会展、培训认证等商务服务业。适应城镇化和人口老龄化趋势，扶持发展社区服务、家政服务、社会化养老等生活服务业。支持赣州建设服务业发展示范基地。

（五）推动产业与城市协调发展

促进产业和生产要素向城市集聚，提升城市的服务功能和承载能力。支持赣州建设省域副中心城市，调整行政区划，增设市辖区，推动赣县、南康、上犹与赣州中心城区同城化发展，科学规划建设章康新区，扶持瑞金、龙南次中心城市建设。加快吉泰走廊城镇体系建设。科学规划城市功能定位和产业布局，强化城市基础设施和公共服务设施建设，增强辐射带动能力，推进数字化城市建设。

五、加强生态建设和环境保护，增强可持续发展能力

牢固树立绿色发展理念，大力推进生态文明建设，正确处理经济发展与生态保护的关系，坚持在发展中保护、在保护中发展，促进经济社会发展与资源环境相协调。

（一）加强生态建设和水土保持

加强天然林资源保护，巩固和扩大退耕还林成果，加大长江和珠江防护林工程以及湿地保护和恢复投入力度，支持自然保护区、森林公园、地质公园、湿地公园等建设。加强生物多样性保护。加强中幼龄林抚育和低质低效林改造，改善林相结构，提高林分质量。将赣州、吉安列为全国木材战略储备生产基地。支持森林防火设施建设。加大对森林管护和公益林建设扶持力度，加强草山草坡保护和利用。加大水土流失综合治理力度，继续实施崩岗侵蚀防治等水土保持重点建设工程。加强赣江、东江、抚河、闽江源头保护，

开展水产种质资源保护和水生态系统保护与修复治理。深入开展瑞金、上犹等生态文明示范工程试点。支持开展生态移民搬迁、地质灾害移民搬迁。将赣州市居住在库区水面木棚的农民纳入“渔民上岸”工程实施范围。

（二）加大环境治理和保护力度

编制矿山环境综合治理规划，加大矿山地质环境治理专项资金支持力度，加快完成赣州市历史遗留矿山环境综合治理。支持城镇污水处理厂和污水管网建设，“十二五”期间完成所有县城生活污水管网体系建设，支持开发区、工业园、产业园污水处理设施建设。推进多种污染物协同控制，加强城市大气污染防治。支持赣州市重点区域重金属污染防治和历史遗留问题综合整治，加大工业行业清洁生产推行力度。支持建设赣南危险废物处置中心，加强危险废物规范化管理。加强城乡饮用水水源保护以及陡水湖、万安水库生态环境保护与治理。推进农村清洁工程，加大农村环境综合整治和农业面源污染防治力度，支持发展农村沼气，加强乡镇垃圾处理设施建设。加强环境监管能力建设。

（三）大力发展循环经济

鼓励参与国家循环经济“十百千示范行动”，支持赣州建设铜铝有色金属循环经济产业园，推进资源再生利用产业化。严格控制高耗能、高排放和产能过剩行业新上项目，提高行业准入门槛。积极开展共伴生矿、尾矿和大宗工业固体废弃物综合利用，发展稀土综合回收利用产业。支持赣州、井冈山经济技术开发区实施循环化改造，建设国家生态工业示范园区。支持赣州开展全国低碳城市试点，实施低碳农业示范和造林工程。推进循环农业发展。支持资源型城市可持续发展。

六、发展繁荣社会事业，促进基本公共服务均等化

坚持以人为本，促进经济建设与社会发展相协调，大力发展各项社会事业，不断提高基本公共服务水平，让改革发展成果更多地惠及广大城乡居民。

（一）优先发展教育事业

加快实施学前教育三年行动计划。支持农村义务教育薄弱学校改造、边远艰苦地区农村学校教师周转宿舍建设，到 2013 年全面完成赣州市校舍危房

改造，到 2015 年基本解决小学、初中寄宿生住宿问题。逐步提高农村义务教育阶段家庭经济困难寄宿生生活费补助标准，在集中连片特殊困难地区全面实施农村义务教育学生营养改善计划。加大“特岗计划”“国培计划”对赣州市的倾斜力度。统筹研究解决普通高中债务，在实施普通高中改造计划等项目时对赣州等市进行倾斜。建立适应地方产业发展的现代职业教育体系，扶持办好中等职业学校。面向贫困地区定向招生专项计划向赣州等市倾斜，扩大部属师范大学的招生规模，支持免费师范毕业生到赣州等市中小学任教。支持江西省与有关部门共建江西理工大学，扶持赣州等市高等院校和稀土、钨、铀等优势特色学科建设。支持赣州开展教育综合改革试验。

（二）提升城乡医疗卫生服务水平

健全农村县、乡、村三级和城市社区医疗卫生服务网络，加快重大疾病防控等公共卫生服务能力建设。加强赣州市市级医院建设，支持中心城区增设三级综合医院，建设儿童、肿瘤等专科医院和市县两级中医院、妇幼保健院，支持人口大县建设三级综合医院，到 2015 年千人口床位数达到江西省平均水平，2020 年达到全国平均水平，提升区域性医疗服务能力。加强基层医疗卫生队伍建设，积极培养全科医生。完善食品药品检验检测体系，支持赣州市食品药品检验检测中心和瑞金、龙南等区域性食品药品检验检测机构建设。加强人口和计划生育服务能力建设。

（三）加快文化体育事业发展

支持市级图书馆、文化馆、博物馆和县级文化馆、图书馆以及乡镇街道综合文化站、村及社区文化室、农家书屋等城乡公共文化设施建设。加快实施广播电视村村通等文化惠民工程，支持赣州市加强高山无线发射台站建设，“十二五”内提前实现户户通广播电视。加大历史文化名城名镇名村保护力度，加强非物质文化遗产保护。在新闻出版资源配置上给予赣州倾斜，支持赣州按照市场化方式创办客家出版社。推动抚州黎川发展油画艺术。支持城乡公共体育设施建设。

（四）加强就业和社会保障

加强基层人力资源和社会保障公共服务平台建设，依托现有资源建设综合性职业技能实训基地。建立完善统筹城乡的社会保障体系，实现基本养老保险、基本医疗保险制度全覆盖。逐步提高新型农村社会养老保险和城镇居民社会养老保险基础养老金标准以及企业退休人员基本养老金水平。完善城乡低保制度，实现应保尽保，合理提高低保标准。支持儿童福利院、残疾人康复中心、社会养老服务机构等设施建设。支持赣州区域性救灾减灾指挥中心和救灾物资储备库、应急避难场所建设。加大对赣州社会救助资金支持力度。

（五）强化基层社会管理服务

加强基层组织建设，创新社会管理，积极主动地为基层群众送政策、送温暖、送服务，推动社会管理重心下移。加快社区服务中心、服务站等综合性基层平台建设，构建以城乡社区为重点的基层社会管理服务体系。进一步拓展和延伸基层社会管理服务内容，完善维护群众权益机制。提高乡村基本运转经费保障水平。

七、深化改革扩大开放，为振兴发展注入强劲活力

坚持以改革开放促振兴发展，积极探索、开拓创新，着力构建有利于加快发展、转型发展的体制机制，有序承接产业转移，打造内陆开放型经济新格局。

（一）创新体制机制

深化行政管理体制改革，加快转变政府职能，提高行政效能，优化发展环境。支持赣州发展成为较大的市，依法享有相应的地方立法权。加快要素市场建设，支持发展非公有制经济和中小企业，鼓励民间资本参与基础设施、公用事业和社会事业等领域建设。稳步开展农村土地承包经营权登记，探索农村集体建设用地流转制度改革。深化集体林权制度改革，开展经济林确权流通。采取更加灵活的措施，支持和鼓励赣州市在城乡统筹、扶贫开发、投融资等方面先行开展政策探索。研究设立瑞（金）兴（国）于（都）经济振兴试验区，鼓励先行先试，加大支持力度。支持赣州在地方金融组织体系、中小企业金融服务等方面开展改革试验。

（二）有序承接产业转移

坚持市场导向与政府推动相结合，发挥自身优势，完善产业配套条件和

产业转移推进机制，依托现有产业基础，促进承接产业集中布局。支持设立赣南承接产业转移示范区，有序承接东南沿海地区产业转移，严禁高污染产业和落后生产能力转入。推动赣州“三南”（全南、龙南、定南）和吉泰走廊建设加工贸易重点承接地。在条件成熟时，在赣州出口加工区的基础上按程序申请设立赣州综合保税区，建设成为内陆开放型经济示范区。推动瑞金、龙南省级开发区加快发展，支持符合条件的省级开发区升级，在科学规划布局的基础上有序推进未设立开发区的县（区、市）设立产业集聚区。支持设立国家级高新技术产业园区。

（三）推动开放合作

强化与珠三角、厦漳泉等沿海地区的经贸联系，打造以赣州经济技术开发区为核心，以赣州“三南”至广东河源、瑞金兴国至福建龙岩产业走廊为两翼的“一核两翼”开放合作新格局。支持建设赣闽、赣粤产业合作区。支持吉泰走廊开放开发，建设工业化、城镇化和农业现代化协调发展示范区，打造重要的经济增长带。建立完善区域内更加紧密的合作机制，加强在基础设施共建共享、资源开发利用、产业发展、生态建设与环境保护等方面的合作，加快区域一体化进程。密切与鄱阳湖生态经济区、海峡西岸经济区等周边重要经济区的协作互动。鼓励与沿海地区加强铁海联运等合作。深化与台港澳地区在农业、环保、电子信息及服务贸易等领域的合作交流。支持省级出口基地升级为国家级外贸转型升级专业型示范基地。

第三节 《若干意见》中的政策扶持与保障

一、加大政策扶持力度

原中央苏区特别是赣南地区经济社会发展存在特殊困难和问题，应给予特别的政策支持。

（1）赣州市执行西部大开发政策。西部大开发是党中央、国务院着眼于我国现代化建设“两个大局”，面向新世纪全面推进社会主义现代化建设，高瞻远瞩、总揽全局而做出的一项重大战略部署，主要实施范围包括西部地区12个省（自治区、直辖市）以及湖北恩施、湖南湘西、吉林延边3个少数民族自治州，并针对这些地区制定实施了一系列特殊的支持政策措施。西部大开发政策内容丰富、涉及面广，主要包括财政、税收、投资、金融、产业、土地、价格、生态补偿、人才、帮扶10个方面，有力地推动了赣南苏区振兴发展，赣州已然成为“中部的西部”“老区中的特区”。

（2）财税政策。进一步加大中央财政均衡性转移支付力度，逐步缩小地方标准财政收支缺口。加大中央财政对赣南等原中央苏区振兴发展的财力补助。加大中央专项彩票公益金对赣州社会公益事业的支持力度。支持化解赣州市县乡村公益性债务，将公益性建设项目国债转贷资金全部改为拨款。中央代地方政府发行的债券向原中央苏区倾斜。统筹研究将赣州列为中国服务外包示范城市并享受税收等相关优惠政策问题。

（3）投资政策。加大中央预算内投资和专项建设资金投入，在重大项目规划布局、审批核准、资金安排等方面对赣南等原中央苏区给予倾斜。中央在赣州安排的公益性建设项目，取消县及县以下和集中连片特殊困难地区市级资金配套。加大扶贫资金投入。国家有关专项建设资金在安排赣州市公路、铁路、民航、水利等项目时，提高投资补助标准或资本金注入比例。

（4）金融政策。鼓励政策性银行在国家许可的业务范围内，加大对赣南等原中央苏区的信贷支持力度。鼓励各商业银行参与赣南等原中央苏区振兴发展。促进赣州地方法人金融机构加快发展，发挥差别准备金动态调整机制的引导功能，支持地方法人金融机构合理增加信贷投放，优化信贷结构，满足有效信贷需求。支持开展保险资金投资基础设施和重点产业项目建设，开展民间资本管理服务公司试点。支持符合条件的企业发行企业（公司）债券、中期票据、短期融资券、中小企业集合票据和上市融资。深化融资性担保公司或再担保公司、小额贷款公司创新试点。大力推进农村金融产品和服务方式创新，鼓励和支持设立村镇银行。

（5）产业政策。实行差别化产业政策，从规划引导、项目安排、资金配置等多方面，给予支持和倾斜。加大企业技术改造和产业结构调整专项对特色优势产业发展的支持力度。对符合条件的产业项目优先规划布局。支持赣州创建国家印刷包装产业基地，并实行来料加工、来样加工、来件装配和补偿贸易的政策。

（6）国土资源政策。在安排土地利用年度计划、城乡建设用地增减挂钩周转指标等方面，加大对赣南等原中央苏区的倾斜。支持赣州开展低丘缓坡荒滩等未利用地开发利用试点和工矿废弃地复垦利用试点，相关指标单列管理；支持开展农村土地综合整治工作，研究探索对损毁的建设用地和未利用地开发整理成园地的，经认定可视同补充耕地，验收后用于占补平衡；支持开展稀土采矿临时用地改革试点。在符合矿产资源规划和不突破开采总量指标的前提下，支持对稀土、钨残矿、尾矿和重点建设项目压覆稀土资源进行回收利用，对因资源枯竭而注销的稀土、钨采矿权，允许通过探矿权转采矿权或安排其他资源地实行接续。对稀土、钨矿等优势矿产资源在国家下达新增开采、生产总量控制指标时给予倾斜，积极支持绿色矿山建设。

（7）生态补偿政策。将东江源、赣江源、抚河源、闽江源列为国家生态补偿试点。结合主体功能区规划调整和完善，研究将贡江、抚河源头纳入国家重点生态功能区范围，提高国家重点生态功能区转移支付系数，中央财政加大转移支付力度。加快建立资源型企业可持续发展准备金制度。国家加大对废弃矿山植被恢复和生态治理工程的资金支持。加大对国家公益林生态补偿的投入力度。

（8）人才政策。加大东部地区、中央国家机关和中央企事业单位与赣南等原中央苏区干部工作交流的力度。鼓励中央国家机关在瑞金设立干部教育培训基地。国家重大人才工程和引智项目向原中央苏区倾斜，鼓励高层次人才投资创业，支持符合条件的单位申报建立院士工作站和博士后科研工作站。

（9）对口支援政策。建立中央国家机关对口支援赣州市18个县（市、区）的机制，加强人才、技术、产业、项目等方面的对口支援，吉安、抚州的特殊困难县参照执行。鼓励和支持中央企业在赣州发展，开展帮扶活动。

支持福建省、广东省组织开展省内对口支援。鼓励社会力量积极参与对口支援。

二、切实加强组织领导

（1）加强指导协调。由发展改革委员会牵头，建立支持赣南等原中央苏区振兴发展部际联席会议制度，负责对原中央苏区振兴发展的指导和统筹协调，加强监督检查和跟踪落实，研究解决重大问题，重大事项及时向国务院报告。抓紧编制赣闽粤原中央苏区振兴发展规划，进一步细化实化各项政策措施。国务院有关部门要结合自身职能，细化政策措施，加大支持力度，全面落实本意见纲领提出的各项任务。

（2）强化组织实施。支持赣南等原中央苏区振兴发展，是一项长期而艰巨的任务。江西、福建、广东省人民政府要加强对本意见纲领实施的组织领导，制定工作方案，落实工作责任，加强与有关部门和单位的沟通衔接，强化协调配合，推进本意见的实施。要按照本意见纲领确定的战略定位和重点任务，加快重大项目建设，努力探索有利于科学发展的体制机制。涉及的重大政策、改革试点和建设项目按规定程序另行报批后实施。

（3）弘扬苏区精神。赣南等原中央苏区干部群众要切实增强责任感和使命感，大力弘扬以“坚定信念、求真务实、一心为民、清正廉洁、艰苦奋斗、争创一流、无私奉献”为主要内涵的苏区精神，进一步发扬艰苦奋斗作风，振奋精神、不等不靠，齐心协力、真抓实干，推动原中央苏区实现跨越式发展，不断开创振兴发展工作的新局面。

第四节 《若干意见》出台后赣南苏区中小企业发展焕新颜

2012 年 6 月 28 日，国务院出台《关于支持赣南等原中央苏区振兴发展的

若干意见》，全方位多领域支持赣南苏区振兴发展。6 年来，赣州市上下紧扣《若干意见》“5 个战略定位”，按照“一年一变样、三年大变样、五年上台阶、八年大跨越”目标，充分挖掘政策红利，经济社会发展加速跨越，综合实力明显增强。

从总量看，多数指标总量翻番或接近翻番。2018 年，规模以上工业增加值、固定资产投资、财政总收入、一般公共预算收入分别与 2011 年相比均实现翻番。GDP 总量突破 2000 亿元，达 2807. 24 亿元；实现社会消费品零售总额 901. 71 亿元；实际使用外资 18. 44 亿美元。从增速看，7 个指标年均增速高于全国全省。其中，GDP 年均增长 10. 3%，高于全国、全省 3. 0 个、0. 5 个百分点；规模以上工业增加值年均增长 11. 7%，高于全国、全省 3. 7 个、0. 3 个百分点；固定资产投资年均增长 22. 9%，高于全国、全省 8. 2 个、3. 4 个百分点；城镇居民人均可支配收入增长 10. 8%，高于全国、全省 1. 4 个、0. 7 个百分点；农村居民人均可支配收入年均增长 12. 5%，高于全国、全省 1. 7 个、1. 3 个百分点。

截至 2018 年 10 月，赣州市拥有经工商登记注册的中小企业 9. 8 万户，是 1979 年包括个体工商户在内中小企业的 326 倍多，规模以上中小企业 1861 户，拥有省级“专精特新”中小企业 175 户。该市中小企业行业门类从无到有、企业数量由少到多、经济规模由小变大、竞争力由弱渐强、发展质量快速提升，已经成为推动该市经济社会发展不可或缺的重要力量。

改革开放以来，赣州市加强政策支持，深入开展“降成本优环境”活动，让中小企业共享政策的阳光雨露。加强创智培育，创办赣州创业大学，引导中小企业转型升级。举办“个升企”知识培训班，引导和推动个体工商户升级为公司制企业。创新设立“创业信贷通”“小微信贷通”“财园信贷通”，加强对中小企业的融资服务。加强精准帮扶，促进中小企业发展，改善中小企业经营环境，使得中小企业发展乘着《若干意见》的东风大步向前。

第四章　江西省出台相关政策助力赣州中小企业发展

国家出台《若干意见》之后，江西省政府和赣州市政府迅速反应，马上出台了一系列政策文件，支持赣南等原中央苏区的发展，大力持续推动改善中小企业经营环境，助推中小企业快速成长。

第一节　江西省税收优惠政策和服务措施出台

自《若干意见》出台之后，江西省很快制定出台了《江西省地方税务局全力支持赣南等原中央苏区振兴发展税收优惠政策和服务措施66条》（以下简称“66条”），对符合条件的企业减负达到40%以上。新政策重点加大对赣南等原中央苏区的鼓励类产业发展、公共基础设施建设、红色文化旅游发展等方面的扶持力度，特别是对赣州市内符合条件的鼓励类企业执行西部大开发政策，从25%下调至15%征收企业所得税。除《若干意见》中所提到的税收调整以外，“66条”对企业的利好政策主要还包括以下几个重要部分。

一、外地企业落户赣州三年免房产税

自2012年7月1日起，凡赣州市辖范围外的企业转移到赣州市辖省级工业园区（含石城、寻乌、崇义省级产业园）和赣州市经济技术开发区内的企业，自投产之日起，按困难企业给予三年内免征房产税和城镇土地使用税。

赣州市新办的属于国家鼓励类的工业企业或新建公共基础设施和节能环保项目（单独核算），自生产经营或投产使用之日起，按困难企业给予三年内免征房产税、城镇土地使用税。

二、开发荒山免征城镇土地使用税 10 年

对企业从事国家重点扶持的港口码头、机场、铁路、公路、城市公共交通、电力、水利等公共基础设施项目投资经营所得，从项目取得第一笔生产经营收入所属纳税年度起，第 1~3 年免征企业所得税，第 4~6 年减半征收企业所得税。

经批准开发荒山、改造废弃土地，从使用月份起免征城镇土地使用税 10 年。

三、小微企业减按 20%税率征收所得税

“66 条”还规定，对符合条件的小型微利企业，依法减按 20%的税率征收企业所得税。在规定期限内，对年应纳税所得额低于 6 万元（含 6 万元）的小型微利企业，其所得减按 50%计入应纳税所得额，按 20%的税率缴纳企业所得税。

支持赣州市、抚州市创建全国现代物流技术应用和共同配送综合试点城市。对试点物流企业，按差额征收营业税。

对从事旅游业务的，以其取得的全部价款和价外费用扣除替旅游者支付给其他单位或者个人的住宿费、餐费、交通费、旅游景点门票和支付给其他接团旅游企业的旅游费后的余额为营业额计算征收营业税。

第二节　江西省印发《关于金融支持民营经济发展的若干措施》

近年来，江西省金融系统始终将破解民营企业融资难题作为工作的重中

之重，着力扩大信贷总量，深入推进“降成本优环境”金融定向帮扶工作，大力发展直接融资，取得了一定成效，主要体现在“四个新”。

一是缓解融资难题有新突破。全省单户授信1000万元以下的普惠型小微企业贷款余额3278.26亿元，同比增长19.05%，高于同期各项贷款增速1.04个百分点；贷款户数60.33万户，较上年同期增加10.92万户；2018年第四季度新发放的普惠型小微企业贷款平均利率6.44%，较第一季度下降0.82个百分点。

二是优化融资环境有新成效。持续深入开展产业与金融对接、银行挂点开发区、金融专家服务团深入企业帮扶等金融定向帮扶活动。在有关第三方的抽样调查中，江西省“企业获得信贷”指标得分排全国第二。

三是拓宽融资渠道有新进展。大力实施企业上市“映山红行动”成果丰硕，2018年全省实现直接融资3564亿元，同比增长11.83%，创历史新高；新增境内上市公司3家，位列全国第十、中部第三，全国排名比2017年前移了八位；推动沃格光电、金力永磁等一批优质民营企业上市融资。

四是支持民企发展有新举措。推动组建100亿元的江西国资创新发展基金，首期30亿元，支持省内上市公司发展；国盛证券、九江银行和赣州发展投资控股集团共同发起江西首个规模10亿元的企业发展资产管理计划，目前已投放2亿元支持民营企业发展。

为深入贯彻党中央、国务院和省委、省政府关于做好民营和小微企业金融服务工作的部署要求，助力全省民营经济高质量跨越式发展，2019年江西省政府办公厅印发了《关于金融支持民营经济发展的若干措施》（以下简称《若干措施》）。

《若干措施》提出5方面共18条细化举措，助力全省民营经济高质量跨越式发展。

首先，扩大资金投放解决“融资难”。加大银行信贷支持，积极运用人民银行定向降准、再贷款、再贴现等货币政策，支持银行投放民营企业贷款。《若干措施》明确，中国人民银行南昌中心支行督促金融机构将定向降准释放的资金如期全部用于发放小微、民营企业贷款。安排150亿元常备借贷便利

资金，为符合条件的地方法人金融机构发放小微和民营企业贷款提供流动性支持。安排235亿元支小再贷款额度，重点支持地方法人金融机构发放普惠口径小微企业贷款和单户授信3000万元以下的民营企业贷款。开通民营和小微企业票据再贴现“绿色通道”，建立重点支持企业名单，对名单内或有实体产业的民营企业票据和单张票面金额500万元及以下小微企业票据见票即办，不受单户总额限制。

其次，降低融资成本解决“融资贵”。包括合理确定贷款利率，督促各银行机构对民营和小微企业贷款合理定价；降低转贷成本，发挥好政府转贷基金作用，解决转贷难、转贷贵；清理贷款中间环节收费，重拳整治强行返点、乱收费等增加民营企业融资成本的行为。

最后，《若干措施》还提出，优化信贷业务流程，下放信贷审批权限，大力推广线上贷款产品，缩短审批时间，提高融资效率。支持民营企业上市挂牌、发行债券进行融资，拓宽融资渠道。完善融资增信平台、江西省一站式金融综合服务平台、应收账款质押融资平台、开发区金融创新平台，优化融资环境。

第三节　赣州出台相关金融政策支持中小企业发展

2018年11月19日，国务院办公厅发布《国务院办公厅关于对国务院第五次大督查发现的典型经验做法给予表扬的通报》（国办发〔2018〕108号），对“赣州市推出3个‘信贷通’，探索解决中小企业融资难融资贵”的典型经验做法给予了通报表扬。

一、赣州“3个信贷通”出台的背景

为破解中小微企业融资难题，江西省财政厅在充分调研的基础上，与银

行合作为中小企业量身定制了“财园信贷通”融资模式，并于2013年8月开始试点，2014年在全省范围内推开。为进一步扩大政策惠及面，江西省赣州市在“财园信贷通”模式的启发下，针对中小微企业不同层次的融资需求，分别于2013年11月、2015年9月推出了“小微信贷通”和“创业信贷通”融资模式，进一步拓宽了企业融资渠道。2013年以来，赣州市通过“创业信贷通”“小微信贷通”“财园信贷通”融资模式为中小微企业提供无抵押、无担保、低利率的融资支持，为企业发展构建了从初创、成长到壮大全过程的立体化融资服务体系，即初创期企业由“创业信贷通”解决100万元以下的资金需求，成长期企业由“小微信贷通”解决400万元以下的资金需求，壮大期企业由“财园信贷通”解决1000万元以下的资金需求。

二、运作模式

（1）财园信贷通：指财政安排专项资金与银行合作，帮助试点工业园区企业申请获得1年期以内、500万元以下流动资金贷款的融资模式。贷款利率遵照同期银行贷款基准利率，最高上浮不超过30%，贷款企业无须抵押和担保。“财园信贷通”贷款风险保证金由省财政、试点县（市、区）按1∶1比例筹集，存入合作银行，合作银行按财政存入保证金的8倍向企业放贷。同时，企业按照获得贷款额的1%向工业园区管委会缴纳互助保证金，当“财园信贷通”贷款出现代偿时，先从企业缴纳的互助保证金中扣代偿。2015年9月，“财园信贷通”实施范围扩大至工业园区外企业，最高贷款额度提升至1000万元。

（2）小微信贷通：指由市、县两级财政按1∶1比例筹集一定资金，作为小微企业贷款风险保证金，存入合作银行。合作银行按不低于8倍的额度向企业发放一年期、200万元以下的流动资金贷款。贷款企业无须抵押、担保，只需企业所有股东签署以个人财产对贷款承担无限责任的保证合同。贷款年利率执行同期银行贷款基准利率，最高上浮上限不得超过30%。当贷款出现代偿时，先从财政保证金扣还。财政以保证金为限，承担有限责任。2017年1月，“小微信贷通”最高贷款额度提升至400万元。

（3）创业信贷通：由市、县财政按1∶1比例筹集资金存入合作银行作为企业贷款风险保证金，合作银行按保证金的5倍放大贷款额度，向大中专院校毕业生、退役军人、赣州创业大学毕业学员、返乡农民工以及高校、科研院所等企事业单位在职专业技术人员为创业主体，在当地创办且注册不满2年的企业发放1年期、50万元以下的流动资金贷款。贷款企业无需提供抵押和担保，贷款利率在基准利率基础上最多上浮30%。2017年1月，“创业信贷通”最高贷款额度提升至100万元。

三、赣州市本级企业“小微信贷通”贷款办理指南

（1）贷款名称：赣州市本级企业“小微信贷通”贷款。

（2）贷款优惠政策：免抵押、免担保、免手续费、贷款利率低（贷款利率最高不超过人民银行同期基准利率上浮30%）。

（3）贷款期限：一年期，到期可申请续贷。

（4）贷款额度：最高额度不超过200万元；同时满足以下条件的企业可申请最多不超过400万元的贷款：一是已经享受过“小微信贷通”政策，并且按时还本付息；二是上年度纳税额在5万元以上。

（5）贷款企业条件：

1）符合国家小微企业规模类型的划分标准；

2）技术有优势、产品有市场、发展潜力较大、无不良信用记录，未涉及民间融资和非法集资；

3）在本地正常生产经营两年以上；

4）纳税登记在赣州市国税局直属分局或赣州市地税局直属局；

5）上年度实际缴纳税收总额达3万元以上；

6）符合国家产业政策，重点支持实体企业，从事国家限制类、淘汰类、投资类产业不予支持；

7）企业财务结构清晰，资产负债率在60%以下（含），总授信银行家数不超过3家（不包括房产、车辆按揭贷款的银行）。

（6）所需资料（一式三份按顺序装订成册，相关证照须提交原件，审核

后退回）：

1）赣州市本级企业“信贷通”贷款申请表（见附表）；

2）公司简介；

3）企业法人和股东身份证；

4）企业法人和股东简历；

5）营业执照；

6）行业许可证；

7）近两年缴纳税收凭证；

8）近一年银行流水；

9）会计事务所出具的企业上一年度审计报告；

10）工商局出具的公司章程、企业信息表、变更信息表、股权动产是否质抵押等证明材料；

11）中国人民银行征信中心出具的企业信用报告、法人代表及股东个人信用报告；

12）公司正门、厂房、设备、产品照片。

注：续贷贷款除以上资料外，还需提供利息支付凭证。

（7）办理流程：

1）企业申请：企业对照“小微信贷通”贷款条件，准备相关资料，向市中小企业管理局融资担保科（地址：赣州市市政中心北楼 13 楼，电话：8196667）提出申请。

2）部门推荐：市中小企业管理局收到申请后，会同市财政局共同对申请贷款的企业进行初审，并将符合条件的企业推荐给合作银行（目前合作银行有 4 家：农商银行、邮储银行、赣州银座村镇银行、兴业银行）进行贷前审查。

3）银行审批：合作银行对企业进行贷前调查，审批通过后，制作《市本级“小微信贷通”贷款发放情况汇总表》（一式五份），银行、市中小企业管理局、市财政局盖章确认，市财政局根据该汇总表缴存相应的保证金。

4）缴存保证金：市财政局根据银行放贷金额折算财政保证金，并存入指

定的平台公司在合作银行开设的保证金账户内。合作银行与指定的平台公司签订《保证金质押协议》。

5）发放贷款：保证金到位后，申请贷款企业与合作银行签订贷款合同，银行发放贷款。

（8）贷后管理。获得贷款的企业应于每季度结束后次月 15 日前登录“小微信贷通业务系统”（218.65.44.23：8096/loanPass/）上报企业经济效益季度报表，未上报报表的企业，将视情况取消“小微信贷通”贷款支持。

四、赣州市本级企业“财园信贷通”贷款办理指南

（1）贷款名称：赣州市本级企业“财园信贷通”贷款。

（2）贷款优惠政策：免抵押、免担保、免手续费、贷款利率低（贷款利率最高不超过中国人民银行同期基准利率上浮 30%）。

（3）贷款期限：一年期，到期可申请续贷。

（4）贷款额度：最高额度不超过 500 万元；同时满足以下条件的企业可申请最多不超过 1000 万元贷款：一是已经享受过“财园信贷通”政策，并且按时还本付息；二是上年度纳税额在 50 万元以上。

（5）贷款企业条件：

1）符合国家中小微企业规模类型划分标准；

2）技术有优势、产品有市场、发展潜力较大、无不良信用记录，未涉及民间融资和非法集资；

3）在本地正常生产经营两年以上；

4）纳税登记在赣州市国税局直属分局或赣州市地税局直属局；

5）上年度实际缴纳税收总额达 5 万元以上；

6）符合国家产业政策，重点支持制造业、现代服务业中的商贸企业、物流企业、电子商务企业和农业、林业的龙头企业，从事国家限制类、淘汰类、投资类产业不予支持；

7）企业财务结构清晰，资产负债率在 60%以下（含），总授信银行家数不超过 3 家（不包括房产、车辆按揭贷款的银行）。

（6）所需资料（一式三份按顺序装订成册，相关证照须提交原件，审核后退回）：

1）赣州市本级企业“财园信贷通”贷款申请表（见附表）；

2）公司简介；

3）企业法人和股东身份证；

4）企业法人和股东简历；

5）营业执照；

6）行业许可证；

7）近两年缴纳税收凭证；

8）近一年银行流水；

9）会计事务所出具的企业近两个年度的审计报告；

10）工商局出具的公司章程、企业信息表、变更信息表、股权动产是否质抵押等证明材料；

11）人民银行征信中心出具的企业信用报告、法人代表及股东个人信用报告；

12）公司正门、厂房、设备、产品照片。

注：续贷贷款除以上资料外，还需提供利息支付凭证。

（7）办理流程：

1）企业申请：企业对照“财园信贷通”贷款条件，准备相关资料，向市中小企业管理局融资担保科（地址：赣州市市政中心北楼13楼，电话：8196667）提出申请。

2）部门推荐：市中小企业管理局收到申请后，会同市财政局共同对申请贷款的企业进行初审，并将符合条件的企业推荐给合作银行（目前合作银行有6家：农商行、中国银行、建设银行、赣州银行、工商银行、兴业银行）进行贷前审查。

3）银行审批：合作银行对企业进行贷前调查，审批通过后，制作《市本级“财园信贷通”贷款发放情况汇总表》（一式五份），银行、市中小企业管理局、市财政局盖章确认，市财政局根据该汇总表缴存相应的保证金。

4）缴存保证金：①财政缴存保证金：市财政局根据银行放贷金额折算财政保证金，并存入指定的平台公司在合作银行开设的保证金账户内。合作银行与指定的平台公司签订《保证金质押协议》。②企业缴存保证金：在银行放贷前，企业必须按照获得贷款额的1%向指定的平台公司缴存企业保证金。贷款期满后，企业如正常还款且不再续贷，企业保证金将全额退回。同时，企业法定代表人和所有股东以及实际控制人与指定的平台公司签署以个人和家庭所有资产对公司贷款承担无限责任的保证合同。

5）发放贷款：保证金到位后，申请贷款企业与合作银行签订贷款合同，银行发放贷款。

（8）贷后管理。获得贷款的企业应于每月15日前登录“财园信贷通业务系统”（218.65.89.145）上报企业经济效益月度快报，未上报报表的企业，将视情况取消“财园信贷通”贷款支持。

五、赣州市本级企业“创业信贷通”贷款办理指南

（1）贷款名称：赣州市本级企业“创业信贷通”贷款。

（2）贷款优惠政策：免抵押、免担保、免手续费、贷款利率低（贷款利率最高不超过人民银行同期基准利率上浮30%）。

（3）贷款期限：一年期。

（4）贷款额度：首次申请贷款最高额度不超过50万元；已经享受过“创业信贷通”政策，按时还本付息的企业可申请最多不超过100万元贷款。

（5）贷款企业条件

重点支持大中专院校毕业生，退役军人，赣州创业大学毕业学员，返乡农民工以及高校、科研院所等企事业单位在职专业技术人员为创业主体在当地创办的企业。申请贷款的企业应符合以下条件：

1）符合国家小微企业规模类型划分标准；

2）技术有优势、产品有市场、发展潜力较大、无不良信用记录，未涉及民间融资和非法集资；

3）贷款申请企业为初创企业，即取得工商营业执照日期距提交贷款申请

日期不满两年；

4）纳税登记在赣州市国税局直属分局或赣州市地税局直属局；

5）贷款申请企业实际投入自有资金达到10万元；

6）创业主体为贷款申请企业的法人代表，不能兼任其他企业法人或股东，且企业法人代表、企业实际控制人应为同一人。

7）符合国家产业政策，重点扶持从事加工制造、创意设计、软件开发、特色食品生产等行业，从事国家限制类、淘汰类、投资类产业不予支持；

8）企业财务结构清晰，资产负债率在60%以下（含），总授信银行家数不超过3家（不包括房产、车辆按揭贷款的银行）。

（6）所需资料（一式三份按顺序装订成册，相关证照须提交原件，审核后退回）：

1）赣州市本级企业“信贷通”贷款申请表（见附表）；

2）公司简介；

3）企业法人和股东身份证；

4）企业法人和股东简历；

5）营业执照；

6）行业许可证；

7）实际投入自有资金10万元以上证明；

8）近一年银行流水；

9）工商局出具的公司章程、企业信息表、变更信息表、股权动产是否质抵押等证明材料；

10）中国人民银行征信中心出具的企业信用报告、法人代表及股东个人信用报告；

11）公司正门、厂房、设备、产品照片。

注：续贷贷款除以上资料外，还需提供利息支付凭证。

（7）办理流程：

1）企业申请：企业对照“创业信贷通”贷款条件，准备相关资料，向市中小企业管理局融资担保科（地址：赣州市市政中心北楼13楼，电话：

8196667）提出申请。

2）部门推荐：市中小企业管理局收到申请后，会同市财政局共同对申请贷款的企业进行初审，并将符合条件的企业推荐给合作银行（目前合作银行有4家：赣州银行、邮储银行、赣州银座村镇银行、兴业银行）进行贷前审查。

3）银行审批：合作银行对企业进行贷前调查，审批通过后，制作《市本级“创业信贷通”贷款发放情况汇总表》（一式五份），银行、市中小企业管理局、市财政局盖章确认，市财政局根据该汇总表缴存相应的保证金。

4）缴存保证金：市财政局根据银行放贷金额折算财政保证金，并存入指定的平台公司在合作银行开设的保证金账户内。合作银行与指定的平台公司签订《保证金质押协议》。

5）发放贷款：保证金到位后，申请贷款企业与合作银行签订贷款合同，银行发放贷款。

六、“信贷通”取得的成效

赣州市“三个信贷通”融资模式通过发挥财政资金的杠杆作用，历年累计投入保证金14.1亿元，共撬动银行发放“三个信贷通”贷款484亿元，惠及中小微企业2.4万户次（其中，2018年1~10月共发放贷款97.8亿元，惠及企业5023户），实现了政府、银行、企业共赢。主要体现在：

（1）提高了政府资金使用效益。过去，财政支持企业发展手段单一、方式简单，大多以企业申报、部门审批、财政拨款为主，一定程度上存在资金使用效益不高、“撒胡椒面”的现象，难以满足广大中小微企业的需求。“三个信贷通”模式改变了传统方式，政府部门不参与具体贷款审批项目，主要由银行和企业按市场规则运作，开创了“财政资金增信、银行独立审批、部门强化监管、企业主动跟进”的市场运作新模式，丰富了财政帮扶经济的手段，发挥了财政资金“四两拨千斤”的放大作用，提升了财政资金使用效益，扩大了财政资金惠及面，有力促进了经济发展和就业。据不完全统计，2017年，赣州市“财园信贷通”获贷企业实现利润同比增长24.3%，缴纳税金同比增长25%，吸纳就业同比增长15.1%；“小微信贷通”和“创业信贷通”获贷企业实现利润、税金及吸纳就业指标也均实现了不同程度的增长。

（2）促进了金融机构业务创新。“三个信贷通”模式在贷前审批、贷后跟踪等环节设置了有效控险屏障，降低了银行放贷风险，解除了银行的后顾之忧，银行由怕贷变为敢贷，由惜贷变为肯贷。2017年，赣州市“财园信贷通”不良率为1.19%、“小微信贷通”不良率为0.89%、“创业信贷通”不良率为0.13%，均低于原中国银行业监督管理委员会公布的2017年末商业银行不良贷款率为1.74%这一平均水平。“信贷通”这一风险较低、收益较好的融资模式，为赣州市金融机构主动适应经济发展新常态、拓展新业务提供了有益探索。

（3）支持了中小微企业加速发展。“三个信贷通”作为专门扶持中小微企业的融资服务模式，贷款企业无须抵押和担保，贷款利率最高上浮不超过30%，同时开辟“三个信贷通”审批绿色通道，极大地缓解了中小微企业融资难、融资贵、融资慢问题。“三个信贷通”引导推动更多金融资本向中小微企业倾斜，有力促进了实体经济健康发展，历年累计为企业降低融资成本约24亿元。

七、特色亮点

（1）“闲钱”变“活钱”，财政杠杆解决企业大难题。“三个信贷通”以财政资金作为风险保证金，最高可放大5~8倍申请银行贷款，即“财政拿出1元钱，银行最高可放贷5~8元钱”。“三个信贷通”虽然没有抵押物，但政府通过财政保证金为企业增信，银行通过与政府部门合作，对还款来源进行了把关，整体风险可控，大大减少了银行顾虑，使银行敢于放贷。赣州市财政局突破惯性思维，打通渠道，整合闲置资金用作财政保证金。这一举措解决了钱“躺在账上睡觉”的问题，提高了资金的使用效率，盘活了存量资金，让“闲钱”变成了“活钱”。

（2）“直接”变“间接”，精准帮扶破解企业融资难。过去，财政资金对中小微企业的支持是“点对点”的方式，以直接发放补贴为主，一定程度上存在资金使用效益不高和重复投入、无效投入等现象。为改变这一状况，让真正急需资金、有发展潜力、能创造良好效益的企业获得更有力有效的帮扶，

赣州市通过“三个信贷通”转变财政扶持企业方式，从直接对企业提供专项资金补助发放补贴变为帮助企业从银行贷款，从原先坐等企业求助转为现在主动上门服务。“三个信贷通”把精准识别企业的事交给银行做，哪家企业应该获得贷款、获得多少贷款，不是政府部门说了算。银行通过专业人才，用专业方法对申请贷款的企业进行“望闻问切”，详细了解企业的生产经营情况，最终做出是否放贷、放贷多少的决定。推行“三个信贷通”，使企业和银行之间信息不对称的问题得到有效解决，政府帮助中小微企业承担了部分风险，降低了银行放贷的风险，使真正需要帮扶的企业获得了贷款，解决了融资难的问题；由于“三个信贷通”对贷款利率进行封顶，降低了企业经营成本，解决了融资贵的问题。

（3）“无偿”变“有偿”，市场机制提升企业竞争力。赣州市通过推行“三个信贷通”，把扶持企业由“行政行为”变为“市场行为”。原来，财政扶持企业的资金由财政部门直接拨给企业，有的企业认为财政的钱是无偿的，因而对资金的使用效益重视不够。“三个信贷通”是由财政资金作保证，由合作银行按其专业判断确定放贷对象和额度，将资金借给企业，还要收取一定的利息。如企业违约，不仅会造成不良信用记录，还会影响企业的发展，从而促使企业精打细算，增强还款意识，把钱花在刀刃上，尽最大努力发挥资金的使用效益。之前，许多中小微企业财务核算不健全，依法纳税意识不强。“三个信贷通”要求企业定期提供会计报表，这就形成了一个倒逼机制，催促企业建立规范的财务制度，主动纳税，诚信经营，实现从粗放经营向现代企业运营管理方式转型。

第四节　赣州出台相关人才扶持政策支持中小企业发展

企业要发展，人才是关键！2017 年赣州市委、市政府出台了推动人才发展的《关于创新人才政策、推动人才发展体制机制改革的若干意见》，简称“新政 30 条”，致力把赣州打造成全国知名的“人才目的地”。与以往的人才政策相比，新政的主要特点体现为“四化”：

一是政策“精准化”。经充分调研论证，将赣州所需人才分为 8 大类，相应制定 17 个政策包，每个政策包对应不同类别不同层次的人才，分类分层提供支持和服务。突出产业导向，重点围绕“两城两谷一带”等首位产业、特色产业进行扶持，变“大水漫灌”为“精准滴灌”。

二是资助“沿海化”。人才事业需要有大视野、大格局。赣州作为内陆城市，政策待遇努力向沿海发达地区看齐，敢下血本，舍得投入。对带项目到赣州创业的人才，最高给予 2000 万元的无偿资助、600 万元的特殊津贴，同时享受税收返奖、人才住房、家属安置、父母照顾等多方面的优惠支持。顶尖人才，相关待遇“一事一议”。可以说，如果你是特别优秀、符合赣州产业发展的领军人才，只要把项目和团队带过来，其他的事都可以交给政府。

三是平台“多元化”。英雄不问出处，出处不如聚处。为给各类人才提供施展才华的舞台，赣州组织部强化现有 8 家“国字号”科研平台建设，重点采取“一硬一柔”的方式打造两个平台。“硬”就是规划建设国家“千人计划”产业园，集成最优人才政策、招商政策，打造高端人才创业集聚区；“柔”就是建设赣南苏区人才发展合作研究院，打造成市委、市政府柔性引才的高端智库。同时，大力扶持双创平台、创业孵化基地等平台建设，为青年人才创新创业搭建平台。

四是服务“专业化”。坚持实施人才温暖关爱工程，把做实、做细服务作为人才赶超发达地区、沿海地区的重要法宝。成立招才引智局，推动人才交流中心改革，推动专门的机构为人才提供专业的服务。

此外，赣州从人才最关心、最现实的住房问题入手，计划用 5 年时间筹集建设 10 万套人才住房，原则上 80~180 平方米/套，大学本科及以上学历人才，5 折租、8 折售。出台专门政策，高层次人才、急需紧缺人才，在中心城区购房不受限制。市本级重点在蓉江新区建设人才小镇，打造高品位、高质量、高智能的人才聚集区，现已完成初步选址和规划，首期建设用地 127.5

亩，2018 年开工建设。中心城区和“两城两谷一带”所在地新出让商品住房项目，均按计容面积不少于 10%的比例配建人才住房，目前中心城区已配建 1400 余套。全市共筹建 1.18 万套过渡性人才住房，提供给新进人才居住，人才到赣州来，都可实现先“安居”再“乐业”。

最后，“线上+线下”“筑巢引+上门请”，服务用心用情也用科技——人才服务有保障。为把人才服务工作做实做细，做到极致，赣州市委组织部想了不少办法。“线下”，不仅市县成立了“虚拟机构、实体运作”的招才引智局，充实了人员力量，还在行政服务中心办事大厅设立人才服务窗口提供一站式服务，人才“最多跑一次”。“线上”，开发人才管家 APP，目前已试上线运营，今后人才津贴申领、子女就学、家属安置、项目扶持、日常生活需求等均可网上提交、网上办理，争取做到部分待遇“一次不用跑”，提供全天候“店小二”“保姆式”服务。除“筑巢引凤”外，将招才引智端口前移，主动上门引才，如在宁波市设立人才联络站，选派干部驻站工作，推动“宁波人才赣州用”，取得不错效果。此外，重大政策新闻公开发布，重大演出活动设立人才专席，市外博士公办景点免票观光，指定酒店免费住宿 54 天（每县 3 天），目前已有 220 多名博士申请入住，大力塑造尊才爱才的城市形象。

第五节　赣州出台相关产业政策引导中小企业发展方向

为了构建现代产业体系，加快实现赣南苏区振兴发展，根据《国务院关于支持赣南等原中央苏区振兴发展的若干意见》，贯彻落实省委、省政府关于加快服务业发展的一系列重要部署和要求，加快推动赣南苏区服务业发展，促进经济结构战略性调整和经济发展方式转变，构建服务业与制造业与城市协调发展的产业体系。赣州市政府提出了《关于加快服务业发展的意见》（以下简称《意见》），将极大地促进相关中小服务型企业的快速发展。

按照《关于加快服务业发展的意见》的相关要求，赣州市委市政府计划目标到2020年，服务业经济总量、发展水平、聚集程度、吸纳就业能力明显提高。力争服务业增加值占地区生产总值的比重提高到42%以上；服务业吸纳就业人数占全部就业人数的比重超38%；形成一批服务业集聚区，培育一批具有核心竞争力的大企业、大集团，创建一批省内、国内著名品牌。基本形成与新型工业相配套、与城市发展相协调、与民生需求相适应，布局合理、结构优化、水平先进、管理科学、特色鲜明的服务业产业体系，把赣州建设成为赣粤闽湘四省边际区域性金融中心、物流中心、旅游中心。总结来说主要包括一个优先、一个重点和一个鼓励。

一、优先发展生产性服务业

（1）农业社会化服务。按照“服务专业化、运作市场化”方向，培育多元化服务主体，发展专业化服务组织。大力培育种苗生产供应、农资购销（连锁）、农产品贮藏保鲜、加工销售、农机作业等经营性服务组织。鼓励和引导各类组织、企业和个人利用资本、技术优势，组建特色产业专业服务公司，为农业生产经营提供全程服务。

（2）金融服务业。进一步改善金融生态环境，加强金融基础设施建设，完善和健全金融机构、金融市场和金融产品体系。积极引进境内外金融机构在赣州市设立区域性总部。做大做强赣州地方法人金融机构。引导企业利用融资方式，进行设备更新和技术改造。培育和发展融资租赁运营服务业，鼓励融资租赁企业支持中小微企业发展。培育和发展村镇银行、小额贷款公司等新型农村金融机构，推进农村金融产品和服务方式创新。争取设立风险自担的民营银行。支持和鼓励证券、期货、保险、基金、信托投资等非银行性金融机构发展。加快推进建立金融资产交易中心和稀有金属交易中心。引进和设立各类投资基金，推进符合条件的企业发行公司债券。完善信用担保体系，推进融资担保方式创新。充分利用金融研究院，加强金融人才培育。加快推进金融核心区建设，把赣州建设成为赣粤闽湘四省边际区域性金融中心和省内金融次中心。

（3）现代物流业。重点在开发区、工业园区大力发展产业基地型和行业分拨型物流企业（基地），在中心城区大力发展城市配送型和专业市场型物流企业（基地）。加快赣州综合商贸物流园区、赣州空港物流中心、赣州电商快递物流中心、中心城区十大物流节点、县级物流中心、专业物流中心和多式联运物流基地等基础设施建设。推进物流信息网络建设，完善智能物流基础设施，支持农村、社区、学校的物流快递配送点建设。引进中国智能骨干物流网在赣州设立关键节点，积极推进赣州供应链公共信息平台建设。完善农村物流服务体系，加强产销衔接，扩大农超对接规模，加快农产品批发和零售市场改造升级，拓展农产品加工服务。扶持物流企业发展，大力发展第三方、第四方物流业，加快综合交通运输体系和道路运输站场建设。完善公路、铁路、航空、水运、管道五大物流通道建设。促进支线航空基地建设，发展航空物流、飞机维护、后勤服务等临空产业。创建现代物流技术应用和共同配送综合试点城市。促进制造业与物流业信息共享、标准对接、融合渗透、联动发展。把赣州建设成为赣粤闽湘四省通衢的现代物流网络体系中的重要枢纽与节点城市、连接东南沿海与中西部地区的区域性物流中心。

（4）科技服务业。加强相关软件研发，提高信息技术咨询设计，集成实施运行维护，测试评估和信息安全服务水平，培育一批专业、规范、高效的科技公共服务机构，增强科技服务能力。推动工业企业与软件提供商，信息服务提供商联合提升企业经营管理全过程的数字化水平。鼓励支持大中型企业建立研发机构，依托重点高等院校、科研院所和行业龙头骨干企业的研发机构，建设一批产学研相结合的工程（技术）研究中心、企业技术中心、重点（工程）实验室等各类科技创新平台，增强科技创新能力。加快农村互联网基础设施建设，推进信息进村入户。

（5）商务服务业。提升商务咨询服务专业化、规模化、网络化水平。积极引进国内外知名企业的区域性营销中心、结算中心，促进赣州总部经济发展。大力发展广告会展、法律咨询、会计审计、工程咨询、信用评估、培训认证、租赁等商务服务业，重点扶持一批有实力、有品牌、有信誉的中介机构向综合型、规模化、国际化发展。规划建设赣州会展中心。加快建设章江新区中心商务区，积极培育瑞金、龙南现代商务集聚区，引导中介服务业机构向商务区集聚，努力打造具有赣州特色的商务服务集聚区。

二、重点发展生活性服务业

（1）商贸服务业。大力发展现货与电子交易、有形与无形相结合的现代商贸流通体系。实施市场体系完善工程，加快建设一批面向全国乃至国际的具有信息发布、物流集散、批发交易、价格发布、产品展示、电子商务等综合功能的新型市场集群，重点建设南康家具市场、赣州脐橙（农产品）交易市场、赣州建材市场、农机市场等专业市场群，形成以区域辐射型市场为龙头，特色专业型市场为补充的层次分明、布局合理的商品交易市场体系。实施商贸提升工程，培育商贸中心区，着力培育县（市、区）级商业副中心，加快农村农贸市场建设。加快推进商贸综合体建设，形成一批整体规模较大，知名品牌集聚、配套服务齐全的综合性商业中心。

（2）旅游业。积极推进和创建国家旅游扶贫试验区、国家旅游度假区、生态旅游示范区、旅游强县、休闲农业和乡村旅游示范县（区）建设。大力发展休闲农业，拓展农业多功能，增加农民收入，努力打造一批高标准休闲农业示范县、示范点。实施重大项目带动战略，加快推进重大旅游项目的开发与建设，加快旅游基础设施和配套服务功能建设，高起点建设一批精品景区和经典线路，推动红色旅游、生态旅游、休闲度假旅游、文化旅游等多元业态发展，打造赣州旅游品牌。加强旅游宣传和推介，深化赣南与周边主客源地市场的旅游合作，大力推进四省通衢的区域性旅游中心、著名红色旅游目的地和粤闽、港澳台地区的休闲度假后花园建设。

（3）社区服务业。整合社区服务资源，拓宽社区服务领域，完善社区服务设施，健全社区服务网络，创新社区服务方式，强化社区服务功能，提高社区服务质量，创建“和谐、文明示范社区”，基本形成覆盖社区全体成员的服务主体多元、服务功能完善、服务质量优良的现代社区服务体系。鼓励和引导社会资本兴办医疗机构和中间性医疗服务设施，在符合准入标准的条件下，优先考虑以先进技术、优质服务和现代化管理为特征的高端医疗机构，

医疗资源相对薄弱的康复医院、护理院、护理站、老年病医院、慢性病专科医疗机构，支持社会资本兴办非营利性医疗机构、居家养老服务中心，支持社会资本发展营利性、非营利性养老机构，支持社会资本兴办学校、幼儿园、托儿所、校车服务专业公司等，支持家政服务业、物业服务业、农村服务业的发展。

三、鼓励发展新兴服务业

（1）电子商务。深入推进国家电子商务示范城市创建工作。构建电子商务安全保障体系，健全信息安全管理制度与评估机制。以发展赣南脐橙与特色农产品、钨与稀土、家具等特色产业电子商务为重点，深化特色产业电子商务应用，加快电子商务与特色产业融合发展。引导小微企业依托第三方商务服务平台开展业务。加快并规范集交易、电子认证、在线支付、物流、信用评估等服务于一体的第三方电子商务综合服务平台发展。积极发展移动电子商务，推动移动电子商务应用向工业生产经营和服务业领域延伸。推进农村电子商务发展，积极培育农产品电子商务，鼓励网上购销对接等多种交易方式。优化物流信息、网络、金融、信用体系、人才培训、配套服务等电子商务支撑体系。加强电子商务示范体系和名牌产品建设，加大对电子商务示范基地和示范企业的支持力度，鼓励电子商务企业建设自立品牌。参与和举办电子商务各类研讨会，聚集业内电商企业，吸引各类企业来赣州投资。加快实施赣南脐橙电子商务建设、钨与稀土等稀有金属产业电子商务推广、家具电子商务建设、电子商务载体建设、电子商务人才引进和培养等重点工程。加快电子商务产业基地（园区）、赣南电商谷等特色载体建设。

（2）服务外包业。积极创建赣州中国服务外包示范城市。重点培育发展中小企业信息化服务、金融保险、数据处理、软件研发、动漫设计等信息技术服务外包和人力资源、呼叫中心等业务流程服务外包。加快引进国内 100 强重点知名服务外包企业，积极拓展服务外包业务。适应服务业社会化、专业化发展要求，鼓励服务外包，促进企业突出核心业务、优化生产流程、创新组织结构、提高质量和效率。引导社会资本积极发展信息技术外包、业务流程外包和知识流程外包服务业务，为产业转型升级提供支撑。鼓励政府机构和事业单位购买专业化服务，加强管理创新。支持企业购买专业化服务，构建数字化服务平台，实现包括产品设计、工艺流程、生产规划、生产制造和售后服务在内的全过程管理。坚持载体建设与产业招商相结合，着力培育赣州服务外包业务发展的区域特色，加快规划建设服务外包。

第六节　赣州出台相关政策改善中小企业创业就业环境

2018 年赣州市人民政府印发了《关于进一步做好就业创业工作的实施意见》，持续改善赣南苏区的创业与就业环境，助力中小企业的进一步繁荣与发展。该文件从实施就业优先战略、发展就业新形态、推进大众创业万众创新、抓好重点群体分类精准施策、落实人才新政、强化教育培训和公共服务、加强组织实施 7 个方面，推出 25 条新的政策措施，进一步促进赣州市就业创业工作。

一、实施就业优先战略，推动经济就业协同发展

（1）构建经济发展与扩大就业联动机制。把稳定和扩大就业作为经济运行合理区间调控的下限，纳入本地区经济社会发展规划和年度计划。在制定财税、金融、产业、贸易、投资等重大政策时，综合评价对就业岗位、就业环境、失业风险等带来的影响，形成经济发展与扩大就业的良性机制。

（2）促进产业结构、区域发展与就业协同。重点推进工业支柱产业改造升级，着力稳定其就业规模，创造更多就业机会，结合“两城两谷一带”等赣州市重大战略部署，鼓励引导优势产业、企业项目向市内转移，引导劳动者到重大工程、重大项目和重要领域就业。

（3）发挥小微企业就业主渠道作用。落实小微企业降税减负等一系列扶

持政策和清理规范涉企收费有关政策。推动小微企业创业创新示范基地建设，力争到2020年全市建成省级小微企业创业创新示范基地6家，对新认定的示范基地给予一定奖励。加大对吸纳就业能力强的家庭服务业企业的支持力度，落实社保补贴、创业担保贷款等扶持政策。

二、发展就业新形态，拓宽就业创业空间

（1）鼓励劳动者新兴业态就业创业。支持劳动者通过新兴业态实现多元化就业，对经工商登记注册的网络商户从业人员同等享受各项就业创业扶持政策。未进行工商登记注册的网络商户从业人员，可享受灵活的就业人员扶持政策。

（2）完善新就业形态用工和社保制度。指导新兴业态企业与从业者签订劳动合同，对与新兴业态企业签订劳动合同的从业者，企业要依法为其办理参加职工社会保险，符合条件的企业可按规定享受企业吸纳就业的有关扶持政策。加快建设“网上社保”，提升社会保险管理和服务水平，为新就业形态从业者参保及转移接续提供便利。积极推进与全国住房公积金异地转移接续平台对接工作，方便跨地区就业人员办理住房公积金异地转移接续业务。

三、推进大众创业、万众创新，释放就业倍增效应

（1）优化创业环境。全面落实创业扶持政策，深入推进简政放权、放管结合、优化服务改革，继续为创业创新清障减负。深化商事制度改革，部署推动“多证合一”，全面实施“多证合一、一照一码”、个体工商户“两证整合”登记制度改革。积极推进市场监管体制改革，着力解决重复检查、多头执法等问题。建立健全创业公共服务平台，开辟“绿色通道”，提供信息咨询、融资支持、人力资源及商务代理等“一站式”综合服务。

（2）发展创业载体。加快建设创业孵化基地、农民工返乡创业园、众创空间等新型创业平台。加大创业孵化基地建设资金投入力度，对评为全国、省级创业孵化示范基地的，按省规定程序分别给予一次性补助200万元、100万元；对被评为市级创业孵化基地的，由市财政给予一次性补助50万元；对

被评为县级创业孵化基地的，由县级财政给予一次性补助30万元。

（3）加大政策支持。实施支持和促进重点群体创业就业的税收政策，扩大一次性创业补贴发放范围。对在高附加值产业创业的劳动者，优先给予创业政策扶持。鼓励各地推荐评选一批优秀创业项目建立项目库，项目库中的项目被创业者采用后成功创业的（稳定经营1年以上），对项目提供者按每个项目5000元奖励。支持举办形式多样的创新创业大赛，对获得国家和省有关部门、单位联合组织的创业大赛奖项并在赣州登记注册经营的创业项目，由登记注册经营所在地给予一定额度的资助，其中获得国家级大赛奖项的，每个项目资助20万元；获得省级大赛前三名的，每个项目资助10万元。（责任单位：市财政局、市人社局、市国税局、市地税局等）

（4）拓宽融资渠道。落实创业担保贷款政策，降低反担保门槛，对创业项目前景好、但自筹资金不足且不能提供反担保的，允许对符合担保机构担保条件的采取信用担保或互联互保方式进行反担保。建立完善金融机构、企业和担保公司等多方参与、科学合理的风险分担机制。推动创业创新企业通过发行各类债券、资产支持证券（票据）、吸收私募投资基金以及促进天使投资、创业投资等方式融资。鼓励和支持地方财政出资引导社会资本投入，设立高校毕业生就业创业基金，为高校毕业生创业提供股权投资、融资担保等服务。

四、分类精准施策，抓好重点群体就业创业

（1）鼓励引导劳动力到赣州市重点企业就业。出台关于破解赣州市当前重点企业“招工难”问题的政策措施，根据企业用工需求，围绕“两城两谷一带”和赣州市其他重点企业，大规模开展用工培训，鼓励和引导技工院校调整专业设置，精准对接主导产业发展和重点企业用工；建设智能化人力资源市场，并逐步在各县（市、区）推广，实现市、县的数据对接；把“线上+线下”招聘平台做大做强，与市内外人力资源服务机构合作，定期或不定期组织召开专场用工招聘会，为重点企业开展精准招聘；探索实施政府购买人力资源服务方式，鼓励人力资源服务中介机构和培训机构，免费为重点企

业提供专业化、个性化招工服务。

（2）做好贫困家庭劳动力就业扶贫工作。以就业扶贫车间为主抓手，采取政府主导创办、企业创办、返乡能人自主创办等多种模式，创建就业扶贫车间，引导贫困家庭劳动力就近就地就业。对有贷款需求的就业扶贫车间，按每吸纳 1 名贫困家庭劳动力给予 5 万元贷款额度计算，享受“产业扶贫信贷通”政策支持。对吸纳贫困家庭劳动力在扶贫车间稳定就业 6 个月及以上的给予岗位补贴，补贴标准由各县（市、区）确定。对稳定运行一年以上的扶贫车间，按规定给予建设补助，补贴标准由各县（市、区）确定。

（3）鼓励高校毕业生就业创业。贯彻落实《中共赣州市委办公厅　赣州市人民政府办公厅关于进一步引导和鼓励高校毕业生到基层工作的实施办法》（赣市办发〔2018〕3 号），实施高校毕业生就业创业促进计划，对于吸纳高校毕业生就业的社会组织，符合条件的可同等享受企业吸纳就业扶持政策。对高校毕业生进入孵化基地创办创业实体的，孵化期间 3 年内发生的物管费、卫生费、房租费、水电费按其每月实际费用的 60%给予补贴；对符合相关条件的高校毕业生，由受益财政给予 5000 元的一次性创业补贴或 1000 元的一次性求职补贴。高校毕业生创办企业，符合条件的可申请办理最高额度不超过 100 万元的“创业信贷通”。

（4）稳妥安置化解钢铁煤炭行业过剩产能企业职工。鼓励去产能企业通过内部分流、转岗就业、创新创业、内部退养、公益性岗位安置等措施多渠道分流安置职工。促进分流职工转岗就业创业，对单位新增岗位吸纳去产能分流人员的，按规定给予企业吸纳就业扶持政策。支持企业成立人力资源公司，向缺工地区和企业有组织地输出职工。对自主创业的分流人员，优先安排入驻各类创业孵化基地，落实创业扶持政策。将符合条件的去产能企业下岗职工纳入现行就业创业政策扶持范围。积极稳妥、依法依规处理劳动关系。稳妥做好国有企业改革中的职工安置工作。

（5）健全城乡劳动者平等就业制度。农村转移劳动者在城镇常住并处于无业状态的，可在城镇常住地进行失业登记，公共就业服务机构要为其提供均等化公共就业服务和普惠性就业政策。对在农村常住并处于无地无业状态的劳动者，有条件的地方可探索为其在农村常住地进行失业登记，并提供相应的就业服务和政策扶持。大力发展特色县域经济、魅力小镇、乡村旅游和农村服务业，为农村劳动者就地就近转移就业创造空间。促进农民工返乡创业，大力发展农民合作社、种养大户、家庭农场、家庭服务业、建筑业小微作业企业等生产经营主体，其中依法办理工商登记注册的可按规定享受小微企业扶持政策，对招用贫困家庭劳动力稳定就业6个月以上的企业（实体），按实际招用人数给予岗位补贴，稳定就业一年以上的给予1000元/人的一次性奖补。引导新生代农民工到以“互联网+”为代表的新产业、新业态就业创业。推动农村劳动力有序外出就业，加大对贫困人口特别是易地扶贫搬迁贫困人口转移就业的支持力度。

（6）完善就业援助长效机制。全面落实各项扶持政策，促进结构调整、转型升级中的失业人员再就业。规范就业困难人员认定，主要包括赣州市行政区域内登记失业人员中符合“4050”（男年满50周岁、女年满40周岁）年龄条件的人员、零就业家庭（法定劳动年龄内的家庭人员均处于失业状态下的城镇居民家庭）成员、符合相关条件的残疾人、享受城市居民最低生活保障及失地农民。对通过市场渠道难以实现就业的困难人员，可通过公益性岗位予以托底安置，给予最长不超过3年的岗位补贴及社会保险补贴，对初次核定享受补贴政策时距法定退休年龄不足5年的人员，可延长至退休年龄。要确保每个零就业家庭至少有一人稳定就业，对零就业家庭中的青壮年成员，可通过培训提升技能、组织劳务输出，帮助其转移就业。

（7）促进退役军人就业创业。认真做好军队转业干部安置工作，大力扶持自主择业军队转业干部就业创业，按规定落实相关扶持政策。加大退役士兵安置工作力度，对符合政府安排工作条件的，采取刚性措施，确保岗位落实、妥善安置。招聘特岗教师、警务辅助人员、基层服务项目人选、配备专职人武干部等，同等条件下优先招聘军队退役人员。

五、落实人才新政，吸引各高层次人才创业创新

支持高层次人才来赣州创新创业。认真落实《中共赣州市委　赣州市人

民政府关于创新人才政策、推动人才发展体制机制改革的若干意见》（赣市发〔2017〕21号），落实各类优惠政策，争取五年内实现人才引进培养“五个一”目标。

六、强化教育培训和公共服务，提高就业创业服务水平

（1）提高教育培训质量。实施现代职业教育质量提升计划、产教融合发展工程、高技能人才振兴计划和大国工匠培训支持计划，做实唱响大国工匠、工人先锋号等品牌，发挥企业主体作用，突出抓好园区定向培训和转岗培训，确保企业职工教育经费足额提取并合理使用。实施职业技能提升计划，广泛开展岗位练兵、技术比武、技能竞赛、师徒帮教等活动，加快培育大批具有专业技能和工匠精神的高素质劳动者和技术技能人才。开展新型职业农民、养老护理人员、建筑行业从业人员、金蓝领职工、巾帼家政服务等培训，努力提高其技能水平。

（2）完善职业培训补贴方式。结合赣州市重点产业职业培训需求，组织开展职业培训和技能鉴定，完善补贴标准，简化审核流程，创新培训模式，进一步落实各类补贴政策。对按规定取得职业资格证书或职业技能等级证书的企业职工，可按规定给予技能提升补贴。企业对新招贫困家庭劳动力开展岗前培训的，给予企业600元/人的职业培训补贴。对组织贫困家庭劳动力开展家庭服务、电商等免费培训的定点培训机构，按规定给予600~1600元/人的培训补贴。对参加就业培训取得职业资格证或培训合格证的贫困家庭劳动力学员，给予300~600元/人的一次性求职补贴。

（3）提升公共就业创业服务水平。着力推进公共就业创业服务专业化，完善服务功能和网点，细化服务标准和流程。加强基层人力资源和社会保障平台建设，将人社平台经费纳入财政预算，辖区人口多、服务任务重的可适当增加人员和经费。加强公共就业创业服务从业人员职业化建设，定期开展业务培训。充分运用就业创业服务补贴政策，支持公共就业创业服务机构、高校、创业孵化服务机构和社会组织开展招聘活动和创业服务。建立“招聘会+自助服务+就业网+微信”的立体化线上线下招聘服务平台，实现无纸化、

智能化就业服务。对重点企业开展用工需求状况调查，及时掌握企业用工计划和用工进度情况。

（4）健全人力资源市场建设。深化人力资源市场改革，统筹建设统一规范、竞争有序的人力资源市场体系。加强劳动监察执法检查与集中整治。规范招人用人制度和职业中介服务，促进妇女、残疾人等公平就业。建立与经济社会发展需求相适应的人力资源供求预测和信息发布制度，开展人力资源市场诚信体系建设，推进流动人员人事档案管理服务信息化建设。加快赣州市人力资源服务产业园建设，2018 年底前投入使用，推进全市人力资源服务产业发展。

七、加强组织实施，狠抓政策落实

（1）强化政府责任。各级各部门要把扩大就业放在经济社会发展的突出位置，切实履行政府促进就业责任，各级政府主要负责同志为本地就业工作第一责任人。完善就业工作目标责任制，积极筹集就业配套资金，合理安排就业资金支出，加强资金使用管理和监督，提高资金使用效益。

（2）狠抓政策落实。各级各部门要结合工作职能，进一步细化政策措施。加强政策宣传和解读，让就业创业政策家喻户晓。建立就业资金使用绩效评估制度，强化督查问责和政策落实情况评估，健全激励机制和容错纠错机制。

（3）加强统计监测和形势预判。完善统计监测制度，强化新产业新业态的就业数据收集、处理、发布和共享工作。建立全市就业创业数据报送制度，扩大就业数据信息来源。通过政府购买服务的方式，加强部门与研究机构、市场分析机构的密切协作，建立完善就业数据与宏观经济、行业经营等数据以及社会机构相关数据的交叉比对机制。

（4）防范化解失业风险。进一步加强失业预警和动态监测，及早发现异常情况和潜在风险，制定应对规模性失业的风险预案。对出现严重规模性失业风险的地区，当地政府要及时上报市政府，并由市政府报省政府批准同意后，可采取提高稳岗补贴标准、开展以工代赈等帮扶措施，化解失业风险。

总结起来对助力中小企业的发展有以下几个明确的利好政策：

1）力争 3 年建成省级小微企业示范基地 6 家。

2）被评为市级创业孵化基地将补助 50 万元。

3）对符合条件的扶贫车间、中小企业将给予建设补助。

4）高校毕业生创业可申请不超过 100 万元信贷。

第五章 《国务院关于支持赣南等原中央苏区振兴发展的若干意见》出台后赣州中小企业发展成效分析

《国务院关于支持赣南等原中央苏区振兴发展的若干意见》出台后，赣州迎来了飞速发展的黄金时期，中小企业经营环境持续改善。赣州位于江西南部，国土面积约3.94万平方千米，是江西的南大门和江西省最大的设区市，属亚热带季风气候区，地形以山地、丘陵、盆地为主，下辖3个市辖区、14个县、1个县级市，2017年户籍人口974.25万人。赣州东临福建，南接广东，是珠江三角洲、海峡西岸经济区的直接腹地和内地通向东南沿海的重要通道，也是沟通长江经济区和华南经济区的重要枢纽。

赣州有着优越的营商环境。赣州是商务部确定的首批加工贸易梯度转移重点承接地和第二批国家科技兴贸出口创新基地，被评为“中部最佳投资城市”“浙商最佳投资城市”“深港企业最佳投资城市”和“粤商最佳投资城市”。赣州连续11年获江西省社会治安综合治理第一名，连续四届被评为全国社会治安综合治理优秀市，连续两届获得“长安杯”。赣州是客家文化的主要发祥地和客家民系形成的摇篮，95%以上为客家人，继承了客家人淳朴、好客的民风。

赣州有着完善的金融服务体系。中国银行、中国工商银行等国有银行及招商银行、交通银行、浦发银行等股份制银行均在赣州设有分行，赣州还建立了江西省首个较为完善的中小企业信用担保体系。

未来，赣州将按照“一带、三轴、六区”的空间发展总体结构，打造综合一体化发展来提升城市的集聚效能和综合服务水平。

一带：为沿江文化旅游功能发展带；

三轴：分别为国家级产业拓展轴、都市服务拓展轴、新兴功能拓展轴；

六区：赣州古城文化振兴区、蓉江新城现代服务业聚集区、北部高端产业聚集区、南康产业聚集区、赣县产业聚集区、上犹生态休闲旅游区；

中心城区一体化发展：章贡区、南康区、赣县、上犹和赣州开发区的同城化发展，逐步实现公共服务一体化、城乡住区一体化、产业发展布局一体化、都市绿网一体化、综合交通一体化、市政基础设施一体化、城市风貌特色一体化。

第一节　赣州市 2012 年至今主要经济指标比较①

如图 5.1 所示，经初步核算，2017 年赣州市地区生产总值（GDP）2524.01 亿元，比上年增长 9.5%。其中，第一产业增加值 345.22 亿元，增长 4.8%；第二产业增加值 1066.65 亿元，增长 8.5%；第三产业增加值 1112.14 亿元，增长 12.3%。三次产业结构由 2016 年的 15.2∶41.6∶43.2 调整至 2017 年的 13.7∶42.2∶44.1。全年人均地区生产总值 29308 元，比上年增长 8.9%。非公有制经济实现增加值 1522.62 亿元，增长 9.7%，占 GDP 比重为 60.3%。

如图 5.2 所示，2017 年全年财政总收入 408.32 亿元，比上年增长 11.5%。其中，一般公共预算收入 245.36 亿元，增长 0.9%。财政总收入占 GDP 的比重达 16.2%，下降 0.4 个百分点。如表 5.1 所示，2017 年全年各项税收收入 329.88 亿元，增长 14.5%。一般公共预算支出 776.44 亿元，增长 14.7%。其中，民生类支出 648.19 亿元，增长 17.3%，占一般公共预算支出的比重达 83.5%，比上年提高 1.9%。

① 资料来源：赣州市统计局，由于数据统计的延时性，统计数据截至 2017 年。

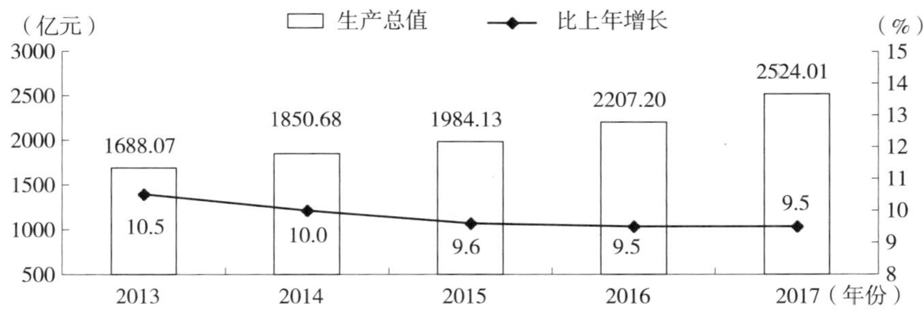

图 5.1　2013~2017 年生产总值及其增长速度

表 5.1　2017 年税收及其增长速度

	指标值（亿元）	比上年增长（%）
税收合计	329. 88	14. 5
第一产业	5. 52	-39. 3
第二产业	147. 66	13. 9
工业	117. 85	21. 7
第三产业	176. 69	18. 3

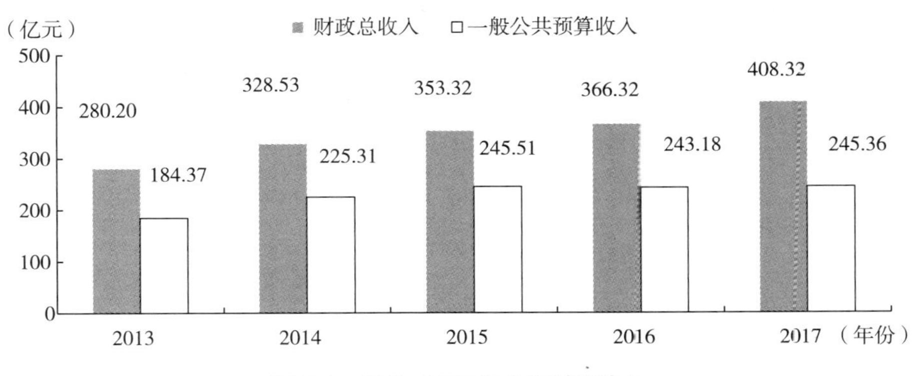

图 5.2　2013~2017 年全市财政收入

一、农业方面

2017 年全年粮食种植面积 772. 90 万亩，比上年增加 2. 92 万亩；烤烟面积 15. 19 万亩，减少 2. 49 万亩；蔬菜及食用菌类 187. 73 万亩，增加 6. 89 万亩；花生面积 51. 08 万亩，增加 1. 01 万亩。茶园面积 20. 81 万亩，增加 0. 55 万亩；果园面积 240. 20 万亩，减少 7. 61 万亩。其中，脐橙面积 154. 33 万亩，减少 0. 52 万亩。

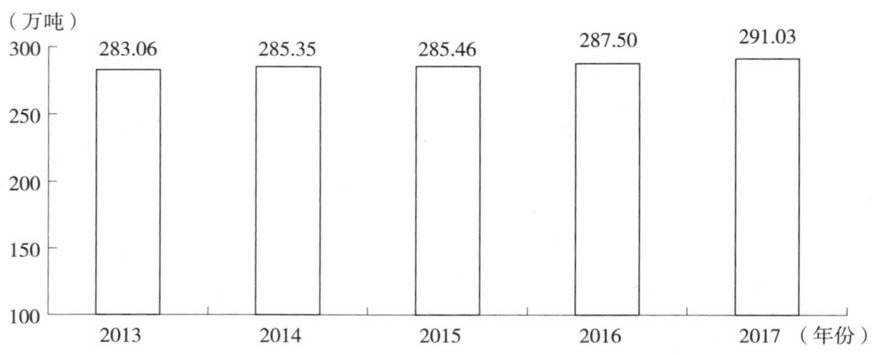

图 5. 3　2013~2017 年粮食产量

如图 5. 3 所示，2017 年全年粮食产量 291. 03 万吨，比上年增长 1. 2%；蔬菜及食用菌类产量 328. 93 万吨，增长 9. 8%；瓜果产量 23. 68 万吨，增长 1. 3%；水果产量 158. 10 万吨，增长 10. 7%。其中脐橙产量 123. 57 万吨，增长 14. 5%（见图 5. 4）。

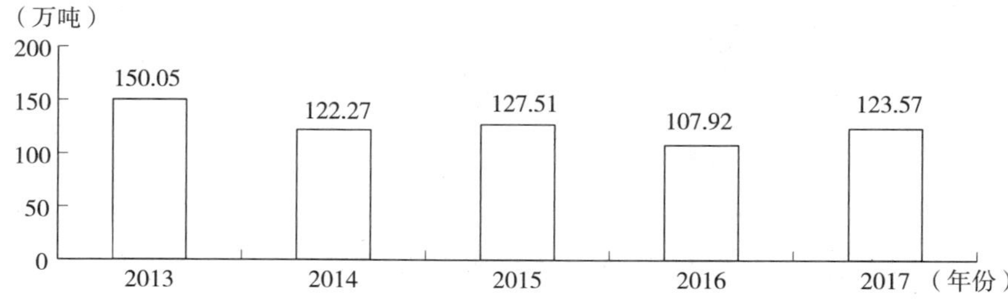

图 5. 4　2013~2017 年脐橙产量

表 5.2 2017 年主要农产品产量及其增长速度

产品名称	单位	产量	比上年增长（%）
粮食	万吨	291.03	1.2
早稻	万吨	110.64	-0.5
二晚	万吨	133.51	-0.1
油料	万吨	10.39	1.8
花生	万吨	9.60	2.4
烤烟	万吨	2.08	-5.3
蔬菜及食用菌	万吨	328.93	9.8
西瓜	万吨	21.43	6.3
莲子	吨	16454	49.4
茶叶	吨	5143	5.9
水果	万吨	158.10	10.7
脐橙	万吨	123.57	14.5

2017 年全年肉类总产量 72.81 万吨，比上年增长 2.4%。生猪年末存栏 353.51 万头，增长 1.9%，其中能繁殖母猪存栏 35.51 万头，增长 2.5%。生猪出栏 624.59 万头，增长 2.1%（见图 5.5）。全年水产品产量 32.72 万吨，增长 4.7%（见表 5.3）。

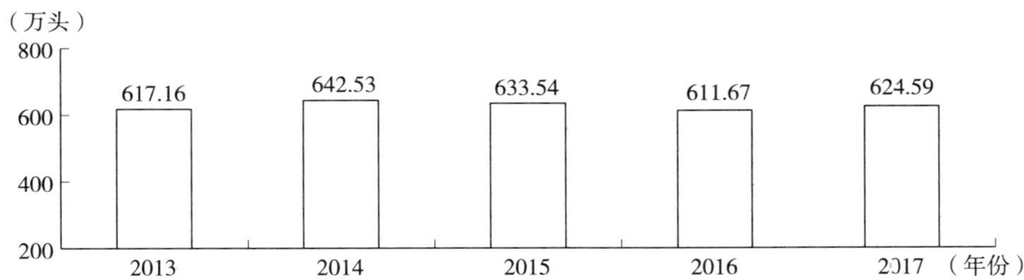

图 5.5 2013~2017 年生猪出栏头数

表 5.3 2017 年主要畜牧、水产品产量及其增长速度

产品名称	单位	产量	比上年增长（%）
肉类总产量	万吨	72.81	2.4

续表

产品名称	单位	产量	比上年增长（%）
猪肉	万吨	52.04	2.4
牛肉	万吨	4.05	4.7
禽肉	万吨	16.22	1.4
牛奶	万吨	3.88	-8.1
禽蛋	万吨	7.31	8.8
出栏肉猪	万头	624.59	2.1
家禽出笼	万只	12147.24	1.1
水产品产量	万吨	32.72	4.7

2017 年全市完成人工造林 38.93 万亩，完成封山育林 31.13 万亩，完成市级低质低效林改造 68.23 万亩，完成森林抚育项目 45.83 万亩。全市已建成大型水库 5 座，中型水库 44 座，小型水库 1000 座。年末机械总动力 309.55 万千瓦，比上年末增长 4.0%。

二、工业与建筑业方面

如图 5.6 所示，2017 年全年全部工业增加值 897.48 亿元，比上年增长 8.9%，规模以上工业增加值增长 9.1%。在规模以上工业企业中，轻工业增加值增长 16.0%，重工业增加值增长 4.5%。分企业类型看，集体企业增加值

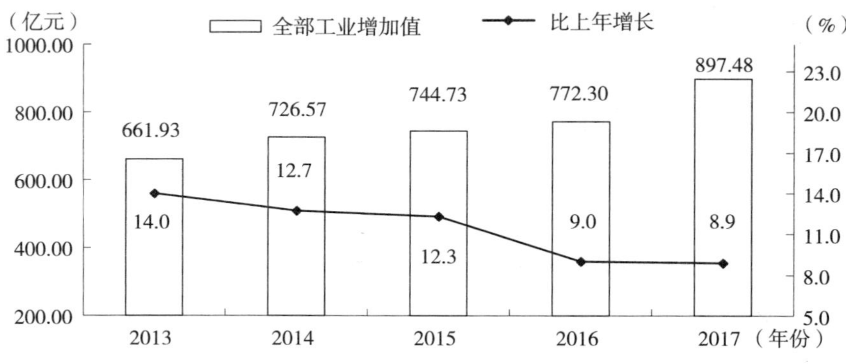

图 5.6　2013~2017 年全部工业增加值及其增长速度

下降 17.2%，股份制企业增加值增长 12.4%，私营企业增加值增长 9.1%，外商及港澳台商投资企业增加值增长 3.7%。

2017 年全年规模以上工业中，农副食品加工业增加值比 2016 年增长 14.1%，烟草制品业增长 14.6%，纺织业增长 55.7%，家具制造业增长 28.4%，造纸和纸制品业增长 15.8%，印刷和记录媒介复制业增长 28.1%，文教、工美、体育和娱乐用品制造业增长 16.7%，电气机械和器材制造业增长 15.9%，计算机、通信和其他电子设备制造业增长 20.4%，废弃资源综合利用业增长 103.4%，电力、热力生产和供应业增长 43.6%，水的生产和供应业增长 18.5%。2017 年规模以上工业主要产品产量及其增长速度如表 5.4 所示。

表 5.4　2017 年规模以上工业主要产品产量及其增长速度

产品名称	单位	产量	比上年增长（%）
原煤	万吨	4.41	-85.2
发电量	亿千瓦时	76.51	16.7
火电	亿千瓦时	44.25	15.3
水电	亿千瓦时	24.44	0.6
钢材	万吨	30.50	-73.4
饲料	万吨	397.71	60.2
饮料酒	千升	68705	0.5
服装	万件	28930	38.7
人造板	万立方米	190.34	-9.7
家具	万件	2566.32	42.2
机制纸及纸板	万吨	23.29	120.5
水泥	万吨	1906.85	12.7
灯具及照明装置	万套（台，个）	443.06	-7.2
十种有色金属	吨	22682	-15.4
电力电缆	千米	205749	2.2

续表

产品名称	单位	产量	比上年增长（%）
矿山专用设备	吨	12751	-5.6
发电机组（发电设备）	万千瓦	18.11	-2.2
自来水生产量	万立方米	51232	31.1

2017 年全年规模以上工业企业实现主营业务收入 3670.27 亿元，增长 2.6%；利润总额 239.02 亿元，增长 20.5%。全市具有资质等级的总承包和专业承包建筑企业完成产值 361.29 亿元，比上年增长 18.3%。

三、固定资产投资方面

如表 5.5 所示，2017 年全年固定资产投资 2510.48 亿元，增长 13.8%，其中工业投资 1043.02 亿元，增长 29.0%。分产业投资看，第一产业投资 56.05 亿元，比上年增长 43.6%；第二产业投资 1042.22 亿元，增长 28.9%；第三产业投资 1412.21 亿元，增长 4.0%。分企业类型看，国有企业投资 797.00 亿元，增长 26.4%；有限责任公司投资 843.31 亿元，下降 0.7%；股份有限公司投资 25.90 亿元，下降 41.6%；私营企业投资 722.28 亿元，增长 25.0%；港澳台商企业投资 43.25 亿元，下降 12.5%；外商投资 20.04 亿元，下降 21.6%；个体经营投资 1.35 亿元，下降 59.6%。

表 5.5　2017 年分行业固定资产投资及其增长速度

行业	投资额（亿元）	比上年增长（%）
总计	2510.48	13.8
农、林、牧、渔业	64.30	28.5
服务业	8.25	-25.0
采矿业	28.95	91.8
有色金属矿采选业	19.97	152.6
制造业	872.34	26.9

续表

行业	投资额（亿元）	比上年增长（%）
农副食品加工业	32. 52	18. 8
纺织服装和服饰业	50. 11	63. 2
家具制造业	63. 38	105. 4
化学原料及化学制品制造业	37. 18	30. 6
非金属矿制品业	47. 89	-1. 9
有色金属冶炼及压延加工业	85. 56	-10. 7
电气机械及器材制造业	94. 81	17. 9
计算机、通信及其他电子设备制造业	166. 32	65. 0
电力、热力、燃气及水的生产和供应业	141. 72	33. 7
电力、热力的生产和供应业	83. 58	37. 2
水的生产和供应业	54. 69	34. 6
批发和零售业	64. 85	15. 2
交通运输、仓储和邮政业	162. 12	-24. 2
住宿和餐饮业	6. 52	50. 4
信息传输、软件和信息技术服务业	2. 58	-36. 9
金融业	5. 83	-42. 3
房地产业	464. 69	-8. 4
租赁和商务服务业	14. 46	-6. 4
科学研究和技术服务业	6. 71	-28. 4
水利、环境和公共设施管理业	536. 84	25. 0
居民服务、修理和其他服务业	6. 82	81. 0
教育	52. 95	41. 3
卫生和社会工作	40. 64	58. 8
文化、体育和娱乐业	30. 02	125. 8
公共管理、社会保障和社会组织	8. 14	-49. 4

2017 年全年房地产开发投资 309. 16 亿元，比上年增长 6. 2%。房地产房屋施工面积 3150. 54 万平方米，增长 9. 4%；房地产房屋竣工面积 169. 82 万平方米，下降 27. 0%；商品房销售面积 1045. 50 万平方米，增长 25. 1%；商品房待售面积 150. 75 万平方米，下降 6. 5%。商品房销售额 649. 16 亿元，增

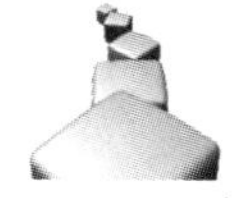

长 43.5%。

四、国内贸易方面

2017 年全年社会消费品零售总额 887.05 亿元（见图 5.7），增长 12.3%。按经营地统计，城市消费品零售额 744.09 亿元，增长 12.8%；乡村消费品零售额 142.96 亿元，增长 9.7%。

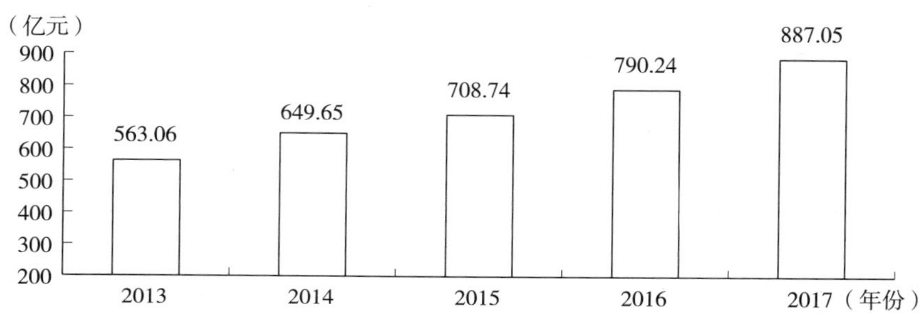

图 5.7　2013~2017 年社会消费品零售总额

在限额以上批发零售业零售额中，粮油、食品类增长 17.2%，饮料类增长 22.0%，烟酒类增长 7.3%，服装、鞋帽、针纺织品类增长 20.9%，化妆品类增长 14.1%，金银珠宝类增长 39.4%，日用品类增长 15.0%，五金、电料类增长 16.8%，体育、娱乐用品类增长 33.0%，书报杂志类增长 31.5%，电子出版物及音像制品类增长 2.2%，家用电器和音像器材类增长 17.3%，中西药品类增长 5.5%，文化办公用品类增长 41.6%，家具类增长 19.4%，通信器材类增长 31.4%，石油及制品类增长 16.9%，建筑及装潢材料类增长 29.1%，机电产品及设备类下降 5.9%，汽车类增长 14.6%，其他类商品增长 33.3%。

五、对外经济方面

2017 年全年货物进出口总额 47.35 亿美元，比上年增长 15.0%。其中，货物出口 39.66 亿美元，增长 16.7%；货物进口 7.69 亿美元，下降 6.6%（见图 5.8）。主要出口产品有：机电产品出口 13.3 亿美元，增长 6.3%；家具产品出口 5. 7 亿美元，增长 36. 9%；纺织服装出口 4. 4 亿美元，增长 11. 4%；文化产品出口 3. 0 亿美元，增长 28. 9%；鞋类出口 1. 9 亿美元，增长 29. 9%；农产品出口 1. 7 亿美元，增长 8. 5%。2017 年对主要国家和地区货物进出口额及其增长速度如表 5. 6 所示，2013~2017 年进出口总额如图 5. 9 所示。

表 5. 6 2017 年对主要国家和地区货物进出口额及其增长速度

国家和地区	出口额（亿美元）	比上年增长（%）	进口额（亿美元）	比上年增长（%）
美国	11. 5	22. 7	0. 3	158. 1
欧盟	5. 6	53. 8	0. 6	54. 5
东盟	4. 8	18. 5	1. 4	89. 7
中国香港	5. 2	-21. 7	0. 0	-7. 1
刚果（金）	0. 2	113. 1	2. 8	114. 3
马来西亚	1. 4	5. 4	1. 1	99. 6
日本	1. 9	14. 7	0. 4	36. 9
韩国	1. 5	8. 1	0. 2	13. 6
英国	1. 3	62. 5	0. 0	3. 1
德国	1. 1	26. 6	0. 2	-3. 1

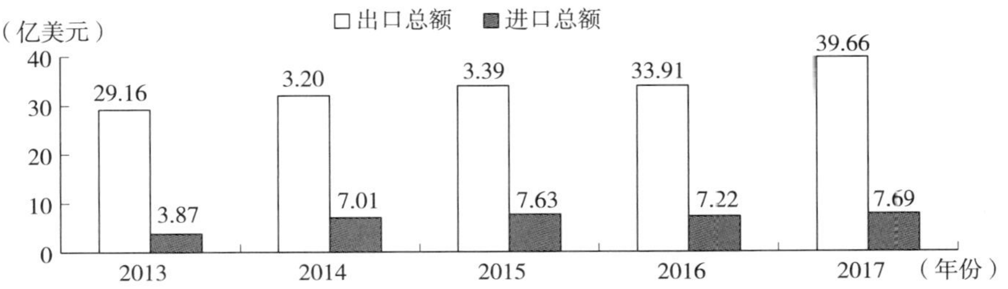

图 5. 8 2013~2017 年进出口总额

全年实际使用外资 16. 67 亿美元，增长 10. 0%；实际利用省外项目资金 754. 86 亿元，增长 11. 5%。

六、交通、邮电和旅游

2017 年全年交通运输、仓储及邮政业增加值 108.26 亿元，比上年增长 5.2%。全市公路通车里程 31392.33 千米。其中，高速公路（赣州境内）通车里程 1441.26 千米。如表 5.7 所示，2017 年全年公路货物运输量 10485 万吨，比上年增长 12.7%；货物运输周转量 246.85 亿吨千米，增长 9.1%；旅客运输量 8658 万人，比上年下降 1.6%；旅客运输周转量 59.08 亿人千米，下降 1.8%。机场旅客吞吐量 127.98 万人，增长 18.2%；过站旅客吞吐量 17.94 万人，下降 1.8%；运输起降 1.03 万架，增长 6.8%；铁路货物运输量 425.40 万吨，比上年增长 109.4%；旅客运输量 1817.50 万人次，比上年增长 10.7%。

截至 2017 年末全市民用汽车保有量 79.86 万辆，比上年末增长 20.4%。年末私人汽车保有量 74.91 万辆，比上年增长 21.0%。

表 5.7　2017 年公路运输量及周转量

指标	单位	指标值	比上年增长（%）
货物运输量	万吨	10485	12.7
旅客运输量	万人	8658	-1.6
货物运输周转量	亿吨千米	246.85	9.1
旅客运输周转量	亿人千米	59.08	-1.8

2017 年全年完成电信业务收入 47.92 亿元。年末全市固定及移动电话用户总数 819.20 万户，其中，移动电话用户 721.00 万户，固定电话用户 98.20 万户（见图 5.9）。移动电话普及率上升至 84 部/百人。固定互联网宽带接入用户 153.01 万户，比上年增加 27.80 万户。互联网上网人数 752.13 万人，增加 143.58 万人，其中手机上网人数 599.12 万人，增加 115.78 万人。

2017 年全年邮政行业业务总量 17.96 亿元，比上年增长 25.8%，邮政行业业务收入 15.28 亿元，增长 26.0%。邮政业全年完成邮政函件业务 384.58 万件，包裹业务 4.21 万件，快递业务量 5376.89 万件；快递业务收入 6.58 亿元。

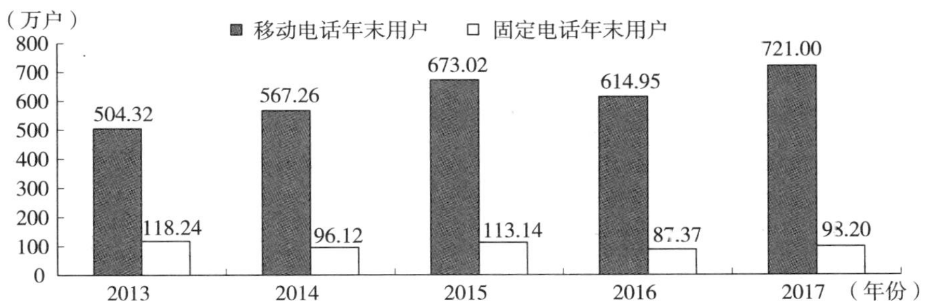

图 5.9　2013~2017 年末电话用户数

2017 年全年共接待旅游总人数 8306.85 万人次，比上年增长 23.2%，旅游总收入 794.94 亿元，增长 35.0%。其中，共接待入境旅游者 41.40 万人次，增长 30.8%；旅游外汇收入 13983.14 万美元，增长 35.9%；接待国内游客 8265.45 万人次，增长 23.2%；国内旅游收入 785.65 亿元，增长 35.0%。

七、金融和保险方面

截至 2017 年末金融机构人民币各项存款余额 4753.57 亿元，比年初增加 611.73 亿元。其中，住户存款 2733.46 亿元，增加 391.19 亿元（见图 5.10）。

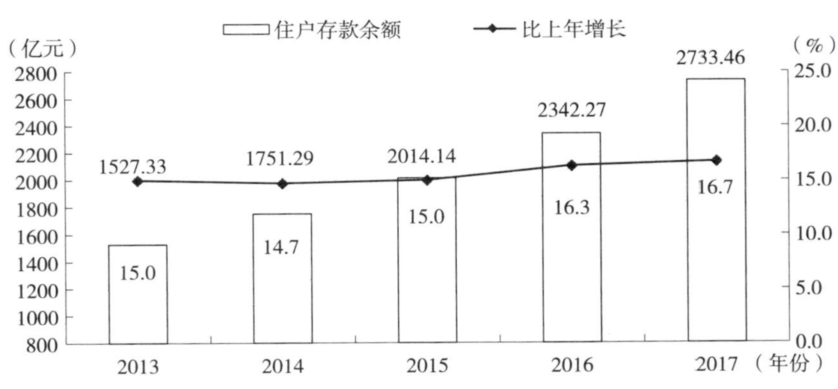

图 5.10　2013~2017 年住户存款余额及其增长速度

各项贷款余额 3415.98 亿元，比年初增加 573.80 亿元。其中，短期贷款 1106.83 亿元，增加 57.87 亿元；中长期贷款 2211.98 亿元，增加 534.04 亿元。存贷比 71.9%，提高 3.3 个百分点。

2017 年全年保险公司保费收入 124.47 亿元。其中，财产险公司保费收入 35.87 亿元，人寿险公司保费收入 88.60 亿元。

八、教育和科学技术方面

2017 年全年研究生教育招生 1370 人，在校研究生 3666 人，毕业生 910 人。普通高等教育招生 2.88 万人，在校学生 9.90 万人，毕业生 2.67 万人。各类中等职业教育（包括中等专业和中等职业学校）招生 2.51 万人，在校学生 7.74 万人，毕业生 2.12 万人。普通高中招生 7.27 万人，在校学生 21.03 万人，毕业生 6.21 万人。普通初中招生 15.11 万人，在校学生 42.66 万人，毕业生 13.03 万人。普通小学招生 13.99 万人，在校学生 89.98 万人，毕业生 15 万人。特殊教育招生 1548 人，在校生 6679 人，毕业生 951 人。学前教育在园幼儿 36.66 万人。九年义务教育巩固率为 99.14%，高中阶段毛入学率为 90.67%。

获省级科技成果奖 8 项。境内专利申请 14706 项，授权专利 5934 项（见表 5.8）；PCT 专利申请受理量为 6 件。截至 2017 年末，有效发明专利 936 件，每万人口有效发明专利拥有量 1.09 件。全年共签订技术合同 221 项，技术合同成交金额 5.93 亿元，比上年增长 39.0%。

表 5.8　2017 年专利申请、授权和有效专利情况

指标	专利数（件）
专利申请数	
境内专利申请	14706
发明专利申请	2223
境内发明专利	2223
专利授权数	
专利授权	5934
发明专利授权	265
年末有效发明专利	936

九、文化、卫生和体育

截至2017年末，电视人口覆盖率99.4%，广播人口覆盖率98.5%。全市有文化馆20个，组织文艺活动3719次；乡镇文化站283个，组织文艺活动1324次；专业艺术表演团体19个，演出场次3692次；公共图书馆20个，有藏书400.61万册，图书流通806.5万册次；博物馆20个，文物藏品4.87万件（套），参观人数401万人次。

2017年末全市共有卫生机构8846个。其中，医院85个，社区卫生服务中心（站）33个，卫生院323个，村卫生室7288个，诊所、卫生所、医务室1014个，疾病预防控制中心20个，专科疾病防治院（所、站）27个，妇幼保健院（所、站）19个。卫生技术人员4.17万人，其中，执业医师和执业（助理）医师1.40万人，注册护士1.87万人。卫生机构床位4.52万张（见图5.11）。

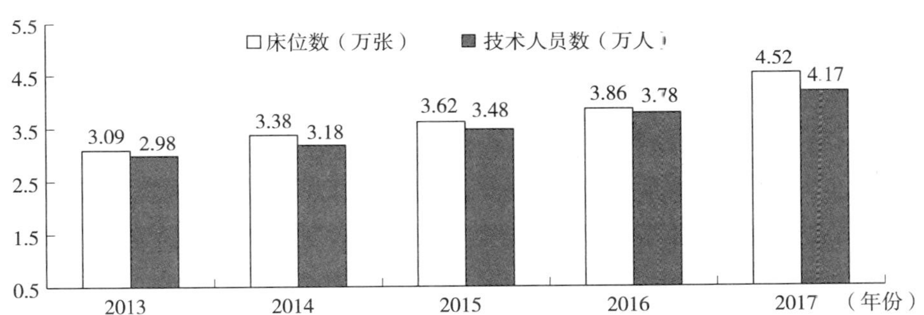

图5.11 2013~2017年卫生机构床位与技术人员情况

全市共组织有影响的各类群众健身活动320次，参与人数15万人；市级青少年俱乐部18个，市级体育社会组织63个（其中，市级协会45个，市级俱乐部18个）；等级裁判员发展人数1044个，等级运动员发展人数130个；公共体育场地（市本级管理使用）9个，其中，田径场3个，体育馆1个，全民健身广场1个，游泳馆（池）2个。全市有少儿体育学校18个，在校学生1981人，专职教练员73人。

十、人口、人民生活与社会保障

2017 年末全市户籍总人口为 974.25 万人，比上年末增加 3.47 万人（见表 5.9）。

表 5.9　2017 年人口主要构成情况

指标	年末数（万人）	比重（%）
全市总人口	974.25	100
男	505.52	51.9
女	468.73	48.1
18 岁以下	263.75	27.1
18~34 岁	233.15	23.9
35~59 岁	341.44	35
60 岁及以上	135.92	14

如表 5.10 所示，2017 年全年农村居民人均可支配收入 9717 元，比上年增长 11.3%；城镇居民人均可支配收入 29567 元，增长 9.2%。农村居民人均消费支出 8214 元，增长 10.8%；城镇居民人均消费支出 18547 元，增长 9.7%。农村居民家庭恩格尔系数为 36.1%，城镇居民家庭恩格尔系数为 33.6%。

表 5.10　2013~2017 年城乡居民生活改善情况

指标	单位	2013 年	2014 年	2015 年	2016 年	2017 年
农村居民人均可支配收入	元	6224	6946	7786	8729	9717
城镇居民人均可支配收入	元	20797	22935	25001	27086	29567
农村居民家庭恩格尔系数	%	38.1	38.6	38.1	37.5	36.1
城镇居民家庭恩格尔系数	%	36.2	35.1	34.5	34.3	33.6

2017 年全年社会保险基金筹集总额 196.32 亿元，增加 74.67 亿元。参加

城镇基本养老保险人数119.12万人，比上年末增加4.42万人；参加城乡居民社会养老保险人数414.19万人，增加3.69万人。参加基本医疗保险人数为930.80万人（含新农合参保人数）。参加失业保险人数为37万人。参加工伤保险人数为54.4万人。参加生育保险人数为37.26万人，增加2.88万人。6.45万城镇居民和42.02万农村居民得到政府最低生活保障。全市有综合福利院、敬老院和光荣院共360个（其中，综合福利院20个、敬老院281个、光荣院59个），民办养老服务机构44个。

十一、资源、环境和安全生产

全市有森林公园30个，面积为14.80万公顷。其中，国家森林公园10个，面积为12.08万公顷；省级森林公园20个，面积2.72万公顷。

全市有自然保护区51处，总面积23.69万公顷，占全市国土面积的6.0%；其中国家级自然保护区3处，面积4.66万公顷；省级5.75万公顷；市县级13.28万公顷。全市森林覆盖率76.2%。

空气质量稳定在国家二级标准，主要河流断面水质达标率保持在93.5%以上。全市有空气自动监测站39个，环境监测站18个（含市监测站），污水处理厂26座（其中，生活污水处理厂2座、工业污水处理厂24座）。

开展了安全生产大检查行动，全市全年各类生产安全事故438起，死亡191人，比上年分别上升5.8%和9.1%。工矿商贸企业就业人员10万人生产安全事故死亡人数1.26人，比上年下降3.82%；道路交通事故万车死亡人数1.47人，比上年下降0.7%；煤矿死亡4人，与上年持平。

第二节　园区招商引资、平台建设成效明显

面对错综复杂的外部环境和宏观经济下行压力，在赣州市委、市政府的积极领导下，全市工业园区经济呈现平稳较快的发展态势，平台建设力度空

前，截至2017年末统计结果（见表5.11），招商引资成效明显，发展后劲不断增强，营造了非常良好的中小企业经营环境。2018年是赣州三年主攻工业的决胜之年。全市上下咬住“主攻工业、三年翻番”目标不放松，以园区建设为主阵地，以产业集聚为着力点，以项目建设为主抓手，做大总量、扩张版图，挺起工业发展的脊梁。2018年上半年，全市工业投资同比增长25.2%，规模以上工业主营业务收入、增加值、利润同比分别增长21.7%、9.3%、17.1%。

表5.11　2016年、2017年全市工业园区主要指标完成情况

指标名称	计量单位	2016年		2017年	
		指标值	增长（%）	指标值	增长（%）
投产工业企业数	个	1458		1755	
工业销售产值	亿元	3024.93	8.1	3352.16	16.3
出口交货值	亿元	389.7	0.8	416.24	21.5
资产总计	亿元	1469.49	11.7	1713.04	13.7
主营业务收入	亿元	3056.73	8.6	3223.09	12.3
利润总额	亿元	194.36	10.0	204.54	18.8
从事工业生产活动的从业人员平均人数	万人	30.46	3.6	30.47	3.4
工业增加值	亿元	754.21	9.3	—	7.9
园区实际开发面积	平方千米	86.07	-1.3	86.73	0.8
完成基础设施投入	亿元	99.94	55.9	252.19	152.3
招商签约资金	亿元	698.72	13.6	1489.59	113.2
招商实际到位资金	亿元	434.54	51.0	676.86	55.8
工业固定资产投资额	万元	508.37	35.1	731.96	44.0

工业园区的发展成效主要体现在以下几个方面：

（1）园区规模不断壮大。2017年，全市工业园区实现主营业务收入3223.09亿元，同比增长12.3%，较上年提高3.7个百分点，增速比全省高0.9个百分点。全市主营业务收入过百亿元工业园区11个，比2016年增加1个（江西会昌工业园区）。主营业务收入前三位园区依次为赣州经济技术开发区、江西赣州章贡经济开发区、赣州高新技术产业开发区。

（2）平台建设稳步提升。各县（市、区）大体量、多渠道建设园区基础设施和标准厂房，2017 年全市工业园区累计完成基础设施投入 252.19 亿元，增速高达 152.34%，增速居全省首位。1~11 月，全市新开工建设标准厂房面积达 815 万平方米，建成面积 658 万平方米，均提前完成年度目标任务，近两年工业园区新建标准厂房 1334 万平方米，累计已建成面积 1001 万平方米，实现"三年任务两年完成"。

（3）产业招商成效明显。2017 年全市园区招商签约资金 1489.59 亿元，增长 113.2%，增速高于全省平均增速 65.7 个百分点。特别是"两城两谷一带"引进主导产业项目 61 个，签约资金 551.11 亿元。新能源汽车科技城引进了年产 30 万辆国机智骏新能源汽车、年产 10 万辆玛西尔新能源特种车等重大项目；现代家居城规模以上家具企业从去年的 130 多家增至近 900 家；赣粤电子信息产业带引进了合力泰、志浩电子、骏亚数字等一批重点项目。稀金谷、青峰药谷通过大力引进一批产业项目，产业招商成效明显。

第三节　第一产业投资经营环境转变
——农业类中小企业转型升级成效显著

截至 2018 年 10 月，赣州全市固定资产投资 1962.71 亿元，同比增长 14.2%，增速与上月相比持平，分别高于全国、全省 6.9 个和 1.7 个百分点。

第一产业投资增速加快。1~10 月，第一产业投资 43.36 亿元，同比增长 35.6%，增速比上年同期提高 37.7 个百分点，比 1~9 月提高 16.5 个百分点。新型农业经营主体培育加快。2018 年第一季度，全市新增农民专业合作社 159 家，总数达 4619 家；新增家庭农场 61 家，总数达 871 家；新增入社农户 2668 户，总数达 73284 户；新增年销售收入 500 万元以上的农业龙头企业 7 家，总数达 2475 家，其中国家级龙头企业 2 家，省级 89 家。

龙头企业辐射带动能力增强，带动中小企业快速增长。第一季度，全市省级农业龙头企业实现销售收入36.37亿元；税后利润2.3亿元，同比增长10.0%；上缴税金9000万元，增长28.6%；出口创汇1.13亿美元，增长28.3%；带动农户81.7万户，户均增收1582元，增长13.6%。自2012年以来，赣州市持续改善农业企业经营环境，引导农业企业产业结构升级，向现代农业企业转变。农业产业环境的改善主要体现在以下几个方面。

一、农业产业结构得到优化

稳定粮食生产能力，合理保护和综合开发利用农业资源，做大做强做优脐橙、蔬菜、油茶重点产业，加快发展区域特色产业，支持发展特色农产品。

脐橙产业转型升级。实施脐橙产业发展升级行动计划，加强柑橘黄龙病等病虫害综合防治，完善良种繁育体系，优化调整品种结构，提高脐橙早熟、晚熟品种比重，建设标准果园，完善标准化体系建设，引导组建赣南脐橙产业联盟，实现脐橙产业升级发展，建成具有国际影响力和市场话语权的优质脐橙产业基地。

发展蔬菜产业。扩大蔬菜种植面积，调整优化品种结构，提高质量安全水平，打造105国道、323国道沿线蔬菜产业带，建设面向东南沿海和港澳地区的蔬菜供应基地。扩大中心城区商品蔬菜供应基地规模，促进产销衔接，建设市级农产品批发市场，新建和改造中心城区农贸市场，建成一批社区蔬菜便利店，构建形成生产基地+批发市场、农贸市场、蔬菜超市的“1+3”模式蔬菜供给流通体系。

壮大油茶产业。建设油茶“三个中心、三个基地”，推进国家油茶产业发展示范市、国家油茶产业发展重点县建设，新建高产油茶林，改造低产油茶林。引导组建赣南油茶产业联盟，大力推进油茶精深加工和综合利用加工，提高油茶加工水平和能力，建成产值超百亿元的油茶产业集群，着力提升赣南油茶的品牌知名度和竞争力，推动品牌国际化。

二、新型农业经营体系的构建

构建集约化、专业化、组织化、社会化相结合的新型农业经营体系。推进新型职业农民培育工程示范县建设，整合教育培训资源，加大教育培训力度，培育新型职业农民。推进农业适度规模经营，加快培育专业大户、家庭农场、农民专业合作社、龙头企业等新型农业经营主体，引导发展农民合作社联合社。大力培育多元化、多形式、多层次的农业经营性服务组织，开展代耕代种代收、大田托管、统防统治、烘干储藏等市场化和专业化服务，引导经营性服务组织参与公益性服务。鼓励不同农业经营主体间形成互惠共赢、风险共担、激励相容的利益联结机制，让广大农户分享加工、销售环节收益。

三、农业接二连三持续推进

农业生产与农产品加工和销售、旅游休闲及其他服务业有机融合，延长农业产业链，提升价值链，催生新业态，拓展新功能，形成农业接二连三融合发展格局。立足农业产业和特色农产品，规划建设现代农产品加工区，围绕产后减损、提档增效、综合利用大力发展农产品加工，主要农产品加工转化率（含初加工）总体达60%以上。支持新型农业经营主体发展农超、农企等形式的产销对接，建立农产品直销网点，发展农产品电子商务。充分利用丰富的自然资源和生态优势，推进农业与旅游、教育、文化、健康养老等产业深度融合，发展休闲农业、观光农业、健康养生农业，培育一批各具特色的休闲农业企业，创建一批全国、全省休闲农业与乡村旅游示范县、示范点，实现农区变景区、田园变公园、农房变客房。

四、农业支撑保障能力进一步提升

加强农业科技支撑体系建设，引进和培养农业科技创新人才，依托国家脐橙工程技术研究中心、油茶工程技术中心等科技创新平台，推动农业重点产业关键技术创新突破。提升脐橙、油茶等种苗繁育水平和能力。推进现代农业示范园区建设。加强动植物疫病防控体系建设，建设病死畜禽无害化集

中处理场所。加强农业信息化建设，利用大数据服务农业产业发展，建设益农信息社，提高智慧化、精准化水平。加强农产品质量安全检测能力建设，建立完善主要农产品质量安全追溯体系，推进农业标准化生产。加强农业气象体系建设，提高预警防灾能力。优化农机装备结构，推进主要农作物全程机械化，加强农机具库棚和机耕道建设，提升农机公共服务能力，强化农机安全保障，提高农业综合机械化水平。推进农田水利、高标准农田建设，完善果茶园道路、水利、电力设施，加快农产品冷链物流、冷藏库等设施建设。加大农业保险支持力度，增加保险品种，提高保险标的，扩大保险覆盖面。

五、赣州重点推进的农业产业工程

百县百园工程：每县建好 1 个现代农业示范区，重点推进国家级、省级现代农业示范区核心区建设。

高标准农田建设工程：建设高标准农田 180 万亩，粮食产能达到 342 万吨，粮食产量稳定在 280 万吨以上。

蔬菜基地建设工程：蔬菜种植面积达 200 万亩，产量达 360 万吨，中心城区蔬菜供应基地达 6 万亩。

脐橙产业转型升级工程：实施脐橙生态化、机械化标准果园建设等项目，建设赣南脐橙交易中心，脐橙面积达 150 万亩，产量达 225 万吨。

油茶产业工程：大力实施油茶产业建设项目，新增高产油茶林 90 万亩、改造 110 万亩，加工基地年产能力 10 万吨。

病死畜禽无害化处理工程：每个县（市、区）建设病死畜禽无害化集中处理中心。

现代农产品加工工程：重点建设粮食、蔬菜、以脐橙为主的果业、油茶、茶叶、甜叶菊、莲子、饲料、畜禽、奶类及水产品等加工基地，支持农产品加工龙头企业发展，完善加工产业链和流通体系。

以上赣州市政府主抓的农业重点工程项目的推进为进一步改善中小农业企业的投资与经营环境起到了非常重要的关键性作用。

第四节　第二产业投资经营环境快速改善

——带动工业类中小企业数量激增

2017 年，赣州市全市深入推进“降低企业成本、优化发展环境”专项行动，全市规模以上工业效益呈现稳定向好态势，实现主营业务收入 3670.27 亿元，同比增长 15.2%，较上年同期提升 5.9 个百分点；实现利润 239.02 亿元，同比增长 20.5%，较上年同期提升 7.4 个百分点。

赣州市工业产业投资与经营环境快速改善主要体现出以下三个方面的特点：

一是工业经济保持平稳，较多行业实现增长。全市规模以上工业实现主营业务收入 3670.27 亿元，增长 15.2%，增速分别比第一季度、上半年、前三个季度放缓 6.5%、7.4%、4.3%。36 个行业大类中，26 个行业主营业务收入实现增长，12 个行业增速超 20%以上，其中家具制造业，非金属矿物制品业，计算机、通信和其他电子设备制造业等主要行业的主营业务收入增速超过 25%。

二是非公有制企业贡献较大，小微企业领跑增长。赣州市非公有制企业实现主营业务收入 3258.45 亿元，增长 14.4%，贡献率为 84.5%，拉动全市工业主营业务收入增长 12.8 个百分点。全市小微企业 1454 家，占工业企业总数的 84.5%，实现主营业务收入 2268.6 亿元，增长 18.5%，分别比大型企业、中型企业增速高 6.1%、15.7%。

三是强度指标明显提升，企业效益稳定向好。赣州市每百元主营业务收入中的成本为 88.13 元，同比下降 0.56 元；主营业务收入利润率为 6.51 元，同比提高 0.28 元。全市亏损企业同比下降 24.8%，亏损企业亏损总额同比下降 37.7%，利润总额增速高于主营业务收入增速 5.3%，企业效益稳定向好。

赣州市提出以优势产业为基础、战略性新兴产业为先导，加快推进工业

化与信息化、制造技术与新一代信息技术、制造业与生产性服务业深度融合，促进工业经济高端化、智能化、聚集化、品牌化，构建特色鲜明、集约高效、环境友好、市场竞争力强的新型工业体系。赣州计划到2020年，建成现代化新型工业体系，工业产业的环境友好程度大幅提升，实现全市规模以上工业实现主营业务收入8000亿元，为实现这一目标，赣州市提出了以下几个方面的实施重点。

一、实施工业“强脊”工程

立足现有产业优势，不断拉长产业链，支持重大技术创新成果规模化生产，重点打造新能源汽车及配套、稀土新材料及应用、钨新材料及应用、电子信息、以家具为主的现代轻纺等千亿元支柱产业，着力打造生物制药、新型建材、氟盐化工等百亿元特色产业，加快培育高端装备制造、数控机床、新一代信息技术、节能环保等潜力产业，建成全国稀有金属产业基地和先进制造业基地、全省战略性新兴产业创新基地和生产基地。

做大新能源汽车及配套产业。以赣州经开区、南康区、章贡区为主平台，引进新能源整车制造项目，加快建设赣州新能源汽车科技城、新能源汽车赣州产业基地，实现新能源汽车整车规模生产。发展新能源短途特种功能电动专用车、国民电动车及铜铝薄膜、铝合金压铸配件等产品。建设南方新能源汽车工程研究中心、江西省高功率动力锂电池工程研究中心和国家新能源汽车材料及零配件产品检验中心，加强研发创新，做大做强稀土永磁驱动电机、先进锂离子动力电池和电控系统（BMS）、充电桩等新能源汽车核心关键产品，研发生产正极、负极材料，隔膜纸、电机非晶合金等配套产品。引导企业合理开展电动汽车动力电池的生产及回收利用工作，建立上下游企业联动的动力电池回收利用体系。到2020年，建成新能源汽车整车生产规模30万辆，实现主营业务收入1300亿元。

做强稀土钨新材料及应用产业。以赣州高新区、赣州经开区和相关工业园区为主平台，建设中国赣州“稀金谷”。推进稀土产业与新能源汽车用永磁电机、风力发电、无人机伺服系统电机、轨道交通、绿色家电、新一代电子产品用电机等新兴应用产业深度融合，逐步完善产业配套，加速推进产业结构调整升级，着力打造产业链条完整、技术水平一流、具备国际竞争力的全国重要的稀土新材料及应用产业基地。以赣州经开区为主平台，支持钨行业龙头企业做大做强，大力发展高性能硬质合金材料，开发高、精、尖及替代进口的合金材料、涂层刀片、刀钻具等产品，推动钨产业向精深加工转型发展，全力打造具有国际竞争力的全国硬质合金及刀钻具生产基地。

提升电子信息产业。加快章贡区、龙南、信丰电子信息产业基地等建设，以整机制造为重点，积极发展数字视听和移动通信终端、新型显示、绿色电子机电等产品，着力发展新型电子元器件、电子信息材料，积极向高端延伸。瞄准大数据、物联网、互联网、云计算、智能终端、北斗产业等，加快产品研发和制造，培育以新一代信息技术为核心的产品制造企业。

提档升级家具产业。以南康家具产业基地为主平台，走规模化、品牌化、工艺化发展之路，鼓励龙头企业并购重组，形成专业化、协同化发展格局。加快南康家具研发中心、检验中心等平台建设，提升自主创新能力，推动家具产业向智能化、国际化、时尚化和个性化定制转型，由实木家具向实木和板材相结合的方向发展。大力发展油漆化工、五金配件、木工机械、包装印刷、床上用品、灯饰等配套产业。加快建设家具专业市场、家具会展中心等，积极创建全国实木家具知名品牌示范区。充分发挥赣州进境木材监管区的作用，完善金融、电商、物流、研发和检测等综合配套服务平台，延伸国内市场，拓展国外市场，办好中国（赣州）家具产业博览会，打造南方最大的家具生产制造和出口基地。

培植生物制药产业。依托中药资源和生态环境优势，发挥青峰药业、海欣药业等龙头企业的引领带动作用，以中药现代化为切入点，做大做强中成药、化学原料药及制剂产业，培植发展生物制品、医疗器械、保健品、药用辅料等产业，打造中成药、化学药、生物药及保健品、医疗器械等产业基地。

二、持续推动工业聚集发展

以工业园区为载体、龙头企业为重点，健全利益协调机制，引导关联企

业集中布局，打造一批辐射带动明显、配套协作紧密、创新动力强劲、服务支撑有力的产业园区，形成一批特色产业基地和产业集聚区。

实施园区提升工程。加快园区道路、集中供热和排污等基础设施建设，完善园区研发中心、服务中心、电子商务平台、专业市场、金融平台等生产性服务业配套支撑体系。重点推进赣州经开区、赣州高新区、龙南和瑞金经开区、赣州综合保税区建设，加快推进章贡区、信丰等15个省级工业园区和经开区扩区调区。加快清理园区闲置用地，提升工业园区投入产出率、资源利用率，提升节约集约化水平。实施智能化示范工程、绿色发展工程，建设智能化、生态化园区。创新管理体制，开展园区服务公司试点，推动园区实现决策一元化、管理机构扁平化、服务机构企业化，最大限度地赋予园区相应的管理权限。

推进特色集群发展。科学规划各类产业集聚区产业发展及空间布局，推动特色集聚区优化资源配置，科学有序发展。做实做优电子元器件、玻纤及新型复合材料、精密模具及数控机床、氟盐化工、矿山机械等特色产业基地，围绕高端装备、新材料、新能源、新一代信息技术、生物技术与新医药等战略性新兴产业，建成一批各具特色的产业集群和集聚区。

扶持壮大龙头企业。实施重点龙头企业培育计划“双百”工程，通过招大引强、并购重组、嫁接改造、上市裂变等方式，培育了百户以上主营业务收入超10亿元的行业龙头企业、百户以上的上市企业或新三板挂牌企业，培育了中国南方稀土集团、青峰药业等10个以上主营业务收入过百亿元的“产业航母”，形成一批在国内乃至国际有重大影响力的领军型企业集团。

三、推进两化深度融合

坚持数字化、网络化、智能化方向，对接“中国制造2025”，推进工业化与信息化深度融合，构建智能制造产业体系，打造全国先进制造业基地。

推动高端装备制造业发展。突破新型传感、高精度运动控制、高可靠智能控制等一批关键智能技术，围绕新能源汽车、有色、机械等领域，实现重大智能成套装备的集成创新，培育发展工业机器人、感知系统、3D打印设备等智能测控装置和部件，积极开发一批高精密、数字化、柔性化、智能化的重大智能制造成套装备。

实施智能化改造提升工程。加快机械、有色金属、轻工、建材、纺织、食品、电子等行业智能化改造，引进境外高端装备，积极推广工业机器人等智能设备，促进数控技术和智能装备在工业领域的广泛应用，推动制造业智能化进程。加快推动关键基础材料、核心基础零部件（元器件）和先进基础工艺的工程化和产业化，提升产业基础制造和协作配套能力。

实施“互联网+协同制造”行动计划。在机器人、智能制造、个性化定制、网络化协同制造等方面开展示范建设，推进重点行业“无人车间”“智能工厂”建设，推动行业关联企业向新型网络化生产模式转变，实现生产管理各环节互联互通。推进服务型制造，引导制造企业延伸服务链条，推动企业生产模式从产品制造向产品、服务和整体解决方案并重转变，营销模式从提供设备向提供咨询设计、项目承接、工程施工、仓储物流、系统维护和管理运营等系统集成总承包服务转变。鼓励纺织、服装、制鞋、家具、建材等行业实施大规模定制生产。

四、质量品牌建设力度持续加强

实施质量兴市战略。强化企业质量主体责任，推动企业全面贯彻实施国家质量标准，重点工业产品的质量水平全面达到国家和行业标准，鼓励将企业标准上升为国家、行业或省地方标准。加大对企业制标的扶持力度，支持组建重点领域标准推进联盟，协同推进产品研发与标准制定。完善质量监管体系，加强检测与评定中心和检验检测公共服务平台建设。实施企业产品和服务标准自我声明公开和监督制度，支持企业提高质量在线监测、在线控制和产品全生命周期质量追溯能力。

加强品牌建设。大力推进以技术创新为基础，以质量奖、名牌产品、地理标志产品、驰（著、知）名商标、老字号、知名商号等为核心的品牌战略，加快形成一批拥有自主知识产权和核心竞争力的品牌产品和企业。扶持一批品牌培育和运营的专业服务机构，加大品牌培育和市场开拓力度。强化品牌保护，营造有利于企业品牌成长的社会氛围，提升企业品牌营运能力，树立

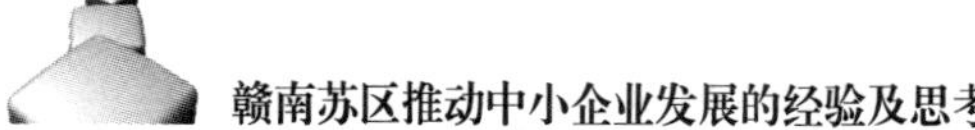

“赣州制造”品牌良好形象。

五、赣州重点主推的工业产业项目

新能源汽车及配套产业：依托新能源汽车产业基地、新能源汽车动力电池产业基地、南方新能源汽车工程研究中心，推动纯电动乘用车、专用车和客车、插电式混合动力汽车等新能源汽车整车生产及动力电池、电机系统、电控系统等新能源汽车关键零部件的生产，加快新能源汽车的推广应用。

新能源汽车科技城建设：以整车带配套、以制造带服务，联动物流、机械加工、电子电器等相关产业，引进和培育一批国内外知名企业和品牌，构建研发、制造、贸易、物流、金融、文化等为一体的全产业链，打造集研发、生产、居住为一体的现代化产业园区。

“稀金谷”建设：以赣州高新区为主承载体，以产业集聚和转型升级为目标，注重科技创新平台和产业集群建设相结合，导入高新技术推动稀土、钨及其他稀有金属产业转型升级，打造稀土稀有金属产业高新技术集聚基地、创新工场和信息金融中心。

稀土新材料及应用产业：发挥中重稀土资源优势，依托有色金属（稀土新材料）产业示范基地、稀有稀土金属循环经济产业基地、稀土高科技产业园等平台，瞄准汝铁硼磁材、发光材料、稀土陶瓷材料领域，大力发展高端稀土功能材料和器件，推动稀土新材料及应用产业向中高端迈进。

钨新材料及应用产业：依托赣州经开区、崇义产业园、大余工业园等平台，鼓励钨资源整合，做大做强章源钨业等龙头企业，开发和生产多种晶型、超高纯、细晶仲钨酸铵，纳米级、超细粒和超粗级钨粉和碳化钨粉，异型钨材，高性能、高精度硬质合金及刀钻具等具有市场竞争力的高附加值产品，巩固全国钨矿及钨冶炼产品最大生产基地和集散地地位，建设国际知名的硬质合金及刀钻具产业基地。

电子信息产业：以章贡区新型电子材料基地、龙南绿色照明产业基地、信丰数字视听产业基地、赣州经开区北斗产业园等为主平台，生产电子信息机电、绿色照明、数字视听和移动通信终端等产品，并向新型电子元器件、电子新材料领域延伸。

家具产业：加快建设南康家具研发中心、产品质量监督检验中心，引进纳米水性漆技术，建设喷涂中心、烘干中心等，推进家具产业向品牌化转型，打造南方最大的家具生产制造基地。

轻纺产业：以于都工业园、宁都工业园为主平台，引进品牌服装、纺织品生产等企业，建设纺织服装原辅材料专业市场、鞋业技术研发中心等，打造国际化综合型服装服饰产业基地。以章贡、南康经开区为主平台，打造造纸及纸制品包装印刷产业集群。

高端装备制造产业：推进高端人才引进与技术研发，实施工业机器人推广应用、精密减速器、高端数控机床整机及滚珠精密丝杠、中汽零部件（赣州）产业基地、北斗产业园等项目，不断提升产业竞争力。

生物制药产业：以章贡经开区、赣州经开区和于都医药健康产业园为主平台，发挥青峰药业、海欣药业等龙头企业的引领带动作用，做大做强中成药、化学原料药及制剂产业，培植发展生物制品、医疗器械、保健品、药用辅料等产业，打造中成药、化学药、生物药及保健品、医疗器械等产业基地。

食品产业：推进特色农产品有机食品生产与加工基地建设，实施脐橙、油茶、白莲、茶叶、南酸枣、刺葡萄、板鸭等系列生态食品加工项目，打造国内重要的特色农产品、有机食品生产与加工基地。

建材产业：建设以瑞金和会昌、于都和兴国，信丰为中心的三个水泥熟料生产基地，扶持上犹玻纤产业集群发展，培育扶持南康区建筑涂料、装饰材料生产企业，打造超百亿元产业集群。

铜铝锡有色金属产业：实施高精铜及铜钯银导线、高精铜板带、铝合金压铸件等项目，重点建设赣州铜材深加工产业集聚区、瑞金电线电缆产业集聚区、会昌锡制品产业集聚区。

氟盐化工产业：重点建设会昌、全南氟盐化工产业基地，鼓励支持中间产品、含氟精细化学品、氟材料发展，引领赣州经开区、瑞金、兴国、宁都等地氟盐化工产业发展，把赣州建成江西乃至全国重要的氟盐化工生产基地。

第五节　第三产业投资经营环境加速改善

——服务类中小企业兴起迅猛

赣州以做大总量、优化结构、提升竞争力为核心，推动生产性服务业与制造业融合发展、生活性服务业与扩大居民消费相互促进。努力把赣州建成赣粤闽湘四省边际的区域性金融中心、物流中心、文化旅游中心、健康养老中心，加速改善中小型服务型企业的投资与经营环境，助推中小型服务企业落地、生根、茁壮发展。力争到2020年，全市服务业增加值超1500亿元，服务业就业人数占全社会就业人数的比重明显提升。

一、生产性服务业发展加快

生产性服务业加快创新发展，实现与先进制造业、现代农业在更高水平上有机融合。重点发展金融、现代物流、电子商务产业，培育发展研发设计、信息技术服务、人力资源服务、节能环保、财务咨询服务等产业。

金融业持续做大。围绕赣州打造全省次金融中心，完善金融机构、中介服务和要素市场体系。规划建设金融商务核心区、金融虚拟产业园和金融后援服务中心，推进赣州综合保税区金融服务区建设，积极引进外地金融机构，支持地方法人金融机构做大做强，组建赣州金融控股公司、金盛源担保集团公司，推动设立地方法人证券公司、寿险公司和基金管理公司，推进赣南金融资产交易中心等平台建设。加快发展多层次资本市场，推动融资渠道多元化，支持企业上市挂牌、发行债券，积极运作好赣南苏区振兴发展产业投资基金，大力引进天使、风投、创投、并购等不同类型的股权投资基金，发展壮大基金业。引导保险资金投资重大基础设施、重点产业、棚户区改造、城镇化建设和养老产业，参与地方金融企业、医疗机构重组改制。规范发展融资租赁、商业保理、股权众筹、第三方支付、民间融资登记服务机构、P2P

网络借贷信息中介机构等新业态。

现代物流业继续走强。积极创建国家现代物流创新发展示范城市、现代物流技术应用和共同配送综合试点城市，推进国家物流服务业标准化项目试点建设。加快综合物流中心、专业物流中心、快递中心、配送中心、甩挂中心、冷链中心、大型物流（仓储）配送中心等项目建设，打造大物流发展格局。引导传统物流企业整合功能，加快向现代物流企业转型升级。支持第三方物流企业与国内外知名物流企业合资、合营、合作，建立战略联盟，培育大型现代化物流企业。着力引进大型物流企业到赣州设立营运中心、转运中心、分拨中心等机构。加快快递入园、下乡、末端服务和智慧邮政建设，推广使用智能包裹柜、快件箱。

电子商务快速发展。扎实推进国家电子商务示范城市创建，放宽电子商务市场主体准入条件，加快建立开放、规范、诚信、安全的电子商务发展环境，促进电子商务与实体、产业、扶贫融合发展。着力打造稀有金属、华南家具、赣南脐橙电子商务交易平台，建设一批国家、省级电子商务示范基地和电子商务产业聚集区，培育一批有全国影响力的电子商务龙头企业。大力发展跨境电子商务，积极争创跨境电子商务综合试验区。深入推进电子商务进农村综合示范试点。推动电子商务与物流快递协同发展，积极申报电子商务与物流快递协同发展试点城市，解决电子商务物流配送"最后一公里"问题。支持中小零售企业与电子商务平台优势互补，加强服务资源整合，促进线上线下交易融合互动。

二、生活性服务业优化发展

服务需求进一步扩大，丰富的服务内容，创新的服务方式，提升服务水平，生活性服务业向规范化、连锁化、便利化、品牌化、特色化方向发展，重点发展文化旅游、健康养老、商贸流通、居民和家庭服务等产业，加快发展体育、住宿餐饮、教育培训等产业，推动生活消费方式由生存型、传统型、物质型向发展型、现代型、服务型转变。

健康养老业大力发展。赣南充分发挥绿色生态、温泉等天然资源优势，

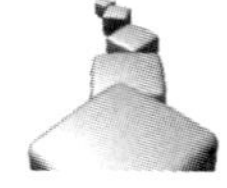

整合利用医疗卫生、交通、文化旅游等条件，加快健康养老与旅游、休闲农业、医疗、健康管理、中医药等产业融合发展，加快发展以养生、养老为主的健康养老产业。适应持续增长的健康和养老服务需求，加快建设一批高端健康养老与休闲旅游相结合的综合产业体，打造国内知名的养生养老示范基地、中部地区健康服务业中心。引导企业创新经营模式和服务业态，开发健康养老服务新项目，培育知名品牌。

商贸流通业继续做优。推进城乡流通网络体系建设，建设一批现代化城市综合体、商贸综合服务中心、特色商业街区，加快形成商贸流通集聚区。大力发展批发零售业，建设一批有地方特色的专业市场、农产品批发市场、集贸市场。创新发展餐饮业，提升发展住宿业，推进连锁经营。大力发展社区商业，引导便利店等业态进社区、进农村，规范和拓展代收费、代收货等便民服务。推动工商、农商、商旅联动，促进传统商贸流通业线上线下互动。积极利用互联网等先进技术改造传统商贸流通企业，推动商贸流通业转型经营、创新经营。

居民和家庭服务业加快发展。健全城乡居民家庭服务体系，推动家庭服务市场多层次、多形式发展，在供给规模和服务质量方面基本满足居民生活性服务需求。积极丰富服务内容和服务项目，加快发展婴幼儿看护、护理、美容美发、洗染、家用电器及其他日用品修理等服务业，规范发展房地产中介、房屋租赁经营、物业管理、搬家保洁、家用车辆保养维修等服务业。支持家庭服务企业拓宽渠道、创新服务模式，创建一批知名家庭服务品牌。建设一批社区、乡村服务网点，打造家庭服务业公共平台，健全服务网络，提升服务质量和水平。

三、积极推进旅游大发展

打造“一核三区”旅游发展格局，建设涵盖章贡区、南康区、赣县的宋城文化旅游核心区，涵盖瑞金、宁都、石城、会昌、于都、兴国的红色旅游区，涵盖上犹、崇义、大余的生态休闲度假区，涵盖安远、龙南、信丰、寻乌、全南、定南的客家文化旅游区，做强红色故都、江南宋城、客家摇篮、绿色家园等旅游品牌，力争旅游总收入突破千亿元，建设全国著名的红色旅游目的地、区域性文化旅游中心城市和东南沿海地区休闲度假后花园。

以中心城区为引爆，以重大项目为引领，积极推进中心城区三江六岸水上旅游观光等重大文化旅游项目建设，打造高品质、强品牌、大流量、有号召力的旅游景点。围绕吃、住、行、游、购、娱等旅游要素，加快旅游基础设施和配套设施建设，打造旅游综合体，建设一批高星级旅游饭店和特色民宿，扩大旅游消费。推进旅游联盟，加强与周边著名景区的旅游合作，促进旅游资源整合，加快形成一批精品景区和精品线路，推动旅游资源由分散开发向整体开放开发转变，促进旅游产业集群发展。推进“旅游+”工程，推动旅游与各业深度融合，打造多元旅游业态，做强做精红色旅游，大力发展休闲度假旅游，丰富拓展观光旅游，提升发展乡村旅游，加快发展养生养老旅游，积极发展自驾车旅游。积极创建国家 AAAAA、AAAA 级旅游景区，国家级、省级旅游度假区和生态旅游示范区。推进瑞金、石城、龙南旅游综合改革试点县建设。加快建设旅游小镇、旅游新村和特色乡村旅游点。加强宣传推介力度，提高旅游知名度和美誉度。

四、服务业发展水平持续提升

实施服务标准体系建设工程，创建国家级服务业标准化示范项目，支持企业加快服务业技术、业态和商业模式创新，向连锁化、网络化、集团化经营转型发展。创新职业教育和培训服务，推动各服务领域的专业化发展。健全质量管理、诚信、监管和监测等服务业质量治理体系，提升服务业质量保障水平。开展服务业品牌培育、认定和保护行动，鼓励服务业企业参与国家品牌价值评价。完善财税政策，创新金融服务，健全土地、价格、知识产权保护等相关政策，建设企业孵化、信息服务、科技研发、服务外包等公共服务平台。着力建设全国服务业发展示范基地。加快培育并发挥省级服务业集聚区和龙头企业的辐射带动作用。开展市级服务业集聚区和龙头企业的认定工作，培育市级集聚区和龙头企业，壮大集聚区规模，提升企业竞争力。引进和培育一批总部企业在赣州市聚集发展，做大做强总部经济，打造总部经济集聚区。

五、赣州重点主推的服务产业工程

新型金融工程：运作好赣南苏区振兴发展产业投资基金，发起设立招商集团赣州产业投资基金、瑞（金）兴（国）于（都）振兴发展专项基金、中国南方稀土集团有限公司南方钨稀土产业投资基金、赣州“互联网+创新创业”基金等项目，把赣州建设成为赣粤闽湘四省边际区域性金融中心。

现代物流创新发展试点城市工程：重点推进物流园区工程、农产品物流工程、城乡物流配送等项目，建成物流园区 52 个、物流配送中心 50 个、物流信息平台 6 个，培育壮大一批辐射范围广、服务能力强的现代物流企业，打造连接东南沿海与中西部地区的区域性物流中心。

电子商务业：建设赣南电商城、金融商务核心区、赣粤现代电商轻纺产业城、跨境电商园、电商创业孵化园等项目，充分利用电子商务改造提升传统企业，实现电商交易额 1500 亿元。

健康养老服务业：建设上犹、崇义、大余、石城、安远、会昌、全南、章贡区等养老基地，努力创建国家级健康养老示范基地。

商贸流通业：建设国家级赣南脐橙批发市场、中农批赣州农产品国际物流园、赣州阊寰冷链农产品交易园等项目，改造或搬迁龙都商城、贸易广场等老旧市场，促进传统商贸流通业线上线下互动、商业模式创新。

居民家庭服务业：实施城乡居民家庭服务项目，推动家庭服务市场多层次、多形式发展。

旅游公共服务提升工程：重点推进旅游景区基础设施和管理服务等软硬件建设，实施赣州城市旅游服务站、石城旅游集散中心等项目，建设一批汽车营地、停车场、旅游厕所等项目。

中心城区文化旅游升级工程：引爆发展中心城区文化旅游业，大力实施三江六岸旅游景观带、赣州古城历史文化街区、和谐钟塔主题公园、赣州方特主题公园、七里古镇、赣县五云祥云湖、章贡区马祖岩等文化旅游项目。

红色旅游工程：打造赣南苏区红色旅游长廊，推进瑞金红色精品景区创建、宁都中央苏区“反围剿”战争纪念园、于都长征体验园、大余南方红军三年游击战争纪念馆、会昌毛泽东诗词博览园、毛泽东寻乌调查纪念馆、毛泽东长冈乡调查纪念馆等项目建设。

旅游景区提升工程：推动赣州通天岩、五龙客家风情园、安远三百山、大余丫山、会昌汉仙岩、上犹陡水湖、宁都翠微峰、崇义阳岭、石城通天寨等创建国家 AAAAA 级景区或国家级旅游度假区。新增石城闽粤通衢等国家 AAAA 级景区 8 个以上。

旅游公路工程：加快中心城区、干线公路、机场等到重点旅游景区的旅游公路建设，建设上犹县黄沙坑至五指峰、会昌县汉仙岩风景区、崇义县上堡梯田、石城县花园至通天寨、大余县灵岩寺至石门口水库等旅游公路。

特色文化旅游工程：客家文化体验园、赣南围屋、九龙山采茶戏、会昌羊角水堡、定南莲塘古城等客家文化旅游项目。赣州峰山、上犹陡水湖、崇义阳岭、大余丫山和梅关、石城通天寨和八卦脑、安远三百山、会昌汉仙岩、龙南九连山、定南九曲河、全南南迳梅园、宁都翠微峰、瑞金罗汉岩、于都罗田岩、赣县湖江夏浒、南康大山脑（百家姓·和谐城）、信丰金盆山、兴国灵山等生态旅游项目。崇义上堡梯田和君子谷、宁都现代农业观光园和小布镇、于都屏山牧场、上犹柏水寨等休闲旅游项目。安远东江源温泉、石城九寨和东华山温泉、寻乌青龙岩温泉、龙南龙秀温泉、会昌汉仙温泉、宁都李村温泉等温泉度假旅游项目。兴国三僚、于都寒信峡等禅宗和堪舆文化旅游项目。

第六章 对口支援加速助推中小企业发展

2012 年 6 月 28 日，《国务院关于支持赣南等原中央苏区振兴发展的若干意见》出台，赣南人民载歌载舞，实现振兴发展成为赣南人民的最大梦想。

2013 年 8 月 30 日，中央决定，由国家发改委、中央组织部牵头，中央宣传部、中央统战部等 52 个中央国家机关及有关单位分别对赣南等原中央苏区 31 个县（市、区）实行为期 8 年的对口支援。其中 39 个中央国家机关及有关单位对口支援赣南苏区 18 个县（市、区）和赣州经济技术开发区。

2016 年，江西省政府又出台了《江西省高等院校及科研机构对口支援赣南等原中央苏区实施方案》，要求南昌大学、江西师范大学等 27 所省内高校和 4 所科研机构对口支援赣南等原中央苏区的县（市、区）及开发区。

这些对口支援方案的出台加速了赣南苏区经济社会环境的快速发展，营造出了更好的企业经营环境，助推了赣南苏区中小企业的蓬勃发展。

第一节 中央国家机关及有关单位对口支援赣南等原中央苏区

中央国家机关及有关单位（以下称支援单位）对口支援赣南等原中央苏区有关县（市、区），是《国务院关于支持赣南等原中央苏区振兴发展的若干意见》（国发〔2012〕21 号）的明确要求，对于充分调动各方面积极性，形成整体合力，共同推动赣南等原中央苏区加快振兴发展，具有重要意义。

一、基本原则

（1）科学谋划，有序实施。支援单位要根据职能特点和受援地发展需要，科学制定对口支援工作方案，明确工作重点，确定分步推进的时间表，确保对口支援工作扎实有序的开展。

（2）统筹兼顾，突出重点。支援单位要按照《若干意见》要求，结合自身优势，着眼受援地长远发展，统筹开展对口支援工作。要坚持把保障和改善民生、提升基本公共服务水平摆在突出位置，全面增强受援地的自我发展能力和可持续发展能力。

（3）创新方式，多措并举。支援单位要在总结以往对口支援工作经验的基础上，创新对口支援方式，通过人才交流、培养培训、技术支持、产业扶持、项目引导等多种形式，着力支持受援地优化发展环境，推动对口支援工作深入开展。

（4）加强协作，形成合力。支援单位和受援地人民政府要加强组织领导，搞好协调配合，完善工作机制，推动对口支援任务全面落实。受援地要大力弘扬苏区精神，自力更生、艰苦奋斗，充分发挥主动性和创造性，推动对口支援工作取得实效。

二、工作目标

到 2020 年，通过支援单位、江西省、相关设区市和受援地的共同努力，使受援地有效解决突出的民生问题和制约发展的薄弱环节，干部人才队伍素质全面提升，基本生产生活条件明显改善，公共文化服务体系切实加强，特色优势产业加快发展，自我发展能力和可持续发展能力显著增强，为实现赣南等原中央苏区与全国同步全面建成小康社会目标提供重要支撑。

三、时间安排和结对关系

（1）时间安排。对口支援工作期限初步确定为 2013~2020 年，2020 年以后根据实施情况另行研究。

（2）支援单位。由发展改革委、中央组织部牵头，中央宣传部、中央统战部、教育部、科技部、工业和信息化部、国家民委、公安部、民政部、司法部、财政部、人力资源社会保障部、国土资源部、环境保护部、住房城乡建设部、交通运输部等共计52个支援单位参加支援。

（3）受援地。江西省赣州市所辖18个县（市、区），以及参照执行对口支援政策的吉安市吉州区、青原区、吉安县、吉水县、新干县、永丰县、泰和县、万安县和抚州市黎川县、南丰县、乐安县、宜黄县、广昌县等13个特殊困难县（区），共计31个县（市、区）。

（4）结对原则。对赣州市18个县（市、区）原则上各安排两个支援单位进行对口支援。对吉安市、抚州市的13个特殊困难县（区）各安排一个支援单位进行对口支援。在具体对口支援安排上，充分考虑支援单位职能优势与受援地的比较优势和发展需要。

（5）结对安排。发展改革委、中央组织部为对口支援工作牵头部门，负责对口支援工作的组织协调和统筹指导，并结合自身职能全面开展对口支援工作，不再安排具体对口支援关系。

四、对口支援的主要任务

（1）加大人才技术支援。组织开展支援单位和受援地干部的双向挂职、两地培训，各支援单位要选派优秀干部到受援地挂职。实施专业人才培养计划，加快培养受援地经济社会发展急需的技能型人才。鼓励高层次人才投资创业，支持引进领军型人才，帮助建设高素质企业家队伍。加强技术指导，推动科研机构、高等院校开展多种形式的交流和科研合作，引导鼓励科技型企业到受援地发展。

（2）加强业务指导与支持。各支援单位要结合自身职能，紧紧围绕受援地经济社会发展需求，加强业务指导，在政策实施、项目安排、资金投入、体制创新等方面给予积极支持，帮助受援地加快振兴发展。

（3）帮助解决发展难题。各支援单位要加强与受援地的沟通，全面了解受援地经济社会发展特别是民生方面面临的突出困难和问题，充分发挥部门

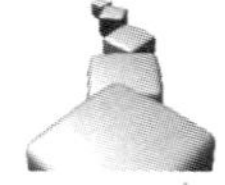

优势，积极协调和有效调动社会各方面力量，整合各种资源，加大对受援地的支持力度，合力破解制约受援地经济社会发展的重大难题。

（4）支持中央企业开展帮扶活动。支持中央企业在赣州发展，开展帮扶活动。鼓励中央企业自主与赣州市有关县（市、区）形成帮扶关系，通过参与地方资源开发、产业发展和重大项目建设，实现互利双赢、共同发展。中央企业帮扶工作由国资委具体负责。

第二节　江西省高等院校及科研机构对口支援赣南等原中央苏区

省内高等院校及科研机构对口支援赣南等原中央苏区是省赣南等原中央苏区振兴发展工作领导小组第五次会议和《江西省赣南等原中央苏区振兴发展 2016 年工作要点》的明确要求，对于充分调动各方面积极性，形成整体合力，共同推动赣南等原中央苏区加快振兴发展，具有重要意义。为推进对口支援工作有序开展，制定以下几点工作原则。

一、基本原则

（1）统筹兼顾，突出重点。各支援单位要结合自身优势，着眼受援地长远发展，统筹开展对口支援工作。要坚持把创新驱动和人才技术支援摆在突出位置，全面增强受援地的自我发展能力和可持续发展能力。

（2）科学规划，有序推进。支援单位要会同受援地人民政府，根据本单位学科特点、人才优势和受援地发展需要，科学制定对口支援总体规划、工作方案、年度计划，明确目标步骤、工作重点和保障措施等，确保对口支援工作扎实有序的开展。

（3）加强协作，形成合力。支援单位和受援地人民政府要加强组织领导，密切配合，建立工作机制。定期对接、互通信息、共享资源，共同推动对口支援任务全面落实。

二、工作目标

到2020年，通过支援单位和受援地的共同努力，受援地经济社会发展跃上新台阶，扶贫攻坚任务顺利完成，特色优势产业集群进一步壮大，自我发展能力和科技创新能力明显增强，对口支援成为赣南等原中央苏区与全国同步实现全面建设小康社会目标的重要支撑。

三、时间和结对安排

（1）时间安排。对口支援工作期限初步确定为2016~2020年，2020年以后根据实施情况另行研究。

（2）支援单位。江西省赣南等原中央苏区振兴发展工作办公室、省教育厅牵头，南昌大学、江西师范大学、江西农业大学、江西财经大学、华东交通大学、东华理工大学、江西理工大学、南昌航空大学、井冈山大学、江西科技师范大学、江西中医药大学、景德镇陶瓷大学、赣南师范大学、赣南医学院、宜春学院、上饶师范学院、九江学院、南昌工程学院、江西科技学院、南昌理工学院、江西警察学院、新余学院、江西服装学院、南昌工学院、南昌师范学院、萍乡学院、景德镇学院、江西省科学院、江西省社科院、江西省农科院、江西省林科院，共计33个支援单位。

（3）受援地。江西省赣州市所辖全部县（市、区），吉安市吉州区、青原区、吉安县、吉水县、新干县、永丰县、泰和县、万安县和抚州市黎川县、南丰县、乐安县、宜黄县、广昌县等31个县（市、区），赣州经济技术开发区、龙南经济技术开发区、瑞金经济技术开发区、井冈山经济技术开发区4个国家级经济技术开发区，赣州高新技术产业开发区、吉安高新技术产业园区、抚州高新技术产业园区3个国家级高新技术产业开发区和赣州综合保税区，共计39个受援地。

（4）结对原则。南昌大学、江西师范大学、江西农业大学、江西财经大学、华东交通大学、江西理工大学、南昌航空大学、井冈山大学等8所高校对

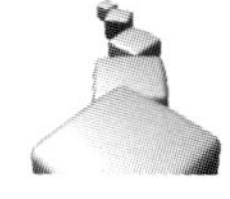

口支援两个受援地，其他支援单位对口支援一个受援地。在具体对口支援安排上，突出精准服务，充分考虑支援单位职能优势与受援地的比较优势和发展需要。

（5）结对安排。省赣南等原中央苏区振兴发展工作办公室、省教育厅为对口支援工作牵头部门，负责对口支援工作的组织协调和统筹指导，并结合自身职能全面开展对口支援工作，不再安排具体对口支援关系。其他支援单位的结对安排具体如下：

（1）赣州市 18 个县（市、区）。

江西中医药大学——章贡区

南昌大学——瑞金市

江西财经大学——南康区

九江学院——赣县

江西农业大学——信丰县

江西农业大学——大余县

南昌理工学院——上犹县

赣南师范大学——崇义县

江西师范大学——安远县

华东交通大学——龙南县

新余学院——定南县

江西省林科院——石城县

江西警察学院——宁都县

江西省科学院——于都县

江西理工大学——兴国县

赣南医学院——会昌县

南昌工程学院——寻乌县

南昌工学院——全南县

（2）吉安市 8 个特殊困难县（市、区）。

景德镇陶瓷大学——吉州区

井冈山大学——青原区

江西省社科院——吉安县

南昌航空大学——吉水县

萍乡学院——新干县

景德镇学院——永丰县

宜春学院——泰和县

江西省农科院——万安县

（3）抚州市 5 个特殊困难县（市、区）。

江西师范大学——黎川县

上饶师范学院——南丰县

江西服装学院——乐安县

江西科技学院——宜黄县

东华理工大学——广昌县

（4）4 个国家级经济技术开发区、3 个国家级高新技术产业园区和 1 个综合保税区。

江西理工大学——赣州经济技术开发区

华东交通大学——龙南经济技术开发区

南昌大学——瑞金经济技术开发区

井冈山大学——井冈山经济技术开发区

南昌师范学院——赣州高新技术产业开发区

江西财经大学——吉安高新技术产业开发区

南昌航空大学——抚州高新技术产业开发区

江西科技师范大学——赣州综合保税区

四、主要任务

（1）加大人才技术支援。各支援单位要发挥人才汇集、知识技术密集、信息资源丰富的优势，围绕受援地的长远发展，积极出思路、提点子、强服务，无须出资金、给项目。要积极组织开展支援单位和受援地干部的交流培训，为受援地培养经济社会发展急需的各类人才，引导受援地干部群众树立五大发展理念，更好地认识适应引领经济发展新常态。带头贯彻落实建设创新型省份的各项任务，充分发挥学术带头人、学科带头人等技术骨干的引领作用，帮助受援地推进大众创业、万众创新活动，帮助受援地构建创新创业的平台，推动双方开展多种形式的科研合作，力争建设技术研究中心、重点实验室、实训基地及博士后工作站等各类创新科研平台，探索科技成果转化的快捷通道，创建产学研合作示范区，更好地支撑国家创新驱动发展战略。

（2）发挥智库作用。各支援单位要加强与受援地的沟通对接，全面了解受援地经济社会发展面临的困难和问题，利用高校、科研院所的人才优势，发挥智库作用，为受援地发展把脉问诊，理清思路，寻找破解难题的对策。支援单位要在脱贫攻坚、产业发展、基础设施、重点平台建设及改革创新试点等事关苏区振兴发展的重大事项中主动作为，指导受援地规划好、推进好，并提出可操作性和有针对性的意见建议。尤其是针对供给侧结构性改革，帮助受援地每年选择 1~2 项重大课题，和受援地一起研究，既做好顶层设计，又策划具体举措，为推动当地经济社会发展做出努力。

（3）推进共赢发展。支援单位要把融入受援地经济社会发展作为人才培养的实训场、科技创新的研发地、科技成果转化的推广地、转型发展的突破口，与受援地共建高层次人才培养实践基地、共搭科技创新研发平台、共享产学研合作成果，实现优势互补、互利互惠、共同发展。受援地要把高校科研机构对口支援作为加快振兴发展的重要机遇和宝贵资源，感恩奋进，抢抓机遇，主动作为，全力配合做好对口支援工作，加快苏区振兴发展。通过双方的共同努力，对口支援成为搭建经验分享、资源整合的平台。

第三节　中央国家各部委对口支援赣南苏区县的主要成效

2012 年 6 月 28 日，《国务院关于支持赣南等原中央苏区振兴发展的若干意见》出台后，国务院及国务院办公厅先后下发9个配套文件，明确了部际联席会议制度、中央国家机关及有关单位对口支援等重大事项。国家发改委等部委出台了具体实施意见或支援政策。2013年8月22日，国务院办公厅下发《关于印发中央国家机关及有关单位对口支援赣南等原中央苏区实施方案的通知》明确了39个中央国家机关及有关单位对口支援赣州18个县（市、区）。

国家部委39个对口支援单位高度重视，全部派出调研组到赣州开展对口支援专题调研，其中，原国土资源部党组书记、部长姜大明，国家烟草专卖局党组书记、局长凌成兴，国家审计署审计长刘家义，国家统计局局长马建堂，交通运输部党组书记、部长杨传堂，原国家粮食局党组书记、局长任正晓亲自带队；中宣部、国台办、海关总署、国务院扶贫办、原国家安全生产监督管理总局、国家能源局、全国供销总社、司法部、原国务院法制办、原国家新闻出版广电总局、商务部由分管领导带队。调研组通过走访群众、现场调研、召开座谈会等形式，实地了解赣州市及受援县（市、区）经济社会发展情况和需要帮扶的问题，出台了一系列有针对性的具体对口支援工作方案或实施意见。

对口支援单位结合赣州和各受援县（市、区）实际，充分发挥职能优势，突出从政策倾斜、项目扶持、资金支持、人才保障等方面支持赣南苏区振兴发展，着力打造赣南苏区的自我造血功能，营造良好的商业、人文、地理环境，为中小企业的发展奠定了强大的动力。

一、政策支持方面主要成效

中宣部：把寻乌县作为联系基层的重要基地、群众路线教育的实践点和推进基层宣传文化建设的一个窗口，建设成为国家公共文化服务体系示范点；把寻乌县确定为人民日报和中央电视台联系点。

工业和信息化部：将章贡区列入全国首批信息消费试点城市。

民政部：再次提高了城乡低保保障标准，城市低保保障线由2013年每人每月400元提高到430元；农村低保保障线由2013年每人每月200元提高到220元。

原国家卫生和计划生育委员会：新增于都县为预防艾滋病、梅毒、乙肝

母婴传播项目县、贫困地区儿童营养改善项目县。

商务部：协调帮助全南县三扬电子有限公司成为省商务厅批准的江西省第一家享受西部大开发税收政策的外资企业。

原中国保监会：支持保险公司在赣州设立分支机构，目前平安保险将在定南设立分支机构，并有望在年内开业。

中国证监会：已批准两家证券公司在南康设立分支机构，并将南康作为证监会的革命传统教育联系点。

原国家食品药品监督管理总局：同意将龙南区域性食品药品检验检测中心项目纳入国家首批县级食品安全检验检测资源整合首批试点单位，并给予相应的专项资金，省食药监局同意龙南区域性食品药品检验检测中心作为国家首批食品检验资源整合试点项目。

原国家新闻出版广电总局：将赣州“户户通”工程列入享受西部政策补助范畴，累计下拨 32 万套“双模卫星接收设备”，总价值 1.28 亿元，其中下拨大余县共 8855 套，中央电视台无偿向大余县捐赠价值 601 万元的采编播设备。

全国供销合作总社：出台了《关于支持江西省安远县脐橙营销工作的通知》，省供销合作社把安远县列为供销合作社综合改革试点县。

教育部：2014 年新增上犹县为学前教育巡回支教试点县，在上犹县设立了学前教育巡回支教试点 50 个，计划招募志愿者 160 人。

原国土资源部：支持赣县依法规范开展农村集体建设用地使用权流转和土地利用总体规划评估调整工作，以及稀土废弃矿山地质环境恢复治理示范工程项目建设等。

原国家粮食局：支持赣州加快现代粮食流通产业发展，支持“赣州粮食城”建设成为大型区域性、专业性粮食批发市场。

科技部：支持赣州高新区升级，支持赣县建设国家可持续发展实验区、国家农业科技园区。

国家开发银行：将采取“省带县”“市带县”模式或运用县级融资平台给予全南县项目融资支持，对全南县执行国家开发银行对西部地区的政府动态债务率、贷款期限和宽限期、贷款利率等各项优惠政策。

司法部：将协调有关省份法律援助机构与石城县开展结对帮扶，在业务交流、夯实基层基础、人才队伍培训等方面给予支持。

财政部：将在资金、政策等方面给予瑞金市支持，对已列入国家相关规划、有资金渠道的项目，协调有关方面加快推进实施。

原中国银监会：将在监管政策框架内给予赣州（瑞金）更多金融改革创新支持，支持赣州银行业发展，推动区域经济建设。

原国务院法制办：表示将优先支持、推动赣州获批“较大的市”。

二、资金方面扶持主要成效

国家烟草专卖局：明确追加补贴赣州卷烟厂技改投入资金 5 亿元，每年投入 2 亿元资金用于支持赣南苏区新农村建设，每年安排专项资金 1 亿元对口支援兴国县新农村建设。

交通运输部：已明确 2014~2015 年每年预留资金 2 亿元用于对口支援支持安远县交通建设，并且省交通运输厅也通过国省道路面大修支持安远县交通，支持项目资金达 4200 万元。

国家能源局：批复农村电网改造升级 35 千伏以下工程和 110 千伏花园输变电工程，并分别给予上级补助到位资金 3000 万元和 4201 万元；协调橙乡文化新城污水管网建设项目获省发改委批复，争取上级补助到位资金 1000 万元。

原环保部：明确支持崇义县农村环境集中连片整治项目；明确支持崇义县重金属污染综合防治项目，安排中国环境科学研究院指导编制和评审项目；协调财政部提高崇义县重点生态功能县转移支付。

原农业部：新增信丰县脐橙脱毒苗木繁育场建设项目资金、农村集中供气沼气输配管网建设工程项目资金，并已下拨 5000 万元专款支持赣州市柑橘黄龙病疫情普查及防治。

中国民航局：给予赣州机场经营亏损补贴资金 1208 万元已下拨到位。

教育部：将加大对上犹县普通高中改造计划项目的支持力度，改善办学

条件，提升办学水平。

国务院扶贫办：协调中国扶贫基金会支持学校校舍建设资金 90 万元、江西省老促会支持学校校舍改造资金 70 万元和贫困大学生助学金 30 万元，省扶贫和移民办定点帮扶资金 100 万元。

审计署：给予会昌县审计局 115 万元扶持资金。

原国家质检总局：支持会昌县质监系统能力建设资金 50 万元。

公安部：已支援章贡公安分局工作经费 30 万元、价值 100 万元的快艇 3 艘和价值 80 万元的其他装备。

国家统计局：捐助寻乌县统计业务经费 100 万元和 50 台（套）计算机等设备，用于支持寻乌县统计业务能力建设。

国家粮食局：支持于都县“危仓老库”修复，重点支持于都县“粮安工程”建设，其中，省下达第一批 159 万元资金已到位。

司法部：拨付 20 万元对口支援专项资金，用于石城县开展法制宣传工作，联系法律出版社向石城司法行政赠送 26 台计算机和 20 万元的普法书籍，协调全国律协支持石城县律师人才培养和律师业发展经费 10 万元，协调中国公协支持石城县公证处建设独立业务场所和公证法律服务窗口经费 20 万元等。

原人力资源和社会保障部：继续加大对宁都县就业专项资金的转移支付力度。

三、人才支持方面主要成效

中组部：同意扶持赣州设立海外高层人才创新创业基地，出台《关于选派干部到西部地区、老工业基地和革命老区挂职锻炼的通知》，选派 2 名司局级干部到赣州市、37 名处级干部到赣州市 18 个县（市、区）挂职锻炼两年。挂职干部迅速转变工作角色，充分协调各方资源，广泛深入人民群众，在推进对口支援工作中发挥着重要作用。

原人力资源和社会保障部：安排宁都县 2 名年轻党政干部参加由人社部举办的第七期青年干部培训班；同意全国专业技术人才知识更新工程每年近 200 期高级研修班全部向赣南苏区专业技术人员开放，同时将宁都县纳入了海外赤子为国服务行动年度计划，支持建设宁都高级技工学校、创业孵化基地、基层就业和社会保障服务平台、大学生和返乡农民工创业园等。

国家统计局：安排了寻乌县4名同志、赣州市及其他县（市、区）16名同志参加西安举办的第一期国家统计局业务培训班。

原国家新闻出版广电总局：在南昌举办了江西省赣南市县广播电视台播音主持业务培训班。

原国家卫生和计划生育委员会：专门从西部人才培养计划中划拨13个名额，由于都县人民医院选派13名技术骨干到中南大学附属湘雅医院免费进修培训半年。

四、项目建设方面主要成效

交通运输部：支持昌吉赣铁路客运专线建设，已经召开开工可研报告评审会，将于2014年开工建设；将加快鹰瑞梅铁路、赣州至井冈山铁路前期工作，尽快立项批复，尽早开工建设，支持赣深客专、蒙西至华中煤运通道延伸至泉州铁路、赣韶铁路复线建设项目纳入规划，推进安远县域内国省道项目改造升级，支持安远县农村公路升级改造，初步拟定《交通运输部对口支援安远县交通项目实施一览表（2014-2015年）》，涉及重点项目总计23个，公路改造里程327.2千米，桥梁31座，总投资13.2亿元。

国家烟草专卖局：支持兴国民生事业发展，启动实施了红军子弟学校、埠头乡枫林村铭恩新村公办幼儿园、平川中学等基础设施建设；2013年启动实施了56个和谐秀美新农村建设点建设，重点打造了高兴山塘金叶新村、埠头枫林铭恩新村、长冈乡长冈村等精品示范点；2014年扎实推进了埠头乡枫林田庄上统筹城乡示范点等61个金叶新村点建设。

民政部：明确每年扶持兴国县建设50个农村幸福院，支持兴国县乡镇敬老院改造升级，帮助该县在2015年全面完成25所乡镇敬老院改（扩）建，投资1.1亿元的民政项目园。

原国土资源部：支持赣县1∶50000比例尺土壤质量农业地质调查示范工作；石芫乡等2个地质灾害治理项目。

中国民航局：支持赣州黄金机场改造扩建。

原国家能源局：协调大广高速信丰北互通工程已获批复建设；协调工矿废弃地复垦利用试点项目争取城镇建新指标 1800 亩，成为全省六个试点县（市）之一；协调有关部委将信丰县列为国家级外贸转型专业型示范基地主体县、现代物流技术应用和共同配送综合试点重点县、全国依托党员干部现代远程教育网络开展农村商务信息服务试点县。

科技部：2013 年安排了科技惠民项目资金 940 万元支持“赣县重金属污染区生态园林工程示范”项目；2014 年组织开展了“科技列车赣南行”，在 9 个县（市、区）举办了近 200 场活动。

国家开发银行：分别为全南县助学贷款项目、污水处理厂建设项目、棚户区改造项目和农村危旧土坯房改造贷款项目给予了融资支持，总融资额度达 3.77 亿元。

国台办：援建预算 400 万元的标准化示范小学项目。

商务部：对全南县城区农贸市场升级改造、生猪定点屠宰企业污水处理等标准化改造等项目进行扶持。

原国家安全生产监督管理总局：支持五里山尾矿库综合利用项目，2014 年 6 月底完成尾矿库隐患治理；支持大余县职业危害防治工程项目，2014 年 4 月 1 日，赣州市卫生局批准江西西华山钨业有限公司医院增挂“赣南职业病防治医院”为第二名称。

水利部：将推进国家水土保持重点建设工程老区项目建设，综合治理水土流失面积 270 平方千米，投资 6500 万元的永宁水利枢纽工程项目。

国家体育总局：2013 年安排中央专项彩票公益金 1070 万元支持崇义县农民体育健身工程和游泳馆项目。

海关总署：支持赣州设立综合保税区，支持赣州市建设“三南”加工贸易梯度转移重点承接地，支持赣州市口岸建设。

国务院国资委：协调引进北斗产业园、韶钢赣州产业基地、韶钢多元化产业总部及区域总部、中油济柴新能源发电机组集成、招商证券投资基金等央企项目 5 个，其中北斗产业园项目投资 110 亿元。

原农业部：支持信丰县建设脐橙良种繁育场项目已经通过国家和省级评审；信丰县大塘埠大型沼气工程集中供气项目可行性研究报告已经江西省发改委批复；南方农业、绿萌农业、裕和农业3家农产品批发企业以及大塘埠镇农贸市场已列入“江西省农产品现代物流综合试点项目”，龙津实业已列入“江西省西果东送农产品现代物流综合试点项目”。

全国供销合作总社：支持安远县脐橙、烟叶、生猪、食用菌等优势特色农产品产业发展。

原国家食品药品监督管理总局：支持龙南区域食品药品检验中心建设。

五、先行先试方面主要成效

工业和信息化部：支持将章贡区（含赣州开发区）列入稀土开发利用综合试点范围，协调推进新能源汽车在章贡区（含赣州开发区）开展试点，支持章贡区（含赣州开发区）开展国家信息消费试点。

民政部：支持兴国县在城乡低保资金的捆绑使用、低保对象的扩面，因病、因残、因灾、因祸返贫实施临时救助上先行先试。在打造“12349社区服务中心”试点上，支持兴国县建立了12349平台。

原国土资源部：支持赣州市在扶贫开发、城镇化建设等方面的改革试点。

环保部：支持东江源列为国家生态补偿试点。

国务院国资委、公安部：支持赣州在产业发展、公安工作、军民结合产业、国有企业改革等方面开展先行先试。

国务院扶贫办：支持石城县纳入实施中央彩票公益金项目、“雨露计划”和贫困村村级互助资金改革试点范围，支持石城县创建国家、省级休闲农业和乡村旅游示范县，依托赣州“瑞兴于”试验区建设，建立“瑞金—石城”扶贫攻坚经济示范带。

国家统计局：将江西省列为国家固定资产投资统计改革试点省，配备专项经费，并视具体情况在赣州市和寻乌县安排一些先行先试改革项目。

原国家卫生和计划生育委员会：表示先行先试政策项目给予于都县优先支持，2014年4月1日，国务院医改办已将于都县确定为全国县级公立医院综合改革第二批试点县。

教育部：支持赣州建立教育改革发展试验区，在上犹县先行先试，中国教科院为教育发展提供相应的专业支持，探索欠发达地区教育跨越式发展的路径和模式。

国家统计局：支持赣州市县两级在统计方法制度改革方面先行先试。

原中国保监会：支持与县域保险市场的特点优势和资源禀赋结合紧密、对全国县域保险具有重大示范带动作用的保险改革创新项目在定南先行先试，并积极落实所需的相关监管政策。

中国证监会：支持赣州开展地方金融组织体系、中小企业金融服务等方面改革创新试点。

国家开发银行：将在全南县开展创新金融产品和融资模式试点。

原国家食品药品监督管理总局：支持龙南县开展县级药品检验资源整合试点。

第四节　案例：优化人才环境

——宁都高级技工学校助力赣南中小企业发展

在国家人力资源和社会保障部出台的《关于对口支援江西省宁都县人力资源和社会保障事业发展的指导意见》中，部署了建设宁都高级技工学校、创业孵化基地、基层就业和社会保障服务平台、大学生和返乡农民工创业园等33个项目。众所周知，企业发展人才是关键，尤其是中小企业的发展，需求最多的不是大学生这类知识型人才，而是需要大量高级技术型人才，人才聚集的地方对企业来说才最有吸引力，这才是改善中小企业经营环境的重中之重。

宁都高级技工学校是国家人力资源和社会保障部贯彻落实国务院《关于支持赣南等原中央苏区振兴发展的若干意见》文件精神，对口帮扶宁都县重点建设的一所培养高技能人才的学校。学校于2014年4月经赣州市人力资源和社会保障局批复设立，由宁都县人民政府举办，隶属于宁都县人力资源和社会保障局管理。2016年9月正式启动学制教育办学。2016年12月，被江西省人社厅列为省级高技能人才培训示范基地。

学校建设选址于县城永宁新城（工业园新区），紧临梅江河，距高速公路出口不足3千米，环境优美、交通便利。规划占地面积331.5亩，总建筑面积14万平方米，概算总投资7亿元（含校园周边道路建设）。建设内容包括教学实训楼3幢5.8万平方米、综合楼（行政办公及图书馆）1幢1.85万平方米、学生公寓3幢3.11万平方米、教师公寓1幢1.07万平方米、交流中心1幢0.75万平方米、体育馆1幢0.5万平方米、礼堂1幢0.24万平方米、食堂2幢0.67万平方米，还有后勤及其他附属用房等，规划有标准运动场等体育设施，可容纳学制教育学生5000人以上，短期技能培训量可达2000人次以上。学校分两期建设，一期工程于2016年4月开工建设。一期工程主体建筑已封顶，正在内部装修，2017年8月交付使用。学校开设专业有电子商务、计算机应用与维修、服装设计与制作和酒店（饭店）服务，计算机程序设计、烹饪、焊接、汽车维修、数控加工、模具制造、电气自动化设备安装与维修、现代物流、美容美发与造型、会计、幼儿教育等专业，采取校企合作、订单式培养模式，全力打造辐射赣东南区域的高技能人才培养中心，助力赣南中小企业发展。

学校为发挥好技工学校在技能教育方面的优势，主动招收优质生源，积极运作争取校企合作，针对市场环境需求设置专业技能科目增强学生竞争力。主要措施如下。

一、结合扶贫走访，扩大宣传动员

2018年中考结束后，由县精准办牵头，组织全县帮扶干部上户宣传政策。对考试成绩不理想的学生家庭进行重点宣讲，对宁都技工学校的办学优势、免学费和助学金政策，以及技工学校的就读条件、政策支持、毕业后就业前景进行宣传。2017年技工学校招收学制教育学生876人，2018年招收学制教育学生 1130 人，增加 254 人，目前共有学制教育在校生 2006 人（其中建档立卡贫困学生 624 人）。

二、利用优势资源，提供政策支持

一是就读技工学校全日制的在校生中所有农村（含县镇）学生，享受国家减免三年学费政策；二是就读技工学校的在校学生所有罗霄山片区的农村学生、城镇户口部分学生（按城镇户口在校生的 15%确定名额）享受国家助学金每年 2000 元补助；三是就读技工学校的学生家庭是“建档立卡”贫困户，可申请“雨露计划”教育资金每年补助 3000 元（随政策变化而增减，一年级、二年级享受）；四是就读技工学校的“建档立卡”户、低保户、孤儿还可享受江西省慈善总会“刨穷根”项目每年 5100 元补助（一年级、二年级享受）。

三、鼓励校企合作，实施订单培养

技工学校先后与江苏京东集团有限公司、东风汽车集团、广东骏亚电子科技股份有限公司、中航空港集团、上海永琪集团等 8 家企业签订校企合作协议，对学制教育的建档立卡贫困户学生实施专业订单培养。企业先后在学校设立了京东电商班、东风汽修班、骏亚科技班、航空乘务班、永琪美容美发班等订单班，让贫困学生接受企业和学校的共同培养，确保所有订单班贫困学生可以 100%无忧就业。同时骏亚公司等企业还在校设立每年每生 2000 元的助学金用于帮扶订单班中建档立卡的贫困学生，并承诺所有订单班贫困学生就业后月薪可达 4000~6000 元，享受五险一金，力争让学生实现高薪就业。

四、探索培养模式，迎合市场需求

学校为努力迎合市场对高级技术型人才技能需求的市场性变化，做到所学技术不脱离市场，为更好地适应、服务于市场原则，学校采取边学边实践的培养模式。例如，一对电商专业学生参加“宁都供销 E 家”专业实训室及“匠食府”网上销售等活动。二是强调短期社会实训。学校努力整合人社、民政、扶贫、农林水等十几个部门的实训资源，按照“群众下单、学校上菜、政府买单”的模式，开展电子商务、烹饪、家政服务、养老护理等一系列操作实用性强的短期社会实训。三是与县内外企业签订订单培养协议，定期前往订单企业参加实训课程，确保所有学生可全部优质就业，薪资可达5000元以上。

第五节　案例：拓展市场环境

——龙南保税物流中心助推中小企业发展

保税物流中心是指封闭的海关监管区域并且具备口岸功能，分A型和B型两种。A型保税物流中心，是指经海关批准，由中国境内企业法人经营、专门从事保税仓储物流业务的海关监管场所；B型保税物流中心，是指经海关批准，由中国境内一家企业法人经营，多家企业进入并从事保税仓储物流业务的海关集中监管场所。截至2018年10月，国家海关总署共批复58家保税物流中心。

国家海关总署重点对口支援项目——龙南保税物流中心（B型）项目（见图6.1），选址位于龙南经济技术开发区赣州电子信息产业科技城，规划面积154亩，建设内容为综合办公大楼、海关查验平台、监管仓库、保税仓库、堆场仓储区、隔离围网、智能卡口、视频监控系统等满足保税物流监管、仓储、配送配套设施，总建筑面积22092平方米，其中保税、监管仓库14385平方米，办公楼7510平方米，建有堆场仓储区37000平方米。项目总投资约为1.5亿元人民币。

该项目于2016年10月26日获得国家海关总署、财政部、国家税务总局、国家外汇管理局批准设立，于2016年12月28日正式动工建设。在不到一年的时间内，该项目完成了围网内所有土建工程及海关智能信息系统设备的安装、调试，取得了工程竣工验收、消防验收等相关合格证，并于2017年12月22日

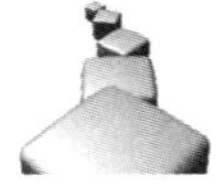

通过了南昌海关、财政部驻江西省财政监察专员办事处、江西省国家税务局、国家外汇管理局江西省分局等四部门的验收。龙南保税物流中心是江西省目前唯一一家保税物流中心（B型），在建设及验收准备工作中得到了海关和省、市、县各级领导的大力支持及悉心指导，按时建成并顺利通过了验收。

图 6.1　龙南保税物流中心（杨鑫拍摄）

走进龙南保税物流中心（B型），综合办公大楼、海关查验平台、保税仓库、堆场仓储区、隔离围网、智能卡口、视频监控系统等一应俱全。借助这些设施，中心能实现保税仓储、物流配送、简单加工和增值服务、口岸、物流信息处理、咨询服务等多重功能。运营后，中心将为龙南县乃至赣州南部6县外向型经济发展提供重要的服务平台，为该县及周边外贸进出口企业提供保税仓储、口岸物流服务，有效降低外向型企业的物流成本；就近解决进出口货物进入中心退税、保税问题，解决加工贸易企业深加工结转和结转货物问题；企业货物能实现公海“一日游”，促进中小型跨境电子商务的蓬勃发展。同时，中心还将为赣州电子信息产业科技城以及整个电子信息产业带提供进出口电子元器件的快速配送等配套服务，助推龙南电子信息产业环境的巨变，极大地降低了企业的经营成本，促进了龙南区县及周边的开放型经济发展，拓展了企业的经营环境，改善了中小型外贸企业的经营环境。

第六节　案例：改善宜居环境

——兴国新农村建设吸引中小企业聚集

国家烟草专卖局重点对口支援兴国的民生事业发展，每年安排专项资金1亿元对口支援兴国县新农村建设。支持兴国和谐秀美乡村建设，帮助农民进行土坯房改造、饮水安全工程、基础设施、特色产业、扶贫搬迁等项目；支持兴国民生社会事业发展，支持兴国红军子弟学校建设、农村中小学校舍、乡镇卫生院和敬老院等民生项目建设，帮助加快教育、卫生、养老等民生社会事业发展。

一、兴国县子弟小学

兴国县红军子弟小学是推进赣南苏区振兴发展以来，在国家烟草专卖局大力支持下的一项重大民生项目。兴国县红军子弟小学优化了兴国县城区小学网点布局，可以有效缓解班额过大的问题，将方便附近孩子上学和进城务工人员子女上学，让兴国学子接受更好的义务教育。

项目选址在县城北区，校园占地面积约60余亩，规划新建校舍面积2万平方米，总投资7000万元，位于兴国县潋江镇平川北大道（县委党委后面），建有3栋教学楼、1栋办公综合楼、1栋学生宿舍、1栋食堂和塑胶运动场、室内篮球场等。学校设计风格现代，功能齐全，环境优美，是兴国县一次性投入最大的一所县直完全小学。学校可开设教学班60个，容纳学生3000人。

兴国县红军子弟小学的建成，是宜居环境改善的一项重要标志，为更多农民工子弟解决了后顾之忧，为中小企业的繁荣奠定了扎实的基础。

二、兴国县夕阳红老年公寓

随着老年化社会的到来，养老问题成为了一个极其复杂的社会问题。不少年轻人忙于生计，无法照顾父母，父母成为了“空巢老人”。习近平总书记在中共十九大报告中指出：“积极应对人口老龄化，构建养老、孝老、敬老政策体系和社会环境，推进医养结合，加快老龄事业和产业发展。”

近年来，兴国县围绕打好现代服务业攻坚战，积极探索推进“医养结合”新型养老服务模式，已形成“医+养+康”理念贯穿于养老服务全过程，推动公建民营、医养结合养老机构的发展，实现医疗、养老和康复保健合三为一，打通了健康养老的“最后一公里”。为此，兴国县还被选为医养结合推进会现场观摩点，被评为全国医养结合示范县。

如图 6.2 所示，兴国县夕阳红老年公寓为国家烟草专卖局支援项目，公寓坐落在兴国县高兴镇山塘村大窝组（社会福利中心）院内，占地面积 21248.79 平方米，建筑面积 23575 平方米，总床位 629 张。其院内设有兴国谐和医院，建筑面积为 7585 平方米，设计房间卧房 68 间，共有床位 114 张（设为特护型）。由具有专业医养服务经验的养老机构负责运营，目前能容纳近千位老人入住。公寓采用“公建民营、养中设医”的运营理念和服务模式，

图 6.2　兴国县夕阳红老年公寓（杨鑫拍摄）

在老年公寓内设立了一家综合医院——谐和医院，为老人提供专业护理、疾病护理、生活护理、健康评估、安全护理、康复训练、健康管理、日常健康监测、营养支持及文化娱乐等服务。为提升医能医技，谐和医院与县第二医院（二级甲等综合医院）签订了老年医疗保健合作协议，依托县第二医院强大的医疗、保健、康复平台，服务公寓老人并为周边群众提供医疗服务。通过完善的医疗功能，让入住老人小病不出院可治疗、大病能及时转院治疗。

同时，兴国县夕阳红老年公寓在积极探索推进“医养结合”新型养老服务模式的过程中，重视老年人的心理健康生活，每月都会开展集体生日会。在医养中心还设有阅览室、棋牌室、排练厅、健身房、书画室、活动室、手工艺制作室等娱乐设施，同时设有多功能会议厅，理发室、超市及营养食堂等生活配套设施。平日里，不间断地安排老人进行活动。定期组织托养老人在夕阳红老年公寓书画室绘画。

目前，兴国县逐步建立起医养结合的新型健康养老服务模式，建成医养结合机构3所，其中，民办公助1所、公建民营2所，总床位1241张，其中，养老床位892张、医疗护理型床位349张，医疗护理型床位占养老机构总床位的28%。

三、兴国潋江国家湿地公园

潋江国家湿地公园位于江西兴国县境内，项目总投资约2.6亿元，主要包括平江、潋水、濊水的部分流域及长冈水库，总面积为53655亩，其中湿地面积为35437亩，湿地率为66.05%，涵盖潋江镇、长冈乡、鼎龙乡、东村乡、园岭林场、长冈水库、经济开发区、江背镇、埠头乡的30多个行政村。其中，湿地公园以潋江、濊水、长冈水库为骨架，以中亚热带南缘独具特色的集河流、沼泽、蓄水区、水塘等于一体的自然与人工复合湿地系统和悠久的地方湿地文化资源为基础，以保护湿地生态系统为主要目标，以客家文化、红色文化、湿地文化等多元文化为支撑，以湿地生态文化宣教展示、生态体验为主要手段，是集湿地保护保育、湿地功能展示、湿地文化宣传、湿地科研监测以及湿地生态旅游于一体的国家级湿地公园。湿地公园的建成，得到了市民的高度赞誉，成为兴国最靓丽的“生态城市客厅”，也成为兴国县生态文明建设的一张新名片，极大地改善了赣南苏区的宜居环境，为吸引中小企业的聚集添砖加瓦。

湿地生态系统独特。公园属亚热带季风湿润气候，是鄱阳湖流域湿地生态系统的重要组成部分，公园湿地自然属性突出，以河流湿地为主的城乡复合型湿地生态系统在我国江南丘陵低山地区具有较强的典型性和代表性，蕴含着丰富的红色文化、堪舆文化、客家文化、湿地文化。

湿地生态功能完善。公园林木葱郁，水资源丰富，水质良好，常年水质保持在国家Ⅱ级以上，自然环境优美，科普宣教、科学研究和生态旅游价值高。同时，充分保护、合理利用湿地资源，园内游步道、木栈道、水上浮桥等景观设施完备，是人们回归自然、返璞归真、休闲游玩的好去处。

湿地生物多样性丰富。湿地公园湿地生物多样性较高，湿地生态系统结构和功能较完整，在江西省湿地生态系统中具有典型性。湿地公园及周边生长维管束植物共有130科407属702种（变种），野生脊椎动物共有33目94科396种，其种数为江西已知脊椎动物总种数的45.4%。

第七节　案例：提升交通环境

——安远路网初成引燃中小企业兴起

“要想富先修路!”这句话在我国广为流传，成为指导我国经济建设和基建建造的至理名言。

交通运输部、供销合作总社对口支援安远县，短短数年，安远成了赣州南部重要的综合交通枢纽，“外通内联”的交通运输网络已在安远初步建成。不仅如此，在交通环境改善的同时，也使各村镇和县市的联系更加密切，带来了大量的机遇，极大地改变了安远及赣南的企业经营环境，数年间，安远及周边县区的中小企业数量骤增，给安远及周边县区的未来经济发展带来了巨大的动力。

早在《若干意见》出台的2012年之前，安远的交通状况非常落后，安远县委原副书记、县政府副县长罗洪波用“被边缘化”“夹在中间”来形容安远的交通状况。安远曾经是江西省唯一不通铁路、高速和国道的县。在对口支援的数年间，安远的交通飞速发展。“交通的发展使安远融入不同经济发展区域，工业方面，可以承接广东产业转移”，罗洪波说，“旅游发展方面，从深圳、厦门开车过来，3个半小时，每年来安远旅游的人数都在大幅增长，往东、往南、往西、往北，两条高速将整个出口打开了，‘四好’农村路，则使老表出行更加方便了，降低了物流成本，许多人选择不外出打工了，返乡创业发展。”所谓“四好”是指“建、管、养、用”四字。近年来，安远县抢抓交通运输部对口支援发展机遇，扎实推进“四好农村路”建设，实现农村公路便民、富民、拉动农村经济快速增长，极大地引燃了农民工返乡创业的热情。

一、“四好农村路”建设成效显著，带动经济快速增长

千古百业兴，先行在交通。对口支援工作开展以来，交通运输部积极支持安远县交通基础设施建设，大力实施资金支援和项目支援，落实对口支援资金4亿元，支持寻全高速补助18亿元，并投资8.5亿元支持安远县对农村公路升级改造，实施国省道及农村公路改造建设559.9千米。彻底解决运力不强、出行困难等交通瓶颈，全县农村公路达到1291.1千米，水泥路通村率达100%。

实现“四好农村路”与园区、产业、美丽乡村等建设相结合，改善企业经营环境、拉动经济增长相结合。安远县围绕改善民生，优先建设断头路、联网路、旅游路、产业路，以路兴产，以产拓路，路产融合。如今，全县70个偏远贫困村都通了柏油路。与此同时，“交通+物流”“交通+电商”逐渐成为当地经济发展的新模式，基本形成了覆盖县乡村的农村电商物流配送网络，全县快递企业发展到25家，淘宝网店超过1800家，近两年的电商网销额达到12.5亿元。安远县先后获评江西县域电商十大领军县、全国电子商务进农村综合示范县等称号。

二、畅通交通经脉，带动旅游、脐橙等产业强势增长

在交通运输部和省、市交通运输部门的关心支持下，安远县交通建设迎来了前所未有的发展机遇。交通运输部积极谋划，带领省、市、县通力合作，对口支援工作取得了历史性突破：寻全高速、宁定高速一通一建，形成“十”字形高速网络。S219 沙龙线的贯通，将安远与赣县、赣州市中心城区串联起来。寻全高速的全线通车，不仅实现了安远人民期盼已久的通高速夙愿，也将安远至厦门等海西经济区的车程缩短到 350 千米。宁定高速的通车，彻底打通了安远北上南昌，南下广东沿海地区，东出福建，西进湖南、广西的高速通道。同时，安远境内的三条县道升级省道，三条省道已升级为国道，新增 6 条县道，新增省道 86 千米、国道 194.8 千米，县域路网更趋科学合理。

交通基础设施的改善，极大地带动了安远县旅游业的发展，安远县年接待游客数量与日俱增，旅游收入年同比增长 30%以上。行走安远县，镇岗乡黄洞村鹰嘴桃基地、凤山乡千亩有机蔬菜基地等地，随处可见忙碌着的产业农民；三百山旅游观光区更是车水马龙，游人如织。

不仅如此，在交通运输部对口支援下，县交通投资总额达 142.45 亿元，是前 30 年投资总和的 19.9 倍。随着交通基础设施的改善，总投资分别达 3.8 亿元、8 亿元的赣南柑橘产业物流园和赣南脐橙交易中心等项目相继落户安远县。得益于交通的改善，在某次东莞招商推介会上，安远县仅一天时间签约项目就有 13 个，签约资金达 48.5 亿元。而这一切都印证了一句亘古不变的名言，要想富先修路。

第八节　案例：强化能源环境

——信丰电网建设护航中小企业发展

为使对口支援工作精准化，2013 年 10 月，带着对赣南老区人民的厚爱和

殷切关怀，原国家能源局党组成员、副局长刘琦亲率综合司、规划司、新能源司和华中能监局及省能源局组成的对口支援调研组来到信丰县调研，把脉问诊，将工作重点放在了县域经济发展最迫切、最现实的问题上。通过电网改造工程把电网规划与经济社会发展、城市建设等相结合，优化中心城区电网结构，有效化解了赣州部分区域电网薄弱环节，实现了跨越式发展，为赣南苏区振兴发展提供了坚强的能源保障。

一、信丰电网实现跨越式发展

2014 年 1 月，国家能源局在深入信丰一线调查研究的基础上，并结合信丰的实际需要，出台了《对口支援江西信丰县振兴发展工作实施方案（2014-2020 年）》《关于对口支援信丰县振兴发展 2014 年工作计划的通知》《关于建立对口支援江西省信丰县工作协调机制的通知》3 个文件，不仅明确提出力争用 5~7 年的时间，帮助信丰县打造全国绿色能源示范县，主要在能源、工业、交通、资源节约与环保、社会事业等 7 个方面 18 个支援项目，全面提升信丰县的“造血”功能。坚持远近结合，在政策层面构建了国家、派出机构及地方政府多级联动的对口支援工作机制，为信丰振兴发展提供坚实的能源保障，为信丰经济社会的发展打下基础。

两年多来，在多方支持下，国家能源局共为信丰县争取农网改造资金 9200 万元，改造低电压 14279 户，居全省之首；协调省发改委批复了大广高速信丰北互通工程，现已开工建设，竣工后，信丰县北上的路程将告别绕道 20 分钟车程的历史；协调省能源局将信丰电厂项目列入了《江西省电力中长期发展规划》，现已通过了中咨机构初可研报告评审和南昌铁路局组织的铁路专线方案评审，为信丰的长远发展奠定了坚实的基础。

注重效益，绿色发展。围绕创建全国绿色能源示范县工作，国家能源局积极推动清洁能源发展，为信丰县争取了新能源利用示范项目新能源发展专项资金 1000 多万元，并根据信丰经济社会发展实际，国家能源局主动联系了国家发改委、国家信息中心的专家为信丰高规格编制了《信丰县国民经济和社会发展第十三个五年规划纲要》，进一步提升了信丰县经济发展的后续动力，为信丰中小企业的发展保驾护航。

不仅如此，国家能源局还在赣南大力开展能源项目建设。40 年前的赣州电网，是一个只有 1 座 110 千伏上犹江水电站为主力电厂、15 座 110 千伏变电站的辐射型薄弱电网。自 2012 年《国务院关于支持赣南等原中央苏区振兴发展的若干意见》颁布实施以来，赣州电网提前建成了《若干意见》出台后的最大能源项目——500 千伏红都输变电工程，形成了中部、南部、东部三足鼎立 500 千伏供电网架，打通了赣州与江西电网 500 千伏“双通道”。

赣州电网先后投运 220 千伏安远车头、石城桃金坑等 17 项输变电工程，提前 4 年在全省率先实现 220 千伏变电站县县全覆盖，县县通上“电力高速公路”，县县实现 110 千伏多电源供电，赣州电网供电能力由 175 万千瓦提高到 370 万千瓦，实现了从“十二五”初期“供应紧张”向“十二五”末期“适度超前”的根本性转变，赣南苏区供电保障能力迈入全省前列。

二、供电服务水平显著提高

长期以来，国家电网赣州供电公司主动对接园区和企业，始终把保障工业企业电力供应作为服务重点，召开“政电企”三方座谈会，常态开展客户经理进万家、进园区，进百家重点企业、千家规模企业活动，积极落实电价政策，2016~2017 年，累计降低大工业和一般工商业电费达 6 亿元。为广大中小企业做到了实实在在的减负增收。

第七章　赣州助推中小企业发展经验探索

赣州市把发展民营经济作为深化改革开放的重要举措、赣南苏区振兴发展的有力支撑，全市中小民营经济呈现出持续快速健康发展的良好态势。截至 2018 年 10 月，全市拥有经工商登记注册的中小企业 9.8 万户，是 1979 年包括个体工商户在内中小企业的 326 倍多。其中，规模以上中小企业 1861 户，拥有省级“专精特新”中小企业 175 户。

据了解，改革开放以来，赣州市年均新增中小企业 2450 户，《若干意见》及相关利好政策出台后，每年以超过万户的速度在增长。赣州市加强政策支持，深入开展“降成本优环境”活动，让中小企业共享政策的阳光雨露。加强创智培育，创办赣州创业大学，引导中小企业转型升级。举办“个升企”知识培训班，引导和推动个体工商户升级为公司制企业。创新设立“创业信贷通”“小微信贷通”“财园信贷通”，加强对中小企业的融资服务。加强精准帮扶，促进中小企业发展。同时，通过“小微信贷通”“创业信贷通”，有力地缓解了中小企业融资难问题。截至 2018 年 10 月底，赣州市已经拥有各类市场主体近 52 万户，全市中小企业总户数达 9.8 万户，同比增长 20.07%。全市中小民营企业吸纳就业人数 190 万余人，成为解决就业和再就业的主要载体。2018 年前三个季度，赣州市非公经济增加值 1179.8 亿元，增速 9.5%，两项指标均居全省第二，非公经济增加值占同期全市 GDP 比重 60.5%。赣州市中小企业行业门类从无到有、企业数量由少到多、经济规模由小变大、竞争力由弱渐强、发展质量快速提升，已经成为推动全市经济社会发展不可或缺的重要力量。

第一节 政策先行
——中小企业发展的根基

为进一步优化全市营商环境，支持民营经济高质量发展，赣州市出台了《关于进一步支持民营经济高质量发展的若干措施》（以下简称《措施》）。

《措施》主要从“提升服务效能，营造便捷高效营商环境”“强化监管执法，营造公平竞争市场环境”“畅通维权渠道，营造安全放心消费环境”这三个方面提出了15条具体措施。其中，统一全市企业开办流程业务规范和企业登记审批标准、简化企业退出市场机制、抓好“南康家具”集体商标的使用和推动“赣南蔬菜”集体商标注册、对民营企业的首次轻微违法行为且未造成严重后果的实行“首违不罚”等含金量高的措施，必将进一步促进全市民营经济发展。赣州市一直以来着力深化“放管服”改革，在企业登记全程电子化、“审核合一”登记制度改革、企业住所申报改革、企业名称登记改革和简易注册改革五个方面的改革实现全省领先。全市民营市场主体一直保持较快的增长态势，2018年前11个月，全市实有市场主体总量53.47万户，同比增长9.93%。

一、提升服务效能，营造便捷高效营商环境

（1）大幅压缩企业开办时间。深化企业登记“一门式、一网式”改革，统一全市企业开办全流程业务规范，统一全市企业登记审批标准，实现市县无差异标准服务。加强与税务、公安等部门的协同，将企业开办时间压缩到3个工作日。

（2）简化企业退出市场机。对未开业、无债权债务、未办理过涉税事宜的企业，通过江西企业信用信息公示平台对外公示企业注销登记情况，即可申请简易注销登记。

（3）实行市场主体住所（经营场所）自主申报承诺登记。住所（经营场所）在大型商场、标准厂房、产业园区、孵化基地等具备统一管理规范的综合性场所内的，实行自主申报承诺登记。

（4）推进“互联网+政务服务”。深入推进企业注册登记全程电子化改革，实现办理营业执照最多“只跑一次”。申请办理自然人投资设立的公司、个体户等可通过“江西工商网上大厅”微信公众号进行身份认证和电子签名。

（5）推动电商产业加快发展。重点培育一批电商集聚区。扎实开展“诚信规范电商示范园”创建活动。在蓉江新区和经开区推动集体注册，发展电子商务注册秘书公司，通过挂靠实现“一址多照”。

二、强化监管执法，营造公平竞争市场环境

（1）支持民营企业转型升级。支持个体工商户、个人独资、合伙企业转型升级为有限公司，允许在原名称后缀“有限公司”或“有限责任公司”字样，作为转型升级后的有限公司名称。

（2）提升民营企业商标品牌效应。全面承接国家知识产权局商标局授权的25项商标受理业务。切实抓好“南康家具”集体商标的使用。推动注册“赣南蔬菜”集体商标。指导县（市、区）局和相关行业协会做好具有“赣南”“赣州”地方文化和农村特色的地理标志商标的注册申请。

（3）拓宽民营企业融资渠道。全面推进“星级文明诚信个体户”暨“诚商信贷通”创评工作，提升动产抵押、股权质押、商标权质押工作效能，加强银企合作，简化贷款手续、减少审批环节。

（4）稳妥推进企业信用监管。对非主观故意、违法失信情节轻微的企业，探索实施行政约谈制度，审慎列入经营异常名录；对因被吊销营业执照或被列入严重违法失信企业名单的企业法定代表人，实施任职资格限制时，慎重使用行政处罚措施。

（5）引导民营企业树立诚信观念。做好“守合同重信用”公示、推荐工作，引导企业建立健全合同管理制度。推动企业信用增值，发挥助企融资职能优势，实现企业信用“变现”。

三、畅通维权渠道，营造安全放心消费环境

（1）优化法治环境。严格落实“双随机、一公开”执法检查制度。加强对涉及民营企业案件的执法监督，依法慎用查封、扣押等行政强制措施。严查群众反映强烈、危害人民生命财产安全、损害公平竞争、严重扰乱市场经济秩序、影响社会稳定的经济违法案件。

（2）全面实施公平竞争审查。清理废除违反平等、公平、开放、透明市场规则，妨碍统一市场和公平竞争的政策文件。对国有企业和民营企业实行规则中立，在执法中对所有市场主体一视同仁、平等对待。

（3）实行“首违不罚”。对民营企业的首次轻微违法行为且未造成严重后果的，按“首违不罚”予以行政约谈、行政指导处理。

（4）整合建立统一涉企投诉平台。将群众通过来电、来信、来访及网站、微信等途径的涉企投诉，统一整合到全省市场监管“三合一”投诉举报平台（12315、12331、12365），推动“三合一”投诉举报平台并入赣州市 12345 政府服务热线平台。

（5）加强商品质量安全监管。组织开展商品质量抽查检验工作，强化抽检结果运用，严厉打击虚假宣传、商标侵权行为，依法查处假冒伪劣商品和不合格商品。全面开展诚信经营放心消费创建工作，推动商品服务质量提升和产业结构转型升级，优化消费环境。

第二节　政府顶层设计推动
——中小企业高质量发展的沃土

中小企业是国民经济的重要组成部分，在增强区域实力、增加地方收入、推动科技创新、吸纳社会就业、维护和谐稳定等方面发挥着不可替代的作用。2017 年 4 月，联合国决定每年 6 月 27 日为“中小微企业日”，从此全世界中小微企业拥有了属于自己的节日，更加彰显了中小微企业的重要作用和重大贡献。近年来，围绕“主攻工业，三年翻番”目标，赣州市不断集聚各方优势，多措并举营造创新创业的良好生态环境，全市中小微企业呈现蓬勃发展态势。据了解，2018 年 1～5 月，全市中小微企业新增 10645 户，总数达 92592 户，同比增长 22.05%。企业规模持续壮大，截至目前，全市新增规模以上工业企业 315 户，已超额完成年度新增 300 户的目标任务，全市规模以上工业企业总户数达 1804 户。

一、人才，中小企业发展最重要的资源

近年来，赣州市委、市政府高度重视招才引智工作，出台了高含金量的“人才新政 30 条”，成立了市招才引智局、赣南苏区人才发展合作研究院，启动了 5 年建设 10 万套人才住房计划，设立了全省首个国家“千人计划”人才产业园，累计引进国家“千人计划”专家 24 名、博士 279 名，仅 2018 年就引进大学本科及以上毕业生 1.19 万人，为中小企业的崛起奠定了人才基础。2018 年赣州市区域性科研创新中心建设情况如表 7.1 所示。

表 7.1　2018 年赣州市区域性科研创新中心建设情况

一级指标	二级指标	2018 年
科技创新投入	全社会研发投入占 GDP 比重（%）	1.3
	规模以上工业企业研发投入占主营业务收入比重（%）	1.0
产业创新能力	全市高新技术产业增加值占规模以上工业增加值比重（%）	37
	高新技术企业（家）	350
	科技型中小企业（家）	600
	规模以上工业企业中有创新活动企业占比（%）	30
	上市企业数（家）	10
科技成果产出	全市年专利申请量（件）	16000
	万人发明专利拥有量（件）	1.19
	技术合同成交金额（亿元）	6
	科技进步贡献率（%）	58

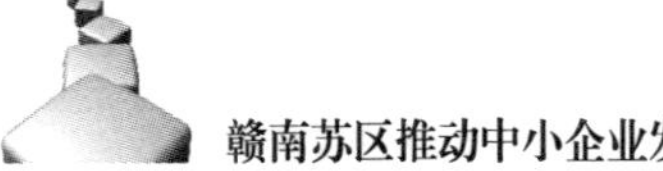

续表

一级指标	二级指标	2018 年
创新创业平台	省级以上科研平台（个）	51
	省级以上科技企业孵化器及众创空间（个）	17
创新人才队伍	万人研发人员（人）	4.9
	引进“千人计划”“万人计划”等国家级高端人才（人）	20
	院士专家工作站（个）	18

二、场地，影响中小企业发展的一个重要因素

场地，尤其是对于初创企业是一个重要的影响因素。自建厂房周期长、成本高，为了解决企业创业创新面临的实际问题，给中小微企业提供低成本、便利化、全要素、开放式的综合服务，赣州市依据基础设施完备、运营管理规范、商业模式清晰、创新链完整、产业链协同、服务功能齐全、服务业绩突出、社会公信度高、示范带动作用强等特点，不断加大创业创新示范基地的建设力度，通过集聚投资、辅导、培训、咨询等服务资源为创业企业提供优质、全面的创业服务，提高创业成功率。

日前，2016 年工业和信息化部公布了第二批 99 个国家小型微型企业创业创新示范基地名单，赣州市小微企业创业孵化基地作为全省 4 家之一、全市唯一一家单位入选。赣州市小微企业创业孵化基地规划面积 4.2 万平方米，位于赣州经济技术开发区金岭科技园，该基地自 2009 年 8 月创建以来，积极为入驻企业提供基础服务、创业辅导服务、技术服务、投融资服务、人员培训服务、信息服务、市场营销服务、管理咨询服务、专业服务等创业服务，促进中小企业快速成长。2015 年，该基地入驻企业 94 家，累计注册资金 3896 万元，实现经济效益 1.3 亿元以上；为 38 家入驻企业解决融资 4594 万元，解决就业人员 2319 余人，成功培育 8 家小微企业进入规模企业行列，高新技术企业 4 家；赣州国际企业中心获评国家级科技企业孵化器，其众创空间获批为国家级众创空间，可为入驻的初创型企业及科技型中小企业提供信息查询、创业辅导、创新支持等方面的专业服务，让企业需求在园区内得到一站式解决。

截至2018年12月，赣州市拥有市级以上创业创新示范基地30家，“双创”基地实现全市全覆盖，各类创业孵化基地、创业园区102个，入驻企业6200家，带动就业12万人。全市拥有省级众创空间16户，市级众创空间46户，为中小企业提供了良好的生态发展空间。

三、环境，中小企业聚集的内生动力

为了营造中小企业发展的优良生态环境，赣州市还针对中小微企业公共服务需求情况，大力建设完善中小微企业公共服务平台，为中小微企业的创业创新和发展提供多层次、多渠道、多功能、全方位的社会化公共服务网络。中小企业公共服务示范平台是指由法人单位建设和运营，经中小企业主管部门认定，围绕大众创业、万众创新，以需求为导向，为中小企业提供信息、技术、创业、培训、融资等公共服务，管理规范、业绩突出、公信度高、服务面广，具有示范带动作用的服务平台。赣州市中小微企业服务中心充分发挥省级中小企业公共服务示范平台，携手入驻平台的35家服务机构，围绕重点，注重实效，全方位服务中小企业转型升级，并积极组建专家服务团，开展送服务下基层活动，累计为近800户企业提供现场服务。

在章贡高新区，赣州科睿特软件集团股份有限公司以获批国家级中小企业公共服务示范平台为契机，以自主研发平台为基础，依托大数据云计算中心，深入破解企业信息化难点，为中小微企业转型发展提供有力保障。

截至2018年4月，赣州市有市级以上中小企业公共服务示范平台（网络）43家，其中国家级平台3家，省级6家，服务功能涉及了技术服务、信息查询、创业辅导、信息化应用、管理咨询、人才培训、质量管理等类别，为中小企业提供更加专业、高效、优质的服务，助推中小企业发展壮大。此外，赣州市还专门组建成立了赣州创业大学这一创新创业公益培训平台，以“大众创业万众创新、加速全市中小微企业协调快速发展”为目标，成功输送出一批想创业和志愿创业者走上创业之路，培育了一批民营企业的领军人才，促使一批中小企业做大做强，转型发展。截至2018年8月，赣州创业大学已

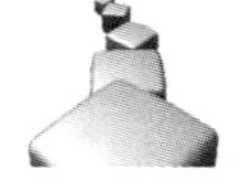

累计举办各类培训班 207 期，培训人员 3 万余人。

2018 年“大众创业、万众创新”活动周的启动仪式在赣州经济技术开发区国际企业中心举行，一系列高水平“双创”活动就此拉开序幕。10 月 9~15 日，赣州市持续举办了各类双创专题活动，涉及智能制造、电子商务、区块链、文创、科技服务等方面；后续还将走进高校，宣传、解读赣州“双创”政策，掌握大学生及青年人员创业情况，确保创业项目能脚踏实地，创业扶持资金能够发挥效益；广泛宣传就业创业理念、就业创业知识、就业创业典型，激发青年的创业热情，提高创业成功率，营造浓厚的创业环境。

第三节　融资对接畅通

——中小企业发展的甘露

融资问题是广大中小微企业面临的一个共同难题，为解决中小微企业融资难题和银企双方信息不对称问题，赣州市积极搭建政银企对接平台，每年组织一次大型的中小微企业融资对接签约活动；推动金融机构把支持企业发展当成“自家事”“分内活”，积极探索开发符合中小企业特点的金融创新产品，实行“一企一策”“量身定制”，提高中小企业成功获贷概率；推动政府各部门打通各自领域的企业信息渠道，为金融机构获得企业信用信息提供可靠安全的渠道，并不断完善对接平台和体系建设，为中小企业融资提供良好的金融环境。在 2018 年举行的全市中小微型企业融资对接签约活动中，全市共有 19 家银行与 1563 家中小微企业签约，签约总资金达 175. 5 亿元，比上年增加 16. 5 亿元，同比增长 10. 3%，为赣州市历年来中小微型企业融资对接一次性签约最高签约额。截至 2018 半年，全市各银行业机构履约金额共计 128 亿元，履约率达 73. 05%。其中，寻乌县履约率达 95. 6%、定南县履约率为 94. 49%、安远县履约率为 91. 2%。

一、三个“信贷通”中小企业成长的守护神

自 2013 年起，赣州市由财政担保设立了“小微信贷通”融资扶持资金，对培育库内企业进行精准服务。“小微信贷通”合作模式是由政府按 1∶1 比例出资保证金，合作的银行按保证金的 8 倍放大授信额度，为小微企业提供 1 年期以内资金贷款，且不要求小微企业提供抵押担保，将贷款的大门向所有符合贷款条件的小微企业打开。

据了解，该项政策实施以来，市内各合作银行共为全市 9237 家企业累计发放贷款达 84.62 亿元。2018 年前三个季度，赣州市“小微信贷通”“创业信贷通”共计放贷 23.6 亿元，其中发放“小微信贷通”贷款 19.7 亿元，发放“创业信贷通”贷款 3.9 亿元，完成全年目标任务的 94%，惠及各类中小微企业 3052 户。

众所周知，长期以来，融资难、融资贵一直是制约中小微企业发展的主要瓶颈之一，为帮助中小微企业解决这一难题，赣州市转变思想观念，创新服务企业方式，大力推进“小微信贷通”和“创业信贷通”工作实施力度，以一定比例的财政保证金撬动银行贷款，对处于初创期的企业，通过“创业信贷通”解决其 100 万元以下的融资需求；对处于成长期的企业，通过“小微信贷通”模式解决其 400 万元以下的融资需求。并且在办理过程中，赣州市中小企业主管部门、财政部门联合各家银行对于符合条件的企业，严格按照高效、提速规范的原则，缩短审批时限，优化审批服务，规范审批行为，提高审批效率，让企业少跑腿、好办事。

二、“科贷通”为科技创新型中小企业保驾护航

2018 年 12 月 25 日，赣州市科技金融“科贷通”业务合作协议签约仪式举行。市领导高世文、蓝赟出席签约仪式。签约仪式上，赣州市科学技术局与中国银行赣州分行、北京银行赣州分行、赣州银行分别签订了《赣州市“科贷通”业务合作协议》。此外，中国银行赣州分行、北京银行赣州分行、赣州银行、中国建设银行赣州分行还分别与赣州相关企业签订了《“科贷通”

协议》。协议的成功签约将有效缓解赣州科技型中小企业融资难的问题，确保赣州市科技型中小企业信贷风险补偿专项资金规范运作，促进科技型企业快速成长。

近年来，赣州市积极推进科技金融工作，完善创新创业投融资金融服务，大力推广“科贷通”、专利质押融资等科技金融产品，全力支持科技型企业研发活动。截至2018年第三季度，赣州市已为10余户科技型企业提供“科贷通”支持5000余万元，金融机构已为全市20余户科技型企业发放专利权质押融资贷款2亿多元，有效促进了赣州市科技型企业的发展。从赣州市科技局获悉，赣州市高新技术企业数量2017年、2018年两年实现倍增，总数达276家；全市获批国家级科技型中小企业404家，居全省第二；全市有研发活动的规上企业占比28.41%，居全省第一。

第四节　赣州港

——中小企业发展的阳光

赣州港是一个集通关、检验检疫、仓储、物流、监管仓金融、加工、综合保税于一体的产业聚集区。2016年9月，赣州港获批成为中国内陆第8个永久对外开放口岸和中国内陆首个国检监管试验区。赣州港自2014年10月开工建设，经过短短4年的发展，已经打通了经满洲里、二连浩特、阿拉山口、霍尔果斯等沿边重要出入境通道，开通了18条中欧（亚）班列线路，辐射“一带一路”沿线俄罗斯、中亚五国、阿富汗、德国、波兰等国家，班列开行线路得到固化，运行时效得到有效保障。实现了家具、木材、煤炭、蔬菜和电子产品的多品种运营，为助推赣州打造成为连接“一带一路”的重要节点城市和国际货物集散地奠定了坚实基础，打造了内陆地区双向开放的新高地，为中小企业的发展提供了无限的阳光。

截至2017年底，赣州港实现内外贸易吞吐量23.8万标箱，同比增长4

倍，位居全省第二。截至 2018 年 8 月，累计开行中欧（亚）班列 50 列，其中，中亚班列 11 列、中欧班列 39 列，是 2017 年全年开行总量的 2 倍以上。

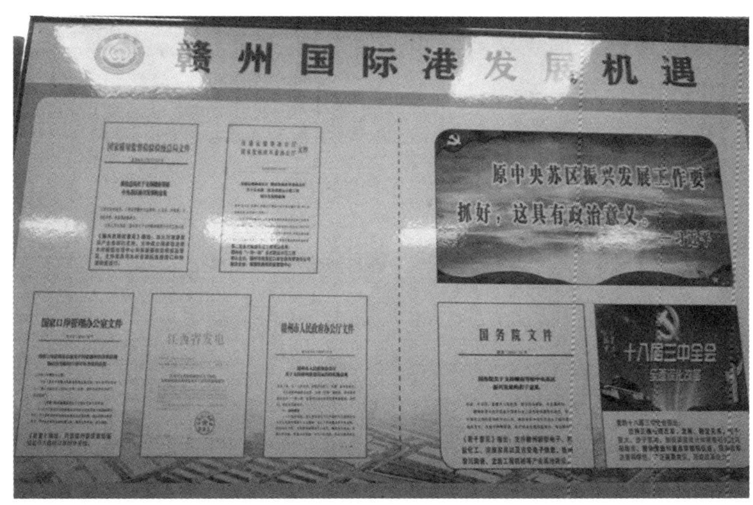

图 7.1　赣州港展板（杨鑫拍摄）

一、从无到有打造内陆口岸

赣州作为一个内陆城市，赣州港从何而来？原来，赣州港作为江西省第一个陆路口岸，设在不靠海的内陆赣州市南康区，与当地的家具产业一样，完全是“无中生有”的产物。

自 2014 年 10 月开工建设以来，赣州港就创造了多个最快。在建设过程中，赣州港仅用一个月的时间就完成了港区 3000 亩地的征地拆迁、25 天内完成了铁路专用线 3.7 千米的征迁，3 个月建成监管区核心功能区、一年多基本建成赣州港，不到半年获批永久性对外开放口岸，一个月铁路一期运量就达到饱和。创造了征地拆迁、建设时间、获批速度、运营速度四个最快。如今的赣州港，已完成投入超 20 亿元，建成进境木材监管区、铁路场站一期、集装箱堆场和 10 万平方米货物监管仓等核心功能区域。

2018 年 3 月，赣州港获批进口肉类指定口岸。2018 年 10 月，国务院正式

批准赣州铁路集装场站（俗称“赣州港”）为汽车整车进口口岸。获批汽车整车进口口岸后，直接利好是降低了购车成本。此前由于江西没有整车进口口岸，需要从沿海口岸办结手续后辗转输入。今后，汽车经销商可以在赣州港直接进口，就地办理通关手续，降低了汽车购置和经营成本。此外，整车进口口岸有助于催化我省形成汽车进口、销售、保管代理、物流运输、维修售后及零配件的进口、生产、销售等环节完善的高附加值产业链，为我省扩大对外开放、促进外贸转型升级提供了新的平台。

二、从小到大助力中小企业、助推产业集群

赣州港的建成，有效地助推了南康产业转型升级发展，南康家具产业集群产值从建港前的450亿元，到2016年1020亿元，再到2017年突破1300亿元，推动了南康成为全国最大的实木家具制造基地。

依托赣州港，南康木材实现了进口木材全直通和出口家具全直放，进口价格成本下降10%，每年为家具企业降低30亿元成本，木材进口由原来的“多道贩运”变成在家门口直接通关，减少了环节、降低了运费和成本，提升了木材品质，极大地提高了南康家具产业的市场竞争力。南康家具产业集群连续四年保持年均20%以上逆势增长态势。

在港口的带动下，南康的经济结构、产业结构也有了进一步的优化调整，与赣州港配套的物流、金融、电子商务等现代服务业快速发展。规上物流企业“从无到有”达到30家，2017年物流行业税收达到2.5亿元。同时金融业税收实现三年连续大幅增长，2017年达到3亿元。以家具为主的电商交易额三年分别达到56.4亿元、118.8亿元和200亿元，线上交易额居全省前列，被商务部授予“全国电子商务示范基地”。

三、创新开放，助中小企业融入“一带一路”

赣州港的运营，开启了赣州口岸经济的新时代，让南康与世界更紧密，让苏区建设搭上“一带一路”发展列车，赣州乃至江西全面对接融入了“一带一路”国家倡议。

赣州港建成投入使用后，南康外贸企业由 2014 年的 3 家猛增到现在的 400 余家，有 6 家本土企业在海外设立了营销部，越来越多的企业开始主动“请进来、走出去”，开放意识、创新意识明显增强，全面参与“一带一路”和全球经济竞争，外贸呈现跃变式发展。特别是以港口为核心，规划建设了临港经济区和家居特色小镇，成功引进顺丰、京东、德邦、申通、邮政、圆通、中通、韵达全国八大物流企业。

此外，高端装备制造、电子信息、新能源汽车等产业龙头企业相继“抢滩登陆”，港区建设拉开百亿元投资规模框架。凭借赣州港的独特优势，加上即将跨入高铁时代，以及企业上市 IPO“绿色通道”等政策优势，赣南苏区已成为沿海产业向内陆转移、沿海港口功能向腹地延伸的首选地。

下一步，赣州港将大力推动多口岸直通、多品种运营、多方式联运。积极申报设立进境粮食、水果、整车汽车进口等指定口岸，打通物流新通道，把赣州港建设成为开行班列最多、线路最优、成本最低的“一带一路”物流节点，成为全国内陆示范港、国际货物集散地，为赣州打造“一带一路”重要节点城市和国际货物集散地，打造内陆地区双向开放的新高地提供强大支撑。

四、税务助力“赣州港”，打造中小企业内陆开放新高地

赣州市税务部门积极对接赣州港发展需求，签署合作备忘录，提高税收服务响应速度，防范进出口税收风险，帮扶重点企业转型升级，建港 4 年来，为港区企业累计办理出口退税 3.12 亿元，享受西部大开发税收优惠 2.6 亿元。

在外贸服务企业设立过程中，新组建的税务局发挥了 1+1>2 的效应，对外贸业务的顺利衔接起了很大作用。赣州港是南康家具走向世界的窗口和平台，赣州市南康区税务局简化港务公司为外国班列提供港口服务办理免征增值税备案手续，一年只需备案一次，截至 2018 年 8 月享受税收优惠 50 万元；同时专门组建了 4 个专家团队主动深入临港中小企业调研，针对家具企业可能出现的涉税风险问题，量身定做解决方案。在南康注册的中小外贸企业，

由 2014 年的 3 家猛增至现在的 400 多家，一批报检报关、船代货代、供应链金融等外贸服务企业相继入驻。

赣州市南康区税务局成立后在优化税收营商环境上打出了组合拳，在进一步做好便民办税服务降低征纳成本的同时，针对港区企业涉及的境外税收问题，通过定期举办线上线下政策辅导会，提供“点单式”服务，确保问题得到及时解决，为港区企业走出国门蓬勃发展提供了税务支撑。

第五节　供应链创新、建协同共赢体系

——中小企业发展的血液

全国供应链创新与应用试点城市的申报、评审工作历时近 5 个月，从 114 个申报城市中最终确定 55 个试点城市，在江西，榜上有名的城市仅有赣州和景德镇。对于赣州来说，成功列入全国供应链创新与应用试点城市是一个新的出发，在增强赣州市与“一带一路”国家和地区的无缝对接、提高资源要素科学配置水平、打造优势产业、改善企业经营发展环境，促进企业降本增效、推动城市发展等方面均有重要意义。

一、供应链创新对于中小企业发展意义重大

供应链这个概念，随着现代经济体系不断建设完善，越来越多地出现在人们的视野中。它强调以客户需求为导向，以提高质量和效率为目标，以整合资源为手段，实现产品设计、采购、生产、销售、服务等全过程高效协同的组织形态。随着信息技术的发展，供应链已发展到与互联网、物联网深度融合的智慧供应链新阶段。现代供应链的本质，是现代信息技术支撑下的跨时空、网络化的企业大规模高效协同，是对现代生产方式的深刻变革，是产业和经济组织创新的最新趋势，是现代经济体系的微观基础，是影响经济运行质量、效率、稳定和安全的重要因素。

近年来，供应链创新发展得到国家层次的重视和支持，从中共十八届五中全会开始，供应链创新的概念不断被提及，要求日趋具体化。在这样的大环境下，2018 年 4 月 10 日，商务部、工信部、生态环境部、农业农村部、中国人民银行、国家市场监督管理总局、中国银保监会、中国物流与采购联合会 8 部门联合下发《关于开展供应链创新与应用试点的通知》，4 月 27 日，省商务厅、省工信委、省环保厅、省农业厅、中国人民银行南昌中心支行、省质监局、江西银监局、省物流与采购联合会 8 部门联合下发《关于组织申报国家供应链创新与应用试点城市和试点企业的通知》，启动了试点申报工作。

2018 年 5 月，赣州市由市商务局牵头积极开展申报素材的收集工作，并邀请了第三方专业机构共同来编制城市试点方案。最终，申报材料以全省第一的成绩上报至商务部等 8 部门，并顺利跻身全国供应链创新与应用试点城市。

二、中小企业抢抓供应链创新新机遇

经济和产业环境是供应链创新的基础，2017 年，赣州市全年生产总值 2524. 01 亿元，总量位列全省第二；全市规模以上工业企业户数 1721 户，总数列全省第一。近年来，赣州市集中力量打好主攻工业攻坚战，加快“两城两谷一带”建设，打造产业发展核心集聚区，鼓励各地聚力首位产业（见表 7. 2），实现错位发展、协作发展，通过引入首位产业强势企业、培育扶持配套产业链中小企业，打造完整的产业链集群模式。目前，赣州市拥有百亿元以上的产业集群 9 个，其中 2 个主营业务收入突破 500 亿元，拥有主营业务收入超亿元企业 722 户，引进、培育了一批稀有金属、家具、行业龙头企业。截至 2018 年 6 月，赣州签约亿元以上工业项目个数排名靠前的是赣州经开区、章贡区、赣县区。签约亿元以上工业项目总投资排名靠前的分别是赣州经开区、定南县、兴国县。2018 年上半年，赣州累计签约 5000 万元以上工业项目 250 个，签约亿元以上工业项目 207 个；累计签约 5000 万元以上工业项目总投资 1377. 06 亿元，签约亿元以上工业项目总投资 1351. 5 亿元。随着大企业的落户，带来的是整个产业链的兴盛，吸引凝聚了大量的中小配套型生产企业，极大地带动了上下游产业的健康发展。

表 7.2 赣州各地区首位产业分布状况

序号	县（市、区）	首位产业	发展的细分领域
1	章贡区	生物制药产业	中成药注射剂、颗粒、胶囊、片剂，肿瘤、心血管、神经系统消炎抗菌化学药及医疗器械
2	南康区	家具产业	实木、板式、家具五金、化工、油漆、电子商务、物流、加工贸易
3	赣县区	钨和稀土新材料应用产业	高性能稀土永磁材料、稀土永磁电机、稀土合金、抛光材料、特种稀土功能材料、稀土催化材料等产品，高精度高性能研磨涂层合金及配套工具、高性能超细和纳米硬质合金、功能梯度硬质合金及工具
4	信丰县	电子信息产业	电子电路、智能终端、新型电子元器件、光电、家电、移动通信、储能电池
5	大余县	稀金谷新能源材料精深加工产业	钨及有色金属精深加工及综合利用、碳酸锂动力电池、钴金属及三元材料以及超细羰基铁粉新材料
6	上犹县	玻纤新型复合材料产业	各类玻纤丝、玻纤电子布、增强基材、绝缘基材、玻璃钢加工应用、汽车轻量化玻纤复材应用等产品
7	崇义县	硬质合金应用材料产业	地矿工具、装备制造业刀钻具领域的棒材、球齿、涂层刀片
8	安远县	电子信息产业	电子音响成品制造及配套元器件
9	龙南县	电子信息产业	LED 及绿色照明、智能终端、数字家庭视听设备电子元器件
10	全南县	氟（稀土）新材料产业	氢氟酸、氟化铝、氟钛酸钾、氟硼酸钾、海绵钛氟树脂、含氟膜材料、稀土永磁、核级锆铪
11	定南县	稀土永磁材料及应用产业	稀土氧化物、仲钨酸铵 APT、钨粉、碳化钨粉、氧化镨钕、氧化镝、氧化钆、钕铁硼磁钢、稀土金属
12	兴国县	机电制造产业	拨叉、压铸铝、轮胎等汽车配件，电动车、电瓶车等新能源汽车、远程控制设备系列产品
13	宁都县	轻纺服装产业	服装品牌运营、服装加工兼研发设计
14	于都县	服装服饰产业	服装服饰研发设计、原材料贸易、加工制造、品牌建设、产品检测、产品展览、技术培训、仓储物流

续表

序号	县（市、区）	首位产业	发展的细分领域
15	瑞金市	电气机械及器材制造	民用电线、线缆线束及配套关联产业链
16	会昌县	氟盐化工产业	氟化工、盐化工、氟盐化工（烧碱、耗氯产品、耗碱精细化工产品、新型 ODS 替代品、含氟聚合物、含氟精细化学品、副产氯化氢综合利用）
17	寻乌县	新型建材产业	陶瓷建材（建筑陶瓷、卫生洁器陶瓷、艺术陶瓷及其配套企业）
18	石城县	品牌鞋服产业	品牌鞋服研发设计、辅助材料生产配套、品牌主营建设
19	赣州经开区	新能源汽车产业	电池、电机、电控、变速箱制造、新能源乘用整车制造
20	赣州综保区	保税加工物流产业	保税加工、保税物流、跨境电商、跨境金融服务

基础设施方面，赣州市区位交通物流优势显著，正加快建设全国性综合交通枢纽建设城市。如今，全市交通形成了水陆空立体运输网络，区域经济辐射能力和超前的交通基础设施布局为发展现代供应链提供了良好的条件。交通优势支撑物流优势，物流配送资源集聚度较高，高效配送能力较强，也是全国首批、江西唯一的现代物流创新发展试点城市，全国电商进农村试点全覆盖城市，全国首个无人机物流配送试点城市，全国“四好农村路”示范城市。随着赣深客专、赣州港、黄金机场改扩建项目顺利推进，高速公路网不断完善，现代供应链体系辐射带动能力显著增强。

近年来，赣州市抢抓《若干意见》出台实施的历史性机遇，不断凸显政策优势。《若干意见》明确指出支持赣州创建现代化物流技术应用和共同配送综合试点城市，《江西省人民政府关于支持赣州建设省域副中心城市的若干意见》提出，支持赣州建设区域性商贸物流中心，推动着赣州市加快建设现代供应链体系。39 个国家部委对口支援赣州以及国家和省级出台的一系列高含金量政策，进一步提升了赣州在全省乃至全国的战略地位。

图 7.2 信丰合力泰合作伙伴展板（杨鑫拍摄）

三、供应链创新助推供给侧改革升级——中小企业发展环境剧变

本次供应链创新试点是一次全新的尝试，是试点城市和试点企业两大主体，全产业、全链条、全环节的试点，覆盖贸工农等实体产业中的 50 多个细分行业。通过试点，在若干关系国计民生、消费升级和战略新兴的重点产业推动形成创新引领、协同发展、产融结合、供需匹配、优质高效、绿色低碳、全球布局的产业供应链体系，促进发展实体经济，助力供给侧结构性改革，筑牢现代化经济体系的坚实基础。

据了解，此次试点将推动形成完整高效的产业供应链体系，通过创新发展产业供应链、大力发展绿色供应链、积极融入全球供应链、构建供应链质量促进体系、规范发展供应链金融、探索供应链政府公共服务和治理新模式六大任务，创新一批适合当前发展需求的供应链技术和模式，构建一批整合能力强、协同效率高的供应链平台，培育一批行业带动能力强的供应链领先企业，形成一批供应链体系完整、国际竞争力强的产业集群，总结一批可复制推广的供应链创新发展和政府治理实践经验，探索培育经济增长新动能、推进高质量发展的路径和模式。

在试点实施期内，试点城市将出台支持供应链创新发展的政策措施，优化公共服务，营造良好环境，推动完善产业供应链体系，并探索跨部门、跨区域的供应链治理新模式。可以说，供应链创新试点为中小企业转型升级，融入产业链，带来了前所未有的机遇，未来发展大好。

对于赣州来说，建设供应链创新与应用试点城市是区域发展的一个新思路，将把现代供应链打造成为赣州市培育新增长点、形成新动能的重要领域，成为推动供给侧结构性改革的重要抓手，建成赣州市积极参与“一带一路”建设和形成全面开放新格局的重要载体。通过试点，赣州市计划到2020年建设成为全国供应链科技创新研发示范城市、产业供应链体系建设领先城市和四省通衢供应链网络枢纽城市。

第六节　政府重点培育助成长

——中小企业发展之干

一、“中小企业成长工程”助长中小企业快速成长

近年来，赣州市按照“统一规划、分步实施、重点突破、形成优势”的思路，加大了实施中小企业成长工程的工作力度，每年在全市选择600家最具成长性的中小企业作为重点扶持的对象，通过整合利用财政、金融、担保、培训、人才、政策等资源，帮助成长型中小企业做精、做专、做大，使其经营规模、技术实力和管理水平进入全市同行业的前列，成为主业突出、核心竞争力强、法人治理结构完善、产业带动作用较大的骨干企业，有力地带动了全市中小企业持续快速健康发展。

2017年8月，赣州市中小企业服务专家团成立。发挥各位专家的优势与市中小企业服务中心一道群策群力、出谋划策，为企业有针对性地提供解决

方案，全力破解制约企业发展的瓶颈，加速全市产业结构转型升级，并重点围绕中小企业在政策落实、研发设计、成果转化、技术转移、科技投融资、人才引培、法律咨询、信息管理、融资贷款、品牌建设、营销策划等方面的需求，积极提供专业、便捷、高效、优质的服务。通过大力实施中小企业成长工程，着力搭建发展平台，营造发展环境，使一批中小企业从小到大，茁壮成长，为全市工业经济发展增添了动力。

赣州好朋友科技有限公司，从最初入驻赣州市小微企业创业孵化基地的6人小团队，发展到如今国内智能选矿设备领域的佼佼者，公司在创新中快速成长。该公司在成长过程中，赣州市小微企业创业孵化基地在场地、租金和贷款方面给予了大力扶持，并派专业团队帮助企业发展，协助企业解决所面对的困难，有效保障并促进了公司的发展。目前，作为国内唯一专业致力于矿石分拣智能设备制造和方案解决的高新技术企业，赣州好朋友科技有限公司正计划在赣州经开区投资建设智能选矿机器人设备项目，项目固定资产投资总额为1.26亿元，主要生产智能选矿分拣设备。

二、“个转企、小升规”高位推动强引擎

推动企业入规一直是赣州市扶持小微企业发展的一项重要举措。近年来，赣州市进一步加大了企业入规的工作推进力度，2016年市政府出台《关于促进工业小微企业转型升级为规模以上企业的意见》，明确以主攻工业三年推进计划为指导，以提升小微企业发展质量和效益为中心，以现有年主营业务收入500万~2000万元规模以下小微企业的培育力度，建立“小升规”企业培育库，加强分类指导和服务，通过培育扶持一批、改造提升一批、引导促进一批，有效促进小微企业升规入统，拉动工业经济持续快速增长，推动工业经济结构调整优化，为地方经济发展增添核心力量。

南康区是以经营家具生产、家具销售的重点区域，2016年11月，南康区印发了《关于加快推进家具产业“个转企、小升规”工作实施意见》，瞄准“实现1000家家具企业升规、建成1000万平方米标准厂房”的发展目标，把有限的优质资源倾斜支持转企入规企业，推动企业入规入园，促使南康家具

产业由“低小散弱”逐步向入规、入园、入标准厂房转变，使昔日的“游击队”，变成规模化、标准化、现代化的家具产业“正规军”。自转企升规工作开展以来，南康区达到规上标准企业1022家，入规企业422家，并陆续安排了242家规上企业选房入集聚区标准厂房。一大批家具企业的入规，加快了南康家具产业转型升级的步伐，提升了南康工业强区的发展后劲。南康家具城与天猫的合作情况如图7.3所示。

图7.3 南康家具城与天猫的合作情况（杨鑫拍摄）

南康区的江西家有儿女家具有限公司是一家以芬兰进口松木为主材，以生产儿童家具为主的出口家具企业，产品远销欧洲、东南亚、非洲等地。目前，该公司已经是南康区工业园内一家推行标准化、智能化生产的代表性企业，且进入规上企业行列。而在入规入园前，该公司的厂房是典型的“绿棚子”，该公司负责人告诉记者，那会儿公司有“三怕”：用地不合法，怕拆；环保不达标，怕查；消防不合格，怕烧。所以也不敢大投入。成为南康区第一批入规入园企业后，该公司在工艺设备水平、产品核心竞争力、环保消防、安全生产等方面均得到大幅提升，随之而来的是公司产值、出口额和纳税额的大幅提升。南康区以“个转企、小升规”为切入点，以经营家具生产、家

具销售的市场主体为重点区域，引导企业入园入规，扶持企业提质增效，加速产业做强做优，推进转型集聚发展，取得显著成效。

同时，赣州市还不断加大创业创新培训力度，通过自主创办的公益性培训载体——赣州创业大学开展常态化创业创新培训，组织开展“个升企”、创新管理等专题培训，加快推动中小微企业转型升级。

三、“专精特新”引领中小企业转型

为促进中小企业结构优化、产业升级、动能转换和提质增效，进一步培育创新动能，赣州市坚持推动实施中小企业成长工程，每年在全市遴选有市场、有效益、有信誉，且成长性高的工业中小企业，聚焦要素和服务资源进行重点培育，大力支持企业走“专精特新”之路，打造一批产业配套能力强、细分市场领先、知名度和影响力大、技术水平和创新程度高的“小巨人”和“隐形冠军”企业。目前已涌现出憶源多媒体、群星机械、龙钇重稀土等众多省级“专精特新”中小企业和经纬科技、虹飞钨钼等全省专业化小巨人企业。

大余县工业园内的江西悦安超细金属有限公司是赣州市一百多家省级“专精特新”企业之一，该公司依靠科技创新，在市场考验中化“危”为“机”。该公司根据市场需求，加大科研投入，其生产研发的羟基铁粉成功应用于高端电子元器件、3D打印等领域。在该公司的发展过程中，大余县持续跟进服务，为企业技术创新、技术改造等提供大力支持，并积极为企业融资牵线搭桥。目前，该公司已发展为国内先进的羟基铁粉生产厂家，产品出口至欧美等地市场。

赣州市围绕推动中小企业走上内生增长、创新驱动的发展轨道，着力培育了一批具有“发展战略专一化、管理及生产精细化、产品或服务特色化、技术或经营模式创新化”等鲜明特征，能够在产品、技术、业态和经营方式上代表细分行业发展方向、科技含量和管理水平较高、成长性好、发展潜力大的中小企业。为支持中小企业朝“专精特新”方向发展，赣州市对“专精特新”中小企业进行技术创新示范项目奖补，引导项目企业加大技术创新投入。

同时，为了以加快企业成长为落脚点，赣州市扎实开展企业诊断和管理咨询进园入企服务活动，采取政府引导、购买服务等方式，帮助企业建立现代企业制度，推动企业加快股份制改造，建立法人治理结构，规范经营行为，提高中小企业管理水平。

第七节　上云、简化流程、提高办事效率

——中小企业发展之茎

一、赣州推行中小微企业上云行动计划

为进一步完善中小企业公共服务体系，加快推进“企业上云”步伐，打造市中小微企业服务中心“双创”服务升级样板，切实提升降成本优环境专项行动效果，大力促进全市中小企业又好又快发展，根据赣州市委市政府深化改革及赣州建设“中国制造2025”试点示范城市工作要求，制定《赣州市中小微企业上云行动计划（2018-2020年）》。

（一）总体要求

以习近平新时代中国特色社会主义思想为指导，以中共十九大“促进互联网、云计算、大数据、人工智能和实体经济深度融合”战略部署为导向，以工业和信息化部《推动企业上云实施指南（2018-2020年）》工作任务为要求，通过完善“赣企云”“企服城”服务功能、提升市中小微企业服务中心云平台服务能力，引导和促进“企业上云”工作进程，进一步降低中小微企业信息化成本，提高生产经营效率和管理水平，着力打造赣州市“中国制造2025”中小企业服务试点示范样板，为中小微企业发展增添新活力、催生新动能、发挥新作用。

（二）工作目标

1. 总体目标

力争到2020年底，实现“企业上云”意识明显增强，“企业上云”条件

明显优化，上云企业比例明显提高，企业云平台运用程度明显加深，企业云服务效果明显提升。

2. 具体目标

（1）全市上云平台中小微企业 2 万家，形成“企业上云”应用典型标杆案例 20 个以上，建成在省内外有影响力的云服务平台 2 个以上，构建 1 个覆盖全市的中小微企业线上服务网络体系。

（2）赣企云：2018 年，上云企业达 5000 户以上；2019 年，丰富云计算等服务产品，上云企业达 10000 户以上；2020 年，建成“互联网+中小微企业服务”的云平台服务系统，形成云计算大数据平台试点示范，实现上云企业达 20000 户以上。

（3）企服城：2018 年，对接完成企业服务项目 1000 个；2019 年，对接完成企业服务项目 2000 个；2020 年，对接完成企业服务项目 3000 个，建成高效、专业、便捷的中小企业服务在线交易平台。

（三）基本原则

（1）政府引导，企业主体。尊重企业主体地位，发挥政府的引导作用，以现有云服务平台为支撑，通过政府购买服务方式帮扶平台，平台以技术优势服务企业，大力提升中小企业云服务水平。

（2）多方合作、协同服务。加强协调，联合各地中小企业主管部门、云平台开发商、科研院校、服务中介机构等社会各界力量，形成云产业生态和应用服务体系，协同开展技术支撑、咨询、培训、实施、运维等服务。

（3）分步实施，逐年推进。建立协同推进工作机制，按照年度目标任务，逐年推进，对完成上云任务的相关单位实行年度考核奖补制度。

（4）强化服务，促进转型。以服务中小企业作为推进“企业上云”的根本宗旨，以解决企业实际需求为导向，切实提升全市中小企业服务质量和水平，以服务升级，促经济转型。

（5）培育重点，开放共建。以现有云平台为基础，重点培育打造，升级企业服务水平，同时鼓励其他云服务运营商等社会力量参与我市“企业上云”工作，多方共建，企业共享服务。

（四）重点任务

1. 大力开展“上云”行动

（1）推进全市中小微企业上云。各县（市、区）要根据本地实际情况在全力推进首位产业企业、成长型中小企业、专精特新企业上云的基础上，按照先大后小逐年推进的要求做好其他中小企业的上云工作，确保“企业上云”年度目标任务的完成，同时要积极引导和鼓励中小微企业充分应用云平台开展企业文化宣传、产品发布、需求对接、数据存储、业务应用等功能。

（2）推进中小企业管理服务上云。赣企云平台将为每个县（市、区）设立平台管理专户，各县（市、区）中小企业主管部门要指定专人作为信息管理员，及时在平台上传本地最新政策及中小企业工作动态，将中小企业管理服务工作上云发布，建立覆盖全市的中小企业云服务信息网络。

（3）推进优质服务机构上云。各县（市、区）首先要将本地已获认定的各级中小企业公共服务示范平台和创业创新示范基地入驻云平台，同时还要围绕大众创业、万众创新，以需求为导向，主动筛选一批为中小企业提供信息、技术、创业、培训、融资等服务，管理规范的服务机构上云，开展云服务，构建“双创”服务升级版。

2. 着力完善云服务平台

云平台运营单位加大应用平台研发设计投入，及时根据云平台运行情况和上云企业实际需求，完善云平台服务功能，拓展服务范围，优化平台设计，升级操作系统，深化大数据应用，做好市场推广，构建快捷、高效、实用的云服务平台。

3. 努力做好应用普及培训

加强对中小企业经营管理人员的云计算、大数据等相关知识普及，开展覆盖全市各县（市、区）的“企业上云”培训，通过展示体验、现场指导等方式，提高企业管理者对“上云”的认识水平和应用能力，增强企业上云实际运用效果。

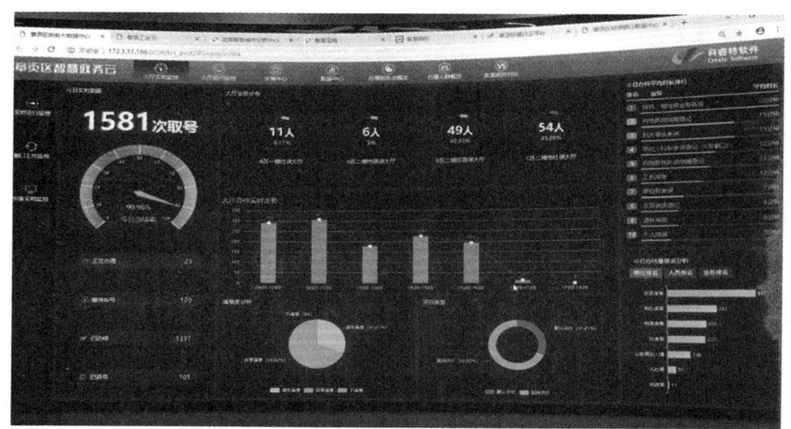

图 7.4　赣州智慧云服务平台（杨鑫拍摄）

二、赣州市的“一窗办”

为进一步简化办事流程，提高服务效率，赣州市在全市范围推行重点领域三个“一窗办”改革，对工程建设项目市本级审批、企业开办以及不动产登记实行“一窗办”。2018 年 11 月 16 日，“赣州企业开办一窗办平台”正式上线运行。从赣州市行政审批局了解到，依托智能印章、电子名章、密钥交叉认证、电子营业执照等“多证合一”技术应用，企业开办的工商注册、公安刻章、首次申领发票各流程并行审批时间缩短为 2 天。“一窗办”APP 平台项目在省市场监管、省税务、省公安等部门的大力支持下，保证了各部门间数据的高效衔接，平台坚持“数据多跑人少跑”的核心原则及“数据跑在系统前面”的设计理念，提供更加人性化、智能化、规范化的人机友好界面和服务功能，提升审批效率，确保平台真正为企业及百姓创造“只进一扇门、最多跑一次”、线上线下相结合的企业开办环境。

“一窗办”平台以线上平台为窗口，线上线下并行办理，最大程度上简化办事环节、压缩办理时间。优化企业开办流程，建立健全的“一网式”审批运行机制，形成一体化对外审批服务模式、全程可追溯的监督管理体系，旨在为打造“四最”发展环境奠定基础。企业开办用户可通过赣州市行政审批局官网（http：//www. gzxzfw. gov. cn/）使用企业开办一窗办平台进行企业开办业务登记受理。“一窗办”平台上线后，将陆续为企业开办用户提供更多服务场景，例如，银行开户许可、用工和参保登记等将实现100%网上可办，还将不断探索电子证、照、章、票在更多领域的应用。

（一）“一窗办”的主要工作

（1）集成设置窗口。将房产、税务、登记三部门窗口按并联结构实施整合，解决办事群众部门间“来回跑”的问题。窗口数量方面，根据当前业务需要，设立不动产登记“一窗办”预审窗口2组、综合窗口4组、转移登记窗口2组，人员组成方面，综合窗口由交易、登记、税务以1：1：1.5的比例配置前台受理人员，由登记人员负责窗口收件，房产人员负责信息录入，税务人员负责税务申报与征收；预审窗口由交易、登记人员组成；其余窗口由登记部门安排人员。办公场所方面，“一窗办”窗口设立在市政务服务中心二楼，由市行政审批局牵头调整部分办事窗口。

（2）简化办事流程。围绕“五个一”，即“一套办事流程、一份收件清单、一次业务取号、一次信息录入、一次性缴费”的目标，坚持“能减则减、能并则并”的原则，实施交易、纳税、登记业务流程整合优化。一是交易网签前置。委托具有网签资格的中介机构在业务受理之前办理合同网签业务，减少业务受理时间。二是预审前置。增设预审窗口，安排足够的人员力量对资料严格审核把关，对符合登记条件、无任何疑难事项的，予以取号；对缺少有关手续的，一次性告知申请人完善后再予以受理。

（3）信息互联互通。深入推进“互联网+政务服务”，加快部门间业务信息互联互通，为“一窗办”业务提供技术支撑。一是申请材料共享。在受理之前，安排人员对“一窗办”业务材料进行扫描，并将扫描成果推送至前台受理人员。二是登记档案共享。整合原来房产、国土登记档案，实现窗口查档，破解群众查档“多头跑”的难题。三是推出自助查询机。在大厅设立自助查询机，群众自主查询并打印不动产信息证明，无须到窗口排队等候。

（4）取消一批证明。在推进不动产交易、纳税、登记业务“一窗办”改革的过程中，认真贯彻落实《全省加快推进政务服务“一网通办”解决群众

办事堵点问题专项工作实施方案》的要求，对企业、群众办理转移登记过程中需提交的证明材料进行全面梳理，取消群众办理二手房交易、纳税、登记业务提交的身份证、户口簿、结婚证、离婚证、营业执照复印件，对办事清单进一步“瘦身”。

（5）提升服务水平。一是要提升业务素养。“一窗办”业务涉及交易、纳税、登记业务，类型复杂、专业性强，相关部门要加强业务培训，提高办事人员的综合素质，切实履行一次性告知制，避免群众“来回跑”。二是要改进工作作风。认真落实全省作风建设工作会议要求，在改善服务态度、历史遗留问题破解、推进信息共享等方面加大工作力度，进一步提升服务水平。

（二）“一窗办”的主要目标

为确保改革取得实效，赣州市对工程建设项目涉及的审批、核准和中介服务流程进行全面梳理、精简、优化，使政府投资类项目审批时间控制在 28 个工作日以内，企业投资类项目审批时间控制在 26 个工作日以内；对企业开办涉及多个部门的办理事项，如营业执照、刻制公章、涉税事项等进行整合，实现“一表申办企业、一窗综合受理、后台分类审批、统一窗口出件”，一般性经营主体开办时间由原来的平均 20 天压缩为 8 个工作日；对不动产交易、纳税、登记业务进行重新规划，实现“135”分类限时办结，即一般登记业务当日办结、涉及土地审批事项登记业务 3 个工作日办结、历史遗留问题登记业务 5 个工作日办结。

三、赣州海关的“足不出户”与“整合申报”

（一）“足不出户”

自 2018 年 7 月 9 日起，为新注册企业免费提供一套客户端安全产品，赣州企业“足不出户”即可完成新企业入网手续的办理。

据海关工作人员介绍，该政策能为每家新注册海关企业节省约 1000 元成本。同时，为落实“让数据多跑路，让企业少跑腿”的工作目标，已开发完成“中国电子口岸数据中心南昌分中心网上服务系统”，省内企业可通过该系统，在互联网上为中国电子口岸用户办理入网手续，赣州所有企业也可以

"足不出户"完成新企业入网手续的办理。

（二）"整合申报项目"

按照海关总署的统一部署，赣州海关自2018年8月1日起，进出口货物将实行整合申报，报关单、报检单合并为一张报关单。此次整合申报项目是关检业务融合标志性的改革举措，将改变企业原有报关流程和作业模式，实现报关报检"一张大表"货物申报。

整合申报项目主要是对海关原报关单申报项目和检验检疫原报检单申报项目进行梳理，报关报检面向企业端整合形成"四个一"，即"一张报关单、一套随附单证、一组参数代码、一个申报系统"。同步编写并对外发布《进出口货物报关单填制规范》（2018年60号）、《进出口货物报关单和进出境货物备案清单格式》（2018年61号）、《进出口货物报关单申报电子报文格式》（2018年67号）等公告。

（1）整合原报关、报检申报数据项。在前期征求各部委、报关协会、部分报关企业意见的基础上，按照"依法依规、去繁就简"原则，对海关原报关单和检验检疫原报检单申报项目进行梳理整合，通过合并共有项、删除极少使用项，将原报关、报检单合计229个货物申报数据项精简到105个，大幅减少企业申报项目。

（2）原报关报检单整合形成为一张报关单。整合后的新版报关单以原报关单48个项目为基础，增加部分原报检内容，形成了具有56个项目的新报关单打印格式。此次整合对进口、出口货物报关单和进境、出境货物备案清单布局结构进行优化，版式由竖版改为横版，与国际推荐的报关单样式更加接近，纸质单证全部采用普通打印方式，取消套打，不再印制空白格式单证。修改后的进口、出口货物报关单和进境、出境货物备案清单格式自2018年8月1日起启用，原报关单、备案清单同时废止，原入境、出境货物报检单同时停止使用。

（3）原报关报检单据单证整合为一套随附单证。整合简化申报随附单证，对企业原报关、报检所需随附单证进行梳理，整理随附单证类别代码及申报要求，整合原报关、报检重复提交的随附单据和相关单证，形成统一的随附

单证申报规范。

（4）原报关报检参数整合为一组参数代码。对原报关、报检项目涉及的参数代码进行梳理，参照国际标准，实现现有参数代码的标准化。梳理整合后，统一了 8 个原报关、报检共有项的代码，包括国别（地区）代码、港口代码、币制代码、运输方式代码、监管方式代码、计量单位代码、包装种类代码、集装箱规格代码等。具体参数代码详见：海关总署门户网站>在线服务>通关参数>关检融合部分通关参数查询及下载。

（5）原报关报检申报系统整合为一个申报系统。在申报项目整合的基础上，将原报关报检的申报系统进行整合，形成一个统一的申报系统。用户由"互联网+海关"、国际贸易"单一窗口"接入。新系统按照整合申报内容对原有报关、报检的申报数据项、参数、随附单据等都进行了调整。

四、章贡区的"去向牌"

为进一步改进工作作风，方便中小企业咨询办事，提高工作与服务效率。章贡区农保局制作了"工作人员去向牌"、重新制定实施了工作人员考勤签到制度。在局办公室外悬挂工作"去向牌"，"去向牌"标有每个干部职工的姓名、在岗、外出、开会、请假等内容。规定凡工作人员工作时间外出开会、办事或因事请假离开单位的，必须按照规定履行相关手续后，在本人去向栏内标明，回岗后及时恢复在岗标示，使人员去向一目了然。同时，农保局将不定期进行监督检查，确保工作"去向牌"制度的落实，极大地提高了工作效率。

"去向牌"管理制度的实施，对内严肃了工作纪律，加强干部的自我约束和自我监督，提高了工作效能和为民服务水平。对外方便了企业、群众办事，提高了办事效率和透明度，接受群众监督。

五、大余县的"不放假"

大余县规定自 2018 年 12 月 30 日起，开展节假日、工作日中午错时、延时和预约服务以来，全县九个专业办事大厅和乡镇便民服务中心办件量已达

3700多件。春节前期，该县广电网络公司、供电公司办事大厅迎来了办件高峰期，两个办事大厅办件量已达2400多件，约占总办件量的65%。春节假期期间，县行政服务中心办事窗口、九个专业办事大厅、乡镇便民服务中心继续实行“错时延时”服务制度，这是进一步加强“五型政府”建设，完善政务服务机制，强化服务的重要举措。

第八节　国家、省级检测中心

——中小企业发展之叶

一、国家、省级检测中心促推中小企业规范发展

近年来，赣州市局围绕中心、服务大局，按照市委、市政府“一个目标、三条路径、六大攻坚战”战略部署，坚持主攻工业不动摇，加快推进“两城两谷一带”和各县（市、区）首位产业建设，超前谋划，积极履职，主动作为，在加强对县（市、区）产业发展指导的同时，不断加强与省局的汇报衔接，得到了省局的大力支持，为产业发展搭建了平台。各国家、省级检测中心的获批为中小企业的规范化发展提供了坚强的后盾，为中小企业的转型升级提供了强有力的保障。

二、赣州国家级检测中心

1. 国家钨与稀土产品质量监督检测中心（江西、赣州）

江西省钨与稀土研究院是2012年经国家工信部认定的国家中小企业公共服务示范平台，主要开展有色金属领域科学技术研究、开发应用与推广，以及产品质量检验、地质实验测试、环境监测、技术培训、标准研制、司法鉴定等服务。该院组建了全国性的分析检测人员培训中心、全国首家钨与稀土司法鉴定中心、江西省稀土标准化技术委员会等多个机构，服务范围不仅覆

盖国内各主要产地，而且延伸到了美国、英国等12个国家和地区，已经形成了集“产、学、研、检”于一体的公共技术服务平台。

图7.5 国家钨与稀土产品质量监督检验中心（杨鑫拍摄）

江西省钨与稀土产品质量监督检验中心于2007年通过国家质检总局批准，由赣州市质监局与江西理工大学共建，是隶属于江西省质监局的正处级事业单位（见图7.5）。中心于2008年建成，2009年投入运行，2010年通过国家验收，并获得了CNAS颁发的实验室认可证书和中国国家认证认可监督管理委员会颁发的资质认定证书。在国家钨与稀土产品质量监督检验中心建设运行成功的基础上，省编办于2009年批准成立“江西省钨与稀土产品质量监督检验中心”，并批准增挂了“江西省钨与稀土研究院”。目前，国家中心、省中心和省研究院实行三块牌子一套人马的管理运行模式。

中心实验室面积5000多平方米，配备了包括ICP-Mass、ICP、激光粒度仪等一批具有国际先进水平的大型仪器设备。引进了一批高素质人才，其中，博士3人、硕士16人。中心还获批建设了“钨与稀土采冶及深加工技术国家地方联合工程研究中心”“国家离子型稀土资源高效开发利用工程技术研究中心”“全国稀土标准化技术委员会离子型稀土工作组”等国家级平台；建设了

"江西省钨与稀土工程技术中心""江西省稀土标准化技术委员会""江西钨与稀土产品质量司法鉴定中心""江西省离子型稀土工程技术研究中心"等省级服务平台。

目前，中心通过国家级认证的检测能力有19类80个产品278个参数，通过省级认证的检测能力有120个产品1292项参数，检测能大已覆盖钨、稀土、铜铝、氟盐化工等多个赣州支柱产业，关键检验项目的能力和水平达到国内领先水平，服务范围覆盖了国内几乎所有的钨稀土主产地及美国、英国、日本等20多个国家和地区，已经成为赣州对外提供优质服务的窗口和名片。

近年来，江西省钨与稀土研究院在服务中小企业发展中，积极开展了三大能力提升行动，充分发挥了公益检测、科技研发、标准引领、司法鉴定、技术培训、信息资讯六大服务功能作用，为地方经济发展和产业转型升级做出了重要贡献，2016年，工业和信息化部公布了第二批国家中小企业公共服务示范平台复核通过名单，江西省钨与稀土研究院顺利通过复核。近年来，该院逐步完善平台服务功能，充分利用科技化、信息化等手段强化平台作用，主动开展公益性服务，不断提高服务能力和组织带动社会服务资源的能力，积极承担政府部门委托的各项任务，发挥了示范带动作用，为加快推进中小企业的技术进步与优化升级提供了有力的技术支撑。

2. 国家家具产品质量监督检验中心（江西、赣州）

国家家具产品质量监督检验中心（江西）是国家质检总局倾情支持赣南苏区振兴发展的重点项目，它是全国第五家、中部地区唯一的一家国家级家具检测机构，是服务南康家具转型升级的重要公共服务平台。中心占地30亩，建筑面积1.5万平方米，总投资9000万元，于2014年3月开工建设，当年就建成并投入使用。中心配置了一批具有国际先进水平的大型仪器设备，拥有十多名中高级职称专业技术人员，获得了CNAS、CMA、CAL资质认可授权证书，已经具备了79个产品655个参数的检验能力，家具产品全项检测覆盖率达到90%以上，可为家具企业提供力学性能、安全性能、理化性能、环保性能检验和标准制修订等技术服务。省家具标准化技术委员会秘书处也设在中心，承担着省家具行业地方标准的制（修）订工作。

国家家具产品质量监督检验中心的建成运行，填补了南康家具产业链中“有产品无检测，有标准无认证”的空白，达到了“1+4”的成效。解决了“一个难题”，即解决了家具检测时间长、成本高的问题。南康家具原来要送南昌、广东等地检测，耗时长、成本高，现在在家门口就可以随时检测，降低了成本，提高了效率。同时，中心还与赣州出入境检验检疫局合作共建家具检测区域性中心实验室，在赣州港出口的家具检测工作全部由中心承担，就近为出口企业提供报检服务，大大降低了企业生产经营成本。促进了南康中小家具企业的“四个提升”：

（1）标准的提升。通过引导家具企业参与国家标准、行业标准、地方标准、团体标准、企业标准的制定，不断提升企业的标准意识，使企业更加注重工艺改进、产品升级、环保达标等标准化程度。

（2）质量的提升。经中心检测认证的合格产品，相当于获得了通向市场的“通行证”“身份证”“信誉证”，使南康家具的市场空间不再局限于三线、四线城市，而向着一线、二线城市迈进，进而走出国门、走向世界。

（3）品牌的提升。南康是全国实木家具品牌创建示范区，通过平台的监管工作，使家具企业认识到单靠贴牌、同质化低价无序竞争是没有出路的，只有创品牌、树品牌才能让企业做成“百年老店”，逐步实现由“南康制造”到“南康创造”的转变。

（4）竞争力的提升。中心出具的检测认证是国际互认的，提升了南康家具与国际国内市场高端品牌“较量”的竞争力。大大增强了南康实木家具在全国家具行业中的“话语权”，加快形成“实木家具看南康”的新格局，为南康打造全国乃至世界实木家具集散地奠定了扎实基础。

3. 国家油茶产品质量监督检验中心（江西、赣州）

2018 年 3 月，国家质检总局发文批复，同意赣州筹建国家油茶产品质量监督检验中心（江西）。该中心为赣州市继钨与稀土、家具国家检验中心后的第三个国家级检测中心。

2018 年 4 月 14~15 日，省质监局评审中心组织专家对省油茶中心资质认定扩项进行了现场评审。经评审，专家组一致同意省油茶中心新增项目的扩项申请。此次资质认定扩项的通过是继 3 月 14 日国家油茶产品质量监督检验中心（江西）批复筹建后向国家级质检中心验收迈出的坚实步伐。届时，省油茶中心将新增 3 大类 83 个项目 974 个参数近千项检测能力，其中，实现了食品相关产品的全项目检测，具备了油茶产品及其衍生品 11 种产品 231 个参数、污染物和添加剂 103 个参数的检验能力，实现了农药残留、兽药残留常用 100 个参数的检测能力，填补了赣南油茶深加工产品的检测技术空白，可实现在赣州当地检测，大大缩短了企业的送检周期，为赣南相关产业特别是油茶产业的发展提供更高更强水平的公共技术服务，也为政府食品安全监管部门提供了有力的技术支撑。

截至 2018 年 3 月，国家油茶产品质量监督检验中心（江西）已投入 1400 余万元对实验室环境条件进行改造升级，重点打造国家级标准的油茶产品检验实验室，并配齐了高效液相色谱质谱联用仪、气相色谱质谱联用仪、电感耦合等离子体质谱仪等一批高精尖检验仪器设备，为行业技术支撑打下了夯实的基础。据悉，建设油茶产品质检中心，是赣州市“十三五”规划油茶产业“三个基地、三个中心”的一个中心，中心的建成将立足赣州、覆盖全省、辐射周边，为赣州及周边省市油茶产业提供全面的检测、检验、研发服务，为赣南油茶产业提质增效提供了更为有力的技术支撑，对促进赣州油茶产业健康有序发展、引导中心企业规范发展、助力赣南苏区振兴发展都具有重要意义。

三、赣州省级检测中心

1. 江西省新能源汽车产品质量监督检验中心（赣州）

2018 年 6 月，江西省质监局公布省级产品质量监督检验中心获批筹建名单，江西省新能源汽车产品质量监督检验中心（赣州）获得批准筹建，这是全省首家省级新能源汽车检测中心。

据悉，江西省新能源汽车产品质量监督检验中心（赣州）位于赣州新能源汽车科技城，是在赣州经开区产品质量监督检验所基础上筹建的，项目总投资 3 亿元，由赣州经开区与中国电器科学研究院有限公司共同投资建设。

中心建成后，能够为赣州及周边区域新能源汽车企业提供优质、高效测试认证服务和技术支撑，填补江西省在新能源汽车公共检测领域的空白。新能源汽车检测中心将进一步促进赣州市新能源汽车产业发展，带动配套中小企业兴起都具有重要意义。

2. 江西省纺织服装产品质量监督检验中心（于都）

2018 年 6 月，江西省质监局公布省级产品质量监督检验中心获批筹建名单，江西省纺织服装产品质量监督检验中心（于都）获得批准筹建，这对于于都服装产业发展将发挥重要的作用，极大地助推了中小服装生产企业的转型升级。

近年来，于都县结合当地纺织服装产业工人多、产业基础实的实际，将纺织服装产业作为该县首位产业来抓，通过强规划、搭平台、创品牌，纺织服装产业正从传统产业向绿色低碳、数字化、智能化和柔性化等方向迈进，呈现快速发展势头。如今，全县各类纺织服装中小企业超过 2000 余家，从业人员 30 余万人，规模以上企业 55 家，全行业产值达 282. 3 亿元，2018 年全年产值将突破 400 亿元。

于都县全力搭建“智造基地、设计中心、展销中心、检测中心、物流中心、面辅料市场、服装学校、总部大楼、双创公寓、水洗产业园”十大平台，推进园区产城融合。同时，还强化产业发展要素保障，目前已建成标准厂房面积 102 万平方米；服装学校已投入使用，在校就读学生 800 人。2017 年以来，签约服装项目 94 个，签约金额 102. 79 亿元，投资 20 亿元的汇美智能制造产业园、投资 15 亿元的日播时尚智能智造研发产业园，厦门宝姿集团、海澜集团、深圳歌力思股份有限公司等一批优质知名企业相继入驻于都，带动产业链上下游中小企业蓬勃发展。

3. 江西省鞋类产品质量监督检验中心（石城）

2018 年 6 月，江西省质监局公布省级产品质量监督检验中心获批筹建名单，江西省鞋类产品质量监督检验中心（石城）获得批准筹建（见图 7. 6），这对于石城鞋业产业发展将发挥重要的作用，极大地助推了中小鞋业生产企业的转型升级。

图 7.6 江西鞋类产品质量监督检验中心（杨鑫拍摄）

近年来，石城积极贯彻落实“主攻工业三年翻番”发展战略，努力发展新经济培育新动能，围绕鞋服首位产业下足功夫。一方面，量身订制品牌鞋服产业规划，对鞋服产业基地的空间布局、功能板块、基础设施、配套设施及发展目标、发展思路、发展措施等进行科学编制。另一方面，加快培育龙头企业，实施品牌带动战略，充分发挥现有斯哌纹奇、华欣体育等龙头企业的辐射带动作用，逐步形成以龙头企业为骨干，相关中小企业为配套，专业化分工协作的品牌鞋服产业集群。政策的引导使得石城县鞋服产业迅速扩大，目前，鞋服生产企业 120 余家，从事鞋服加工业 1.8 万余人，年生产成品鞋 5000 余万双。

此外，石城县还加大了专业交易市场、现代物流平台建设，规划建设原料市场、辅助材料市场和鞋类产品展销交易中心，逐步形成面向全国的鞋产品及原辅料批发零售、交易展示、信息发布专业市场。

4. 江西省数字电子产品质量监督检验中心（信丰）

2018 年 9 月，省质监局正式批复，同意赣州市质监局在信丰县市场和质

量监督管理检验检测中心的基础上筹建“江西省数字电子产品质量监督检验中心”，这是2018年该市获批筹建的第4家省级质检中心。

据悉，信丰县是江西省电子信息产业发展基地，是赣州市打造“两城两谷一带”之电子信息产业带的重要节点。目前，该县共有数字电子产业投产企业74家，其中，规模以上企业32家、在建24家。拥有国家高新技术企业8家，省级技术研发中心1个，企业内部研发室5个，获专利200多项、发明专利30多项，年总产值超100亿元。建设“江西省数字电子产品质量监督检验中心”是赣州市质监局立足职能，服务市委、市政府“主攻工业攻坚战”的又一生动实践，该项目建成后，将为当地及周边电子信息企业提供优质高效测试认证服务和技术支撑，减轻企业运行成本，帮助企业提高质量管理水平，完善产业链配套，助推区域产业发展，吸引、集聚各类产业资源，形成产业聚集效应，进一步推动产业做大做强。

第九节　宜居环境改善

——中小企业发展之花

赣州是生态家园。这里是江西母亲河赣江和中国香港饮用水源东江的源头。森林覆盖率达76.2%，是全国十八大重点林区和全国十大森林覆盖率最高的城市之一，有国家级森林公园9个、省级森林公园22个，国家级自然保护区3个，省级自然保护区8个，享有“生态王国”“绿色宝库”之美誉。空气质量稳定达到国家二级标准，饮用水源地水质达标率保持100%。城市生态环境竞争力进入全国前20强，荣膺全国首批创建生态文明典范城市、全省首届生态宜居城市。宜居环境的建设，也使赣州未来中小企业的发展后劲底气十足。

2017年，赣州纳入国家山水林田湖草生态保护修复试点以来，积极实施流域水环境保护与整治、矿山环境修复、水土流失治理、生态系统与生物多样性保护、土地整治与土壤改良五大生态建设工程，纵深推进国家山水林田湖草生态保护修复试点建设。截至 2018 年 10 月，全市山水林田湖草生态保护修复试点已开工项目 45 个，累计完成投资 82.96 亿元。

在推进山水林田湖草综合治理的过程中，赣州积极探索体制机制、修复模式、治理技术等方面的创新。在改革生态执法体制上，赣州破解生态执法领域职能交叉难题，将林业、水利、环保、国土、矿管等部门执法力量进行有效整合，安远、会昌、大余等县分别成立了生态执法局。同时，积极探索“山上山下同治、地上地下同治、流域上下游同治”的“三同治”模式，统筹推进矿山治理、土地整治、植被恢复、水域保护等四大类工程，以沃土壤、增绿量、提水质为目标，实施种树、植草、固土、定沙、洁水、净流等生态工程措施。

随着山水林田湖草生态保护修复试点工作稳步推进，赣州的生态环境质量得到进一步提升。一幅天蓝、地绿、水净的秀美赣南画卷正在舒展。

一、寻乌的“山水林田湖草”成效显著

（一）由绿变富，从“废弃矿山”到“金山银山”

宜林则林、宜耕则耕、宜工则工、宜水则水。寻乌县统筹水域保护、矿山治理、土地整治、植被恢复四大类工程，探索“三同治”治理模式，实现“废弃矿山”变“绿水青山”，同时，通过项目治理，充分改善了当地生态环境，通过政府奖补、银行信贷、合作社和龙头企业带动等措施，帮助当地贫困户发展特色产业，因地制宜种植油茶、竹柏等经济作物，提升综合治理效益，实现“废弃矿山”变“金山银山”。

积极构建以生物多样性和植被覆盖率为导向的生态保护修复工程格局，多管齐下增绿量。上甲村村民曾表示，“治理前，矿区内多为裸地，植物分布零散，植被种类较少，主要为芒萁、芒草、黑莎草，植被覆盖率为 10.2%，生态植被严重蜕化”。试点项目启动后，为确保植被数量有“增多”面积有“增加”质量有“提升”，一方面加强土壤改良、土地复垦力度，使土壤质地基本满足绝大多数植物生长条件；另一方面对每个平面、坡面采取种子撒播、

苗木移栽的方式进行植被复种。通过对不同植被进行调查，可知治理范围内总体植被覆盖率已由 10.2%提升至 95%，植物品种由原来的 3~6 种增加至百余种。

（二）由富变美，从“资源经济”到“生态经济”

建设生态文明是中华民族永续发展的千年大计。“既要金山银山，又要绿水青山”，寻乌县作为曾经的稀土生产大县，尽管现在有大量已探明的稀土储矿，但是寻乌县决定不再开山挖矿，要把珍贵的矿产资源和绿水青山一起留给后代子孙。真正做到不搞大开发，共抓大保护。

在寻乌县 2018 年山水林田湖草项目——文峰乡涵水片区废弃矿山综合治理与生态修复工程中（见图 7.7），立足文峰乡废弃稀土矿区系统治理，结合南桥镇青龙岩景区建设，着力打造旅游观光、体育健身胜地。项目总投资 2.99 亿元，主要建设内容涵盖废弃矿山环境修复、土地整治与土壤改良、植被复绿及人工湿地等生态修复工程，改造提升 G206 国道至稀土废弃矿区道路 7 千米、打通至青龙岩旅游度假区道路 4 千米、建设自行车赛道 24.5 千米、步行道 1.2 千米等基础设施建设，以及上甲村美丽乡村建设。

图 7.7　寻乌山水林田湖草治理（杨鑫拍摄）

二、信丰“中国赣南脐橙产业园”获国家AAAA级旅游景区

2018年经省旅游景区质量等级评定委员会评定，信丰县中国赣南脐橙产业园景区达到国家AAAA级旅游景区标准的要求，认定为国家AAAA级旅游景区。这是旅游事业发展的又一件大事，是信丰县大力实施乡村振兴战略所取得的又一突出成果。

中国赣南脐橙产业园景区位于信丰县安西镇（见图7.8），占地5400亩，由农夫山泉公司投资2.2亿元，建成了5000亩高标准脐橙种植示范基地、6000平方米大型脐橙文化博览馆、7000平方米玻璃温室育苗基地、中美柑橘黄龙病合作实验室以及脐橙产业博士后工作站等项目。该景区致力打造成为集脐橙文化、旅游、科研、科普、技术示范等要素，种植、加工、销售全链条，政府+农户+企业新型合作关系等功能于一体的综合旅游景区。

图7.8　信丰脐橙产业园（杨鑫拍摄）

据了解，景区的脐橙博览馆是目前全国首家以“脐橙”为主题的大型展馆，整个展馆占地6000平方米，全展馆展出了3D动态脐橙树、实景沙盘、脐橙发展史、脐橙文化、脐橙育苗、橙园生态、农夫山泉17.5°橙、智慧农业、农业科技展示馆、互动体验等，是集文化传播、研学科普、创新科技、

科学研发于一体的大型综合性现代展馆，已接待国内外多批游客前往参观游览。

未来，中国赣南脐橙产业园景区将依托脐橙优势资源特色，树立三次产业融合发展，争创“江西第一、全国一流”的高科技农业、生态园林与美丽乡村景区。

三、崇义获“国家森林城市”“国家生态文明建设示范市县”荣誉称号

2018 年森林城市建设座谈会在广东省深圳市召开。会上，举行“国家森林城市”授牌仪式，崇义县获评“国家森林城市”荣誉称号。同年，崇义县在广西南宁举办第二批国家生态文明建设示范市县和“绿水青山就是金山银山”实践创新基地表彰活动，国家生态文明建设示范市县称号。

崇义县是“中国竹子之乡”“中国鹭鸟之乡”“中国南酸枣之乡”，全县森林覆盖率高达 88.3%，全县有 1 个国家级自然保护区（齐云山）、1 个国家级湿地公园（阳明湖）、1 个国家级森林公园（阳明山）和 2 个省级自然保护区（阳明山、章江源）。

近年来，崇义县坚持森林城市与森林乡村、美丽乡村同步建设，加强森林质量提升、近自然森林营造、森林生态文化建设，着力实施森林生态、森林服务、森林产业、森林文化、森林支撑五大体系建设。同时崇义县坚持走生态县域经济发展道路，实施全域旅游发展路径，围绕“加快绿色崛起，建设幸福崇义”目标，牢固树立和践行“绿水青山就是金山银山”的理念，坚持生态优先、绿色发展，按照“发展项目化、产业生态化、建设景区化、服务信息化”工作思路，狠抓统筹、保护、治理、发展、创新五项重点工作，生态文明建设工作成效显著，先后获评国家卫生城、全国首批国家森林城市创建县、国家有机食品生产基地建设示范县等 12 项“国字号”荣誉称号。

四、赣州章贡区的“厕所革命”

2018 年以来，章贡区按照“增设一批、改造一批、开放一批、提升一

批”的工作思路积极推进“厕所革命”，对辖区公厕进行改造提升。截至 2018 年 10 月，该区已全面完成 11 座公厕的改造工作，新建了 7 座公厕，还有一批公厕正在进行改造。

以“技术先进化、建设标准化、服务便民化、区域扩大化、管养制度化”为目标，章贡区“厕所革命”项目实施后，从增设便民服务设施出发，全面启动实施改造老旧公厕，并结合背街小巷改造提升工程，重点对“沟槽水冲式”公厕进行改造，提高市民如厕环境。

在具体改造过程中，章贡区对老旧公厕严格按照国家相关标准提升改造，外部形象景观化打造、内部功能标准化实施。对功能布局进行完善，增设残疾人卫生间、母婴室等设施，满足残障、妇幼、老年人使用需求；围绕便民和实用的需求，通过增加厕所使用面积，调整公厕男女厕位比例，使中心城区现有男、女厕位配比为 1∶1；免费提供洗手液、纸巾，安装智能感应节水系统，增强便民服务功能。该区还启动实施了壕坎上、大新开路、渡口路等 14 座“沟槽水冲式”公厕改造，使现有公厕达标建设，实现公厕管理窗明几净、通风顺畅。

目前，西园、赣州公园等 11 座公厕已完成改造并投入使用；江西理工大学、红环路等 21 座公厕正在改造施工。同时，按照“以固定式为主、活动式为辅、移动式补充”的方式，在五龙小游园、沙石镇吉埠等地新建了 7 座公厕，移交了章江北大道、中央生态公园等 5 座公厕，进一步实现公厕资源扩量。

第十节　赣州助推康养产业发展

——中小企业兴旺的种子

赣州正迎来健康旅养产业的大发展。被誉为客家摇篮的赣南，是众多海内外客家人的祖居地，而赣南是千千万万海内外客家人寻根问祖的真正原乡。

在大健康时代，“田园康养+养生养老+中医康养”的旅养生活方式将会越来越受追捧，康养指数和幸福指数会构成未来“健康中国”的两大根基。因此，赣州依托文化底蕴、地理位置、自然环境优势大力发展康养产业不可谓不是助推中小企业兴旺发展的又一条捷径。康养产业覆盖面广、产业链长，涉及医疗、社保、体育、文化、旅游、家政、信息等多个方面，可以成为促进经济转型的重要抓手和中小企业兴旺发展的重要支撑。

2018 年海峡两岸暨港澳大健康论坛召开期间，赣州市举行了大健康产业招商推介暨成果签约会，现场签约 5 个大健康产业合作项目，总投资 130.2 亿元。现场签约仪式上，赣州市与中国生物工程学会、中华中医药学会两个国家级学会签约设立驻赣工作站。现场签约的 5 个大健康产业合作项目，分别为隆通国际投资（深圳）有限公司在章贡区投资 15 亿元兴建宋城养老公寓项目、东莞市康华投资集团有限公司在赣州经开区投资 80 亿元兴建颐和康养小镇项目、水龙集团有限公司在大余县投资 5 亿元兴建五福居养老康复中心项目、广州纯品元健康产业有限公司在全南县投资 20 亿元兴建生物医药项目、贵州贵澳实业（集团）有限公司在会昌县投资 10.2 亿元兴建健康养老和农业旅游产业园项目。

一、赣州特色小镇兴起助推康养产业发展

目前，赣州市特色小镇有 31 个，其中 3 个国家级（龙南县武当玫瑰小镇最终落选全国第二批特色小镇）、5 个省级、23 个市级，已做到每个县市区都有一个特色小镇项目目标。

表 7.3　赣州特色小镇发展状况

国家级特色小镇（共 2 个）
宁德小布茶香小镇、全南南迳芳香小镇、陇南武当玫瑰小镇（第二批落选）
省级特色小镇（5 个）
上犹陡水慢生活小镇、南康家具小镇、信丰赣南脐橙小镇、章贡赣南金融小镇、大余丫山运动休闲小镇

续表

市级特色小镇（23 个）
瑞金沙洲坝红井小镇、寻乌南桥青龙岩小镇、定南鹿湖开花小镇、赣县江口滨江花园小镇、龙南虔心小镇、安远三百山小镇、石城大畲温泉小镇、崇义君子谷小镇、会昌风景独好小镇、赣州经开区新能源汽车小镇、于都长征源小镇、信丰县大塘埠镇、石城县小松镇、宁都县石上镇、会昌县和君教育小镇、章贡区蘑菇小镇、赣县区帆船小镇、寻乌县东江源温泉养生小镇、全南双龙谷教育小镇、宁都县梅江运动小镇、榕江新区园艺小镇、定南县足球小镇、兴国康养小镇

2017 年赣州市委、市政府联合出台《关于加快特色小镇规划建设的实施意见》，计划到 2020 年，建成一批产业特色鲜明、体制机制灵活、人文气息浓厚、生态环境优美、社区功能完善、示范效应明显的特色小镇，全市共创建 40 个左右市级以上特色小镇，力争创建 10~12 个省级、3~5 个国家级特色小镇。

（1）市级特色小镇原则上 3 年内要完成固定资产投资 5 亿元左右，省级特色小镇要完成固定资产投资 10 亿元左右，国家级特色小镇要完成固定资产投资 20 亿元左右，以上投资额均不含住宅和商业综合体项目投资。

（2）入选创建国家级、省级、市级特色小镇名单后，市财政每年按每个国家级、省级、市级特色小镇分别安排 1000 万元、800 万元和 200 万元的奖补资金。

（3）财税支持方面，积极协调引导国家开发银行、中国农业发展银行等通过多元化金融产品及模式，对特色小镇和相关企业给予国家专项建设基金和长期低息融资支持，鼓励引导其他金融机构积极参与。

二、赣州的康养产业发展状况

赣州旅游资源丰富，生态环境良好，森林覆盖率达 76.4%，有国家级风景名胜区 4 处，国家级自然保护区 3 处，国家级森林公园 9 个，国家 AAAAA 级旅游景区 1 处，国家 AAAA 级旅游景区 20 处，国家 AAA 级旅游景区 10 处；形成了赣州“红色故都、客家摇篮、江南宋城、生态家园”四大旅游品牌和

“堪舆圣地、世界橙乡”等特色品牌。同时，赣州也是中国优秀旅游城市、国家历史文化名城、全国文明城市、国家园林城市、国家森林城市和国家双拥模范城。

（一）旅游休闲康养区

（1）阳明湖旅游休闲康养区。赣州市阳明湖景区是一颗生态旅游明珠，为国家级森林公园、AAAA 级景区。阳明湖位于赣江源头之一章江的上游，因 20 世纪 50 年代修建中国首座空腹重力坝——上犹江水电厂而成，水域面积 31 平方千米，蓄水量 8.22 亿立方米，拥有 34 万亩天然森林、427 条湖湾和 42 座湖心小岛。

（2）崇义阳明山休闲旅游康养。崇义阳明山国家森林公园，国家 AAAA 级旅游景区，省级自然保护区，被誉为“天然氧吧”的崇义县阳明山景区，负离子含量平均达 9.2 万个单位，最高值达 19.7 万个单位，为上海大世界吉尼斯之最，这里天空云淡、竹海茫茫、飞瀑流泉，空气清新，是一个休闲养生的好去处。

（3）大余丫山旅游休闲康养区。大余县丫山景区属国家森林公园、国家 AAAA 级旅游景区，江西省级重点风景区、省 AAAAA 级乡村旅游点，是一处由山、林、泉、湖、瀑、洞等自然景观和寺庙等人文景观构筑而成的综合性景区，因最高峰双秀峰呈“丫”形而得名。丫山历史悠久，古时即以佛教活动和游览胜地闻名遐迩。现有 A 哆乐园、玻璃栈道、四季花海、A 哆森林、空中滑索等景点项目，是养生度假、体验越野的好去处。

（4）安远县三百山旅游休闲康养区。安远三百山是国家 AAAA 级旅游景区、国家森林公园、国家级风景名胜区，也是中国香港同胞饮用水东江的源头，故有“东江源头”之称。这里有奇峰幽谷、飞瀑深潭、古树怪石、温泉地势；这里原始森林茂密、奇花异草斗艳、飞禽走兽成群，是饮水探源、登山探险、科考野营、温泉度假的好地方。

（5）宁都翠微峰旅游休闲康养区。宁都县翠微峰景区，国家森林公园，国家 AAAA 级旅游景区。古称金精山区，似一颗明珠嵌于中华东南大地，景内地质属丹霞地貌，石山林立峭拔、峰险岩奇、洞幽水秀，自然景色绮丽奇特。翠微峰成为集风景、宗教、文化名山于一身的千古名山，已载入当代《中国名胜大辞典》，属于江西省风景名胜区，是著名的旅游胜地。

（6）石城通天寨旅游休闲康养区。石城通天寨国家AAAA级旅游景区属于国家级地质公园、省级森林公园。有着“千佛丹霞，通天胜境”之称的石城县通天寨景区，是一处以观光、健身、科普、客家民俗展示和佛教朝圣为主的丹霞地貌旅游区，是江西省省级森林公园，赣州市唯一的国家级地质公园。通天寨因寨上主岩“外如两指相箝，内若两掌相合，仰视苍穹通天”而得名。

（7）于都屏山旅游休闲康养区。于都县屏山旅游区是江西百景之一，国家AAAA级旅游景区，省级森林公园，省级农业休闲旅游区，南方草山草坡开发示范项目，省级森林公园。屏山属武夷山余脉，海拔1312米，草场总面积五万多亩，春、夏、秋三季绿草成被，延绵起伏数十千米。村内有独居式接待小木屋、秀奇宾馆、《七彩屏山记忆》大型实景文艺晚会、游泳池、会议中心、风味客家餐厅、生态停车场等各种服务设施。

（8）南武当旅游休闲康养区。南武当旅游景区属于国家级风景名胜区、省级森林公园。龙南县南武当旅游景区位于武当镇境内的赣粤交界处，总面积13.5平方千米，主峰海拔864米。神奇壮观的南武当山，是融丹霞风光和佛教文化为一体的国家级风景名胜区，处江西省最南端的龙南县、赣粤边际，故又被称为“迎客山”和“送客山”。

（二）温泉养生康养区

（1）石城九寨温泉养生康养区。石城县九寨温泉养生康养庄园坐落于赣州石城境内，项目规模庞大，规划面积8000亩。坐拥20平方千米的通天寨省级森林公园，是中国最具特色的峡谷温泉度假景区，神奇雄壮的丹霞地貌仿若人间仙境，到处是悬崖峡谷，沟壑纵横。

（2）安远热泉河汤谷温泉养生康养区。安远县热泉河汤谷温泉养生康养项目坐落在国家风景名胜区东江源三百山脚下，出水温度高达79℃。泉中含有医疗价值较高的纳、硅、钙、铝、锌等微量元素，有较高的医疗保健效果。

（3）会昌汉仙温泉养生康养区。汉仙温泉位居会昌县筠门岭镇，汉仙岩

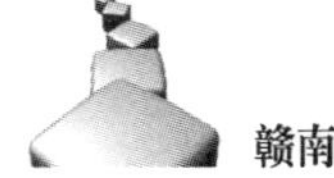

风景区北侧，地处赣粤闽三省交会中心，距离赣州、龙岩、梅州均为 200 千米；汉仙温泉以温泉为基础，紧追时代发展，融合世界健康产业先进理念，采用“温泉+”模式打造南中国顶级体验康体疗养小镇。

（4）龙南绿天泉温泉养生康养区（建设中）。龙南绿天泉温泉养生康养项目位于程龙镇龙秀村、八一九村境内，项目总体规划面积 812 亩，总投资约 10 亿元。项目拟建设以温泉开发为龙头的，集温泉旅游、养生、保健医养、高端酒店、滑雪场、环保有机农业体验和香港武侠世界为一体的综合温泉休闲康养区。

（5）大余河洞温泉养生康养区。大余县河洞温泉养生康养项目地处大余县河洞乡热水村境内，距县城 35 千米，因山前常年涌冒温泉，故名“热水”。温泉水常年水温在 35℃~43℃，水质富含硫水物，无明显硫化氢气味，经中国科学院地理研究所化验表明，温泉水属优质医疗矿泉水，环境质量优良。

（6）寻乌东江源温泉养生康养小镇（建设中）。寻乌县东江源温泉养生康养小镇位于寻乌县晨光镇民裕村，主要兴建温泉度假酒店（五星级标准）、温泉泡池、生态旅游、休闲度假、养生养老中心、游乐中心等项目，五星级标准温泉酒店约 4 万平方米，温泉泡池、游乐中心、健康中心约 3 万平方米，养生养老中心、低密度住宅约 4 万平方米。

（7）寻乌青龙岩温泉养生康养区（建设中）。青龙岩温泉养生康养区规划建设集旅游文化产业园、温泉度假区、佛教缘舍区、漂流冲浪区、丹霞观光区、休闲农庄区、温泉养生区的一体综合旅游度假区。

（8）上犹天沐温泉养生康养区（建设中）。上犹天沐温泉养生康养项目以温泉小镇为载体，以温泉旅游为先导，以温泉度假和温泉养生为核心，以旅游地产为模式，以森林水系为景观，以客家文化为主题，将建设集旅游、度假、会议、养生和生态人居为一体的江西领先、国内一流、国际水准的温泉度假“综合体”。

（三）森林运动康养区

（1）九连山森林运动康养区。九连山森林运动康养区属于国家级自然保护区、国家森林公园，属南岭山地，九连山脉，因其环连赣、粤两省九县并有 99 座山峰相连而得名。九连山是长江水系的赣江源头，区内保存有大面积原生性常绿阔叶林，生物多样性极其丰富，是国内外科学家极为关注的科研场所。九连山溪流被联合国专家称为“地球上受人类活动影响最小的水系”。

九连山地形复杂，沟谷纵横、瀑布峭壁、古树老藤遍布其中。主峰黄牛石海拔 1430 米，因峰顶有一巨石，形如黄牛得名。黄牛主峰是观云海、看日出的最佳境地。真可谓是“一览众山小”，赣粤两省无限风光尽收眼底。

（2）石城赣江源森林运动康养区。石城县赣江源保护区属国家级自然保护区，区内动植物资源十分丰富，素有“动物天堂、植物王国”之称。据不完全统计，这里有高等植物 2358 种，其中国家一级保护树种有伯乐树、南方红豆杉、银杏等；野生动物有 37 目 106 科 405 种，其中一级保护动物有云豹、蟒蛇等。据测试，这里的负氧离子含量高达每立方厘米 13 万个单位，全国罕见，是名副其实的“天然氧吧”。

（3）崇义齐云山森林运动康养区。崇义齐云山国家级自然保护区位于崇义县思顺乡境内，地处南岭山系与罗霄山脉交汇区的诸广山，总面积 17105 公顷，森林覆盖率高达 97.6%，保存有南岭山地区原生性南亚热带与中亚热带过渡的常绿阔叶林森林生态系统，是中国生物多样性保护的关键地区。

（4）上犹五指峰森林运动康养区。五指峰国家级森林公园项目位于江西省赣州市上犹县五指峰乡，距上犹县城 70 千米，距赣州市区 99 千米。因有五座相依相连、状如五指的山峰而得名，2003 年 10 月被国家林业局批准为国家级森林公园。五指峰公园有 4000 公顷的原始森林，景区内群峰矗立，雾海茫茫，森林覆盖率达 88%，山峰海拔 1200~1600 米，齐云山（齐云峰）海拔 2106 米，是赣南第一高峰。这里河谷众多，水清潭澈，年均气温 16.2℃。“峰、崖、石、泉、瀑、林、松、竹、花、草”独具奇观。

（5）全南大岳笔架山森林康养区。全南大岳笔架山森林康养项目地点位于长寿之乡江西省全南县大吉山镇大岳笔架山原始森林。地属九连山脉，紧邻九连山国家森林公园、国家级自然保护区，资源及环境优势明显；可利用面积 6000 多亩，开发利用空间大；海拔高度近千米，空气清新，夏季凉爽、白天气温 26℃，舒适宜人。景区百年以上大树古树众多，树形千姿百态，景

观效果迷人；林木种类繁多，植物多样性，植被原生态；山泉涌流，清澈甜润；野生水果及中药材资源丰富，山荔枝、山杨梅、山板栗、野生猕猴桃、野生蓝莓、酒饭团、金银花、半枫荷等遍布山野，是珠三角周边难得的可开发利用的珍贵森林资源。

（四）舒缓休闲康养区

（1）定南九曲度假村乡居休闲康养区。定南县九曲度假村是国家 AAAA 级旅游景区，集生态保健、休闲旅游、观光娱乐为一体的大型度假村，以生态保健为主题，以客家文化为特色，以流金岁月为理念，将自然景观与人文景观完美融合，是都市人回归自然的快乐天堂。

（2）宁都小布镇居休闲康养区。宁都县小布镇是国家 AAAA 级旅游景区，江西十大乡居休闲小镇，红色、绿色、古色旅游资源丰富，是人们休闲旅游的极佳之地。境内山脉纵横交错，群山起伏连绵，水源丰沛，山青水碧，风光旖旎，拥有山地面积 18.3 万余亩，森林覆盖率达 71%，有闻名遐迩的岩背脑瀑布，有生态茶园 5000 多亩，是休闲、观光、登山、品茶，回归大自然的天然休闲游览胜地。

（3）龙南虔心小镇乡居休闲康养区。龙南虔心小镇是国家 AAAA 级旅游景区、江西省 AAAAA 级乡村旅游点，处国家级自然保护区九连山边缘带，是一处少有的人间仙境，是集虔茶文化、旅游观光、休闲度假、健康疗养、商务会务、农副产品、传统工艺、农事体验于一体的休闲度假体验基地。虔心小镇平均海拔 600 米，坐拥十万亩竹林、万亩有机茶园，负氧离子高达 11 万/立方米。每年春茶采摘季节，这里都会举办隆重的虔茶开园盛典。

第八章　赣南苏区中小企业未来发展困境与思考

在《若干意见》出台及国家各部委的对口支援下，赣南苏区的各项发展指标都有了大幅提高，营造了良好的中小企业发展环境，中小企业的数量大幅增长。但在成绩的背后也可以清楚地看到，赣南苏区这几年软硬件环境的发展是不平衡的，“硬环境”发展迅猛，“软环境”相对滞后。当然，两条腿走路也分先后，“先硬后软”的发展思路是完全正确的，也是相当清晰的。所以，在《若干意见》的后半程或2020年之后，在不放松“硬实力”发展的同时更加注重“软实力”的增强，才是下个阶段发展的重中之重。

因此，赣南苏区中小企业发展困境与思考将从“软硬”实力两个方面来进行详细的探讨。

第一节　从赣州工业园区现状看中小企业繁荣发展问题

——增强硬实力

工业园区，是工业发展的主阵地。赣州市坚持布局优化、基础配套、产能提升，持续提升园区平台的承载力和聚集力，扩大工业版图。2018年上半年，全市19个工业园区累计实现主营业务收入1165.66亿元，同比增长2%。为推进工业园区产城融合，加快推进园区道路、通信、供水、供电、污水处

理等基础设施建设，完善商贸、娱乐、教育、医疗等生活配套功能，推动园区朝规范化、集约化、效能化方向迈进，赣州市园区基础设施投入增速连续两年位居全省前列。

同时为促进园区产业集聚、集约节约用地，通过“政府融资建设一批、腾笼换鸟建设一批、招商引资建设一批、吸引民资建设一批”方式，两年建成标准厂房1100万平方米。不仅如此，赣州市还打破行政区划界限，创新跨区域合作模式，积极探索政策共享、规划共编、园区共建、利益共享、优势互补的“飞地经济”，以龙南经开区为龙头，整合全南、定南工业园，推进“三南”园区一体化发展；以瑞金经开区为龙头，整合兴国、于都、宁都、石城工业园，建设瑞兴于“3+2”经济振兴试验区。

当然，在取得成绩的同时，从园区发展数据来看也暴露出一些问题，而这些问题实际上也反映出中小企业发展环境所面临的问题。

一、赣州工业园区主要指标及问题

（1）招商到位资金进度偏慢。2017年全市招商实际到位资金676.86亿元，招商实际到位资金不足招商签约资金的一半，同比增长55.8%，增速低于签约资金57.4个百分点。特别是寻乌、安远工业园区招商到位资金进度偏慢，仅为招商签约资金的4%、10.2%（见表8.1）。

表8.1　2017年全市工业园区招商引资情况

单位名称	招商签约资金（亿元）		招商实际到位资金（亿元）		招商到位资金/招商签约资金（%）
	本年累计	同比增长（%）	本年累计	同比增长（%）	
赣州市	1489.59	113.2	676.86	55.8	45.4
江西赣州章贡经济开发区	129.61	112.2	73.58	266.6	56.8
赣州高新技术产业开发区	77.09	23.6	47.97	58.5	62.2
江西信丰工业园区	277.59	213.3	79.02	54.1	28.5
江西大余工业园区	15.85	-11.2	11.65	7.0	73.5
江西上犹工业园区	26.30	122.5	7.43	6.8	28.2

续表

单位名称	招商签约资金（亿元）		招商实际到位资金（亿元）		招商到位资金/招商签约资金（%）
	本年累计	同比增长（%）	本年累计	同比增长（%）	
*江西崇义工业园区	8.22	143.0	5.14	315.6	62.5
江西安远工业园区	54.77	788.4	5.57	92.0	10.2
龙南经济技术开发区	208.77	159.3	66.68	29.9	31.9
江西定南工业园区	38.52	125.6	24.68	59.0	64.1
江西全南工业园区	36.33	837.8	14.86	41.8	40.9
江西宁都工业园区	52.92	101.6	32.39	48.7	61.2
江西于都工业园区	32.33	48.9	19.73	105.7	61.0
江西兴国经济开发区	20.10	-33.3	26.10	33.1	129.8
江西会昌工业园区	14.46	-57.6	20.87	50.3	144.3
*江西寻乌工业园区	90.18	801.8	3.60	-51.6	4.0
*江西石城工业园区	7.50	11.9	5.01	34.0	66.8
瑞金经济技术开发区	35.89	11.8	17.86	59.3	49.7
江西南康经济开发区	115.17	136.7	78.30	90.1	68.0
赣州经济技术开发区	353.88	107.5	150.18	27.7	42.4

注：根据统计制度，全省及各设区市园区数据不包含筹建园区数据。上表数据均为全市16个正式园区汇总数，不含崇义、寻乌、石城3个筹建园区。

（2）国家级园区排位依然靠后。赣州高新技术产业开发区、龙南经济技术开发区、瑞金经济技术开发区主要经济指标依然处于全省后位，2017年分别完成主营业务收入323.2亿元、269.14亿元和197.7亿元，依然处于全省后三位，且远远低于国家级园区平均主营业务收入（全省17个国家级园区，平均每个园区实现主营业务收入724.5亿元）。赣州经济技术开发区2017年完成主营业务收入696.56亿元，低于全省平均水平，依然处于全省国家级园区第6位，并且与全省排名第1位的南昌高新技术产业开发区主营业务收入的差距由2016年的1159.5亿元扩大至1818.26亿元，与全省第5位的上饶经济技术开发区的差距由2016年的104.3亿元扩大至609.4亿元（见表8.2）。

表 8.2　全省 17 个国家级园区主营业务收入对比

园区名称	2017 年		进退位
	主营业务收入（亿元）	排位	
1. 南昌小蓝经济技术开发区	1135.97	4	0
2. 南昌经济技术开发区	1227.54	2	0
3. 南昌高新技术产业开发区	2141.46	1	0
4. 景德镇高新技术产业开发区	564.75	11	0
5. 萍乡经济技术开发区	645.11	7	3
6. 九江经济技术开发区	1142.20	3	0
7. 新余高新技术产业开发区	566.73	10	-3
8. 鹰潭高新技术产业开发区	620.25	8	0
9. 赣州高新技术产业开发区	323.20	15	0
10. 龙南经济技术开发区	269.14	16	0
11. 瑞金经济技术开发区	197.70	17	0
12. 赣州经济技术开发区	696.56	6	0
13. 井冈山经济技术开发区	595.01	9	0
14. 吉安高新技术产业开发区	384.04	14	0
15. 宜春经济技术开发区	420.94	13	0
16. 抚州高新技术产业开发区	453.11	12	0
17. 上饶经济技术开发区	932.60	5	0

（3）强度指标仍有差距。2017 年赣州市单位面积工业主营业务收入为 37.16 亿元/平方千米，列各设区市第 8 位；单位面积工业投资 8.44 亿元/平方千米，列各设区市第 8 位；主营业务收入利润率 6.35%，列各设区市第 8 位，均低于全省平均水平、处于全省靠后位次（见表 8.3）。

表 8.3　2017 年各设区市园区主要强度指标

地区	单位面积主营业务收入		单位面积工业投资		主营业务收入利润率	
	指标值（亿元/平方千米）	排位	指标值（亿元/平方千米）	排位	指标值（%）	排位
全省总计	45.77		10.37		7.50	

续表

地区	单位面积主营业务收入		单位面积工业投资		主营业务收入利润率	
	指标值（亿元/平方千米）	排位	指标值（亿元/平方千米）	排位	指标值（%）	排位
南昌市	89.50	1	14.78	2	6.75	6
景德镇市	66.70	4	7.38	10	5.58	10
萍乡市	58.43	6	13.95	3	11.18	1
九江市	31.63	10	10.18	5	8.59	3
新余市	82.32	2	8.61	7	6.52	7
鹰潭市	70.17	3	12.36	4	4.76	11
赣州市	37.16	8	8.44	8	6.35	8
吉安市	42.59	7	16.95	1	7.96	4
宜春市	61.36	5	9.24	6	9.49	2
抚州市	30.70	11	5.92	11	5.85	9
上饶市	33.05	9	7.73	9	7.44	5

因此，从招商到位资金、国家级工业园区排位、强度指标三个数据来看，赣州工业园区招商经营环境仍然压力较大，不容乐观。工业园区环境实际上也可以侧面反映出对中小企业的聚集吸引力和经营环境状况。究其原因可能是：

龙头企业规模、数量不足——导致产业投资强度不足——导致产业环境辐射力不足——导致产业链延伸长度不足——导致产业链间关联强度不足——导致产业链中细分市场相关中小企业繁荣程度不足。

二、相关建议

（1）坚定抓好“两城两谷一带”建设。坚定“首位产业、首要任务、首位扶持”，继续集中各种资源力量，强化政策支持与引导、吸引强势龙头企业入驻园区，注重产业链间关联龙头企业的配套洽谈引入，围绕瓶颈问题发力，主攻项目建设、完善配套服务，推动“两城两谷一带”迈入发展快车道，打造赣州特色优势产业集聚区，更好地提高中小企业的发展环境。

（2）持之以恒推进项目建设。针对反映最突出的资金短缺、技改扶持力度不够、项目前期进度慢等问题，用好用活重大工业项目投资引导资金，加大技术改造扶持引导力度，重点推进“攻坚性、引领性、带动性”特大项目，推动项目建设早日取得实效。

（3）着力促进园区平台升级。大力推进园区基础设施建设，探索以国有资本为主体，撬动社会资本，通过收购、租赁、合作、置换等方式，加快推进园区的腾笼换鸟改造。提升工业园区产业层次，加强对首位产业的研究指导，加大对首位产业的扶持，推进各地在招商引资、平台建设等方面的协作，避免出现互相争抢项目、恶性竞争现象。强化“亩产论英雄”导向，提高土地集约利用水平，激活强投入、求转型、扩生产、提效益的内生动力，倒逼中小企业转型升级。

（4）大力扶持企业转型发展。深入开展降成本优环境活动，进一步加大对龙头企业的扶持，力所能及地给予政策、资金、供地支持，尽快培育出一批规模在五十亿元以上的大型骨干龙头企业，通过龙头企业带动产业链上下游中小配套企业快速聚集与发展。大力度鼓励引导企业实施技术改造、开展产学研合作、建立现代企业管理制度、提升安全管理水平，大力发展智能制造、绿色制造、服务型制造等制造业新模式，推动重点领域、重点企业率先突破、转型发展。

第二节　从赣州教育环境看中小企业可持续发展问题

——提升软实力

众所周知，“教育兴则国家兴，教育强则国家强”，由此可见教育对于国家、民族发展的重要性。但同时，教育对于城市的发展、人口的吸引凝聚、中小企业未来的可持续发展也会产生长远而深刻的影响。

一、赣州教育环境发展状况

赣州2014～2019年已争取教育项目资金59.5亿元，获持岗教师计划等7514名，培训教师5万余人次，新（改、扩）建校舍306余万平方米，新增专任教师1.1万人，教师学历合格率大幅提高。赣南教育学院改制为赣州师范高等专科学校，成为赣州市第一所市属普通高校。省政府、国家工信部、教育部签署《关于共建江西理工大学的意见》，江西理工大学成为赣州市第一所部省共建高校。设立赣南卫生健康职业学院，赣南师范学院更名为赣南师范大学。连续4年争取江西省单独面向赣州降分录取定向培养大学生，累计获得省定向招生计划1529名。中小学研学旅行、校长教师交流轮岗、集团化办学模式、特殊教育送教上门等多项改革试点稳步推进，形成了“一校一品、一县一特”的改革模式和经验。

（1）学前教育。赣州市的学前教育发生了巨大的变化，尤其是近几些年有了飞跃式的发展。2008年，全市仅有幼儿园1937所，在园幼儿26万人，学前三年毛入园率48%，其中公办幼儿园仅21所，公办园占比1%，乡镇、农村没有一所公办幼儿园。截至2018年，全市幼儿园数量达3327所，在园幼儿36.66万人，其中公办园940所，公办园占比28%，在全省率先实现每个乡镇有一所公办中心幼儿园。利用村小闲置校舍改扩建村级公办园611所，农村学前教育面貌焕然一新。

（2）九年义务教育。赣州市高度重视基本实施九年义务教育和基本扫除青壮年文盲工作，始终把“两基”工作放在重中之重的位置来抓。2018年，赣州市18个县（市、区）提前两年全域通过国家县域义务教育发展基本均衡评估认定。目前，全市小学适龄儿童入学率、初中适龄少年入学率稳定在99%和97%左右，九年义务教育巩固率达99.14%，义务教育由普及向均衡迈进。

（3）高中教育。赣州市高中阶段教育实现了历史性跨越。截至2018年，全市有普通高中68所，普通高中招生从2000年的2.2万人增至7.3万人，增长了3.3倍，在校生从2000年的5.2万人增至21.03万人，增长了4倍；职

业高中53所，每年招生从2000年的6147人增至25056人，增长了4.1倍，在校生从2000年的15542人增至77394人，增长了近5倍。高中阶段毛入学率达90.67%。

（4）职业教育。赣州市高度重视职业教育工作，职业教育持续稳步发展，培养了大批优秀的技能技术型人才。目前，全市有中职学校53所，在校生77394人，有省级以上示范性中职学校19所，其中，国家中等职业教育改革发展示范学校5所、国家级重点职业学校2所、省级重点职业学校6所、省示范性职校6所。兴国县被评为第二批国家级农村职业教育和成人教育示范县，安远中等专业学校被确定为江西省高水平中等职业学校建设计划立项单位，安远县、上犹县入围第五批国家级农村职业教育和成人教育示范县创建。近几年，赣州市职业学校毕业生本地就业人数占直接就业人数的比例，由2016年的38.87%提高到2017年的42.57%，2018年占比达到45.19%。

二、赣州出台“十三五”教育事业发展规划

2017年，赣州市人民政府办公室印发《赣州市“十三五”教育事业发展规划》（以下简称《规划》）。《规划》明确“十三五”时期赣州教育事业改革发展的总体目标是，到2020年，教育发展主要指标达到全国平均水平，教育总体发展水平在全省争先进位，基本形成与全面建成小康社会相匹配的现代教育体系，基本形成学习型社会。

（1）加快普及学前教育。合理规划和布局学前教育资源，大力实施第三期学前教育三年行动计划，通过新建、住宅小区配建、闲置校舍改建等多种方式扩充城乡公办学前教育资源。城市保障性住房小区配套幼儿园逐步交由教育部门举办公办幼儿园。实施学前教育普及推进计划，全市城区（含县镇）每3万人口、农村每个乡镇中心和2000人以上的人口较大行政村都建设举办1所公办幼儿园，新增一批农村小学附属独立幼儿园；创建20所以上县（市、区）城区公办省级示范幼儿园、200所以上乡镇公办市级示范幼儿园。积极扶持普惠性民办幼儿园的发展，力争在全市形成以普惠性幼儿园为主体的学前教育发展格局。

（2）推动城乡义务教育均衡发展。《规划》提出，到2018年，基本实现县域内义务教育均衡发展并通过国家评估。全面改善农村义务教育薄弱学校的基本办学条件，完成义务教育阶段小学860所（含村小、教学点及九年一贯制小学部）和283所初中改造任务，新（改、扩）建校舍面积203万平方米，按省定标准购置教学仪器设备、图书等，实现义务教育学校基本办学条件达标，确保义务教育薄弱学校基本办学条件达到教育部规定的20条底线要求。城区义务教育学校标准化建设工程。规划县（市、区）城区新（改、扩）建小学79所，校舍及辅助用房面积98万平方米，改造运动场72万平方米。新（改、扩）建初中和九年一贯制学校56所，校舍及辅助用房面积122万平方米，改造运动场80万平方米，扩大城区教育资源，缓解城区“大班额”现象。

（3）基本普及高中阶段教育。新（改、扩）建普通高中学校41所，改造教学及辅助用房169万平方米，学生宿舍46万平方米，配置必要的仪器设备及标准跑道，改善全市普通高中整体办学条件。制定特色高中认定办法，重点推动30所普通高中探索办学体制、培养模式和管理方式改革，激发学校办学活力，适应学生学习和发展需要，促进学校差异化、多样化发展，整体提升人才培养水平。

加快发展现代职业教育。加强中等职业教育基础能力建设，每个县（市、区）至少有一所骨干示范作用的中等职业学校，建设30所省级达标学校。加快推进赣州职教园区建设，积极支持符合条件的职业院校及江西理工大学等本科院校入驻园区。推动赣州职教园区、赣州职业教育公共实训基地、赣南职业技术学院、赣南卫生健康职业学院、市人民警察学校、瑞金职业学院、宁都高级技工学校、各县（市、区）1～2所中等职业学校、18个县级公共实训基地、20个“校企合作”示范基地建设。

（4）实施特殊教育提升计划。改善特殊教育学校办学条件，基本实现每个县（市、区）建有独立校舍的特教学校。重点支持特殊教育学校标准化建设，加大力度支持资源教室建设，加强残疾学生学习和生活无障碍设施建设，改善普通学校随班就读保障条件。推进全民教育，落实5%的残疾人就业保障

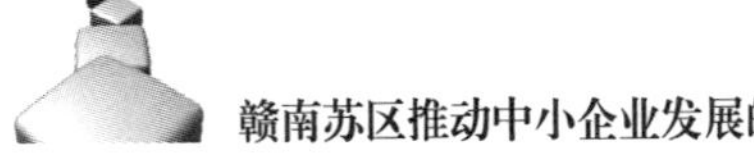

金用于特殊教育学校开展劳动技能教育。

（5）支持推动高等教育发展。依托赣州市优势产业和重点工程项目建设，优化和调整高校专业设置，培养实践创新人才。促进科研成果和高新技术的转化和应用，建立一批重点产业国家、省级研发平台，开展产业关键共性技术研发。持续推进部省共建江西理工大学，扶持稀土、钨等优势特色学科建设。支持具备条件的驻市本科高校向应用型转变。

（6）大力发展终身教育。办好国家开放大学赣州学院。支持办好企业大学，推动企事业单位建设职工继续教育基地。探索打通正规教育和非正规教育、学历和非学历教育、职前和职后教育途径和机制。加快发展老年教育，推进老年大学逐步纳入地方公共服务体系。

（7）建设高素质教师队伍。认真落实《赣州市乡村教师支持计划（2015-2020年）实施办法》，完善义务教育学校校长教师交流轮岗制度。坚持培养引进相结合，吸引优秀人才从教、强教，建设18个县级教师学习与资源中心，每年培训教师20000人以上。新招聘引进中小学教师10000名以上，培育省级骨干教师300名，市级骨干教师1000名，培育省级学科带头人100人，市级学科带头人1000名，培育引进名师名校长100名。

（8）提升教育信息化水平。《规划》提出，到2020年，实现中小学“三通”全覆盖，城镇学校班均出口带宽不低于10兆，有条件的农村学校班均出口带宽不低于5兆，教学点接入带宽达4兆以上，交互式多媒体教学设备和资源进课堂，人人拥有网络学习空间。实施赣州教育信息化“百千万”示范工程，即建设100所示范“智慧校园”，1000所优秀“名师工作室”，10000个优质“网络学习空间”。

（9）纵深推进部省共建赣州教育改革发展试验区建设。推动部省合作共建联席会议制度，加快将教育部、江西省人民政府的支持政策、项目转化为教育改革发展实效。继续争取国家、省重点强化对教育改革发展重点领域和薄弱环节的支持，着力实施“五项改革试点”，不断增强教育改革发展的内生动力，探索一条革命老区和欠发达地区教育振兴发展的新路子。

三、相关建议

教育环境的改善可以吸引和留住更多的年轻人和外来务工人员，形成城市的正向人口流入红利，改善企业的用工环境，为中小企业未来的可持续发展增添动力。可以看到，近年来，在赣州市委市政府的努力下赣州的教育环境有了极大的改善，并且制定了《赣州市“十三五”教育事业发展规划》。但从现实来看，赣州教育资源环境实际发展水平还相对靠后，距一线城市差距不小，整体教育环境还有待加强，压力不小。

“985”高校有着强大的智力及人才资源，通过部级联席会议等形式，探讨“985”高校的对口支援方式。例如：

（1）一所或几所“985”高校对口援建赣南苏区个县一所九年义务制分校和一所高中分校。

（2）援建学校轮流派干部到被援建学校挂职，传播先进教育教学理念，构筑信息沟通交流的桥梁，并形成常态化。

（3）由挂职干部牵头定期组织各方老师、学生进行交流、学习、实践等活动。

（4）定向培养或推荐优秀毕业生来被援建学校任教，援建双方给予一定的政策和资金支持。

（5）对被援建学校高考录取人数及分数予以一定的倾斜。

第三节　从赣州康养兴起看中小企业发展新市场

——重视硬软实力转化

一、康养产业链的核心——医疗

当一个国家60岁以上老人占比超过10%，即表示这个国家进入了严重的老

龄化社会。2017 年全年我国共出生人口 1723 万人，比 2016 年减少 63 万人。同时老龄化程度继续加大，60 岁以上老人占总人口的比重都有明显上升。2017 年，全国人口中 60 周岁及以上人口达到 24090 万人，占总人口的 17.3%。

随着老龄化时代的到来，康养产业逐步将成为朝阳产业，康养产业由于其覆盖面广、产业链长（涉及医疗、社保、体育、文化、旅游、家政、信息等）等特点将成为未来中小企业发展的主要方向。

因此，近几年赣州依托自然环境与地理位置优势大力发展康养产业，希望其成为促进经济转型中和小企业兴旺发展的主要抓手和支撑。但从康养产业的特点来看，其产业链的核心是医疗。甚至可以说，康养产业发展成功与否的关键就看医疗卫生资源的优势性与均衡性程度。而医疗卫生资源也正是赣州这些年发展的薄弱环节。

所以，如何承借赣州康养产业东风，在打造康养产业硬实力（基础设施建设）的同时实现软实力（医疗卫生服务水平）的同步提升和转化，也是需要重点考虑与思考的问题。

二、赣州医疗卫生环境发展状况

改革开放 40 年来，赣州市医疗卫生服务能力显著增强，人民健康水平大幅提高。全市人均预期寿命从 1981 年的 65.97 岁提高到 2017 年的 76.8 岁，孕产妇死亡率从 1990 年的 85.8/10 万人下降到 2017 年的 7.95/10 万人，婴儿死亡率从 1981 年的 32.7‰下降到 2017 年的 3.67‰。

赣州市市委市政府一直关心市民的“看病难、看病贵”问题，循序推进改革路径，坚定不移地将医改向纵深推进，对公立医院进行综合改革，持续半个多世纪的“以药补医”政策于 2017 年得到彻底终结。全市医疗卫生机构总数从 1978 年的 925 个增至 2017 年的 8846 个，现在 80%以上的居民 15 分钟能够到达最近的医疗点；全市医院床位数从 1978 年的 9941 张增至 2017 年的 4.49 万张，全市执业（助理）医师数从 1978 年的 4792 人增至 2017 年的 1.4 万人，全市注册护士数从 1978 年的 2289 人增至 2017 年的 1.86 万人。

为进一步提升改善医疗条件，2018 年，全市计划建设医疗卫生项目 119

个，上半年已开工 73 个。市人民医院、赣南医学院一附院、市立医院 4 个院士工作站已成立，目前共设立了 5 个院士工作站，引进了 5 名院士。根据人才队伍梯队建设需要，截至 2018 年 9 月，全市已引进硕士学历以上人才 331 人，其中，副高以上职称人才 15 人、博士学历人才 3 人。继续实施定向医学生培养，为乡镇卫生院及村卫生计生服务室培养医疗卫生人才。目前，全市卫生健康系统有博士学历人才 73 名、研究生学历人才 1720 名、副高级职称以上人才 2292 名。

赣州市目前共有 20 家疾病预防控制机构、19 家皮防机构、7 家独立结核病防治机构、二级及以上综合医院建有传染病区，重大传染病得到有效控制，连续 36 年无白喉病例，连续 35 年无脊髓灰质炎病例，并在全省率先启用航空紧急医学救援。自 1998 年 10 月 1 日《中华人民共和国献血法》实施以来，全市累计采血量达到 277.17 余吨，无偿献血人次从 1998 年的 71 人上升到 2018 年的 6.09 万余人，连续四届八年荣获“全国无偿献血先进城市”称号。

为积极利用互联网技术推动医疗体系改革融合，实现医疗资源利用效率最大化，赣州市积极构建互联互通的预约诊疗平台，全面启动远程医疗协作信息系统建设，开展医联体、医共体和专科联盟信息化建设，以信息化支撑分级诊疗。同时，发放居民健康卡，实现“一卡通”挂号和开展诊间费用等结算服务。目前，赣州市 9 所三级公立医院全部参与了医联体建设。2018 年新组建了康复专科联盟，以市人民医院、赣南医学院第一附属医院为龙头的 2 个市级医联体，以及结核病、皮肤病、精神病防治、妇产、中医、肿瘤 6 个专科联盟平稳运行，并在各县（市、区）稳步推进医共体建设。

同时，大力做好医养结合工作，到 2018 年 6 月，全市医养结合机构已有 65 家（在建 10 家）、床位 18711 张，其中，医疗床位 6196 张、养老床位 12515 张；全市医养结合机构入住老年人 4520 人，其中，养老型 2747 名、护理型 1773 名。大力发展康养产业，全市医养结合产业布局初步形成，其中，石城县投资建设温泉养老基地、温泉小镇项目，寻乌县建设东江源养生小镇颐养中心，上犹县引资 3.5 亿元建设众和康养基地，定南县引资 5 亿元建设康养谷，龙南县引资 1.19 亿元建设长乐颐养中心。

三、建议与对策

赣州康养产业的发展承载着未来中小企业发展的方向，医疗卫生水平则是产业发展的核心竞争力。但从目前赣州的医疗卫生水平来看，三甲医院的数量严重不足，三甲医院的质量也明显偏弱，医疗卫生服务水平相比一线城市差距还较为明显。因此，赣州如何借助《若干意见》的发展机遇和康养产业发展热潮，实现医疗卫生领域的“弯道超车”，真正将赣南打造成沿海城市的养老、养生、休闲、旅游、度假的后花园，让康养产业的硬投入转化为医疗卫生领域的软输出，提升转化效率，任重而道远。

主要具体建议如下：

（1）承托赣州康养产业发展东风，利用民营资本和 PPP 模式，提升各县市区三甲医院数量。例如，赣州经开区引入东莞市康华投资集团合作开发的医养综合体项目位于蟠龙镇，总占地面积约 262 亩，总投资 40 亿元，将建设一所三甲标准医院床位数不少于 300 张的医院以及养老场所。

（2）依托青峰药谷人才与科研实力，提升三甲医院医疗水平。

（3）利用部级联席会议制度，动员一线城市三甲医院对口支援赣南苏区医院发展，提升医疗服务水平。

（4）利用互联网技术，实现和一线城市三甲医院和赣南苏区三甲医院的无缝对接，提升医疗服务质量。例如，疑难病情的在线会诊，复杂手术的远程在线指导或操作等。

参考文献

［1］魏后凯、田延光主编，刘善庆、黎志辉执行主编：《全国原苏区理论与实践》，经济管理出版社 2018 年版。

［2］田延光主编，张明林、刘善庆著：《民生发展与改革实践——赣南苏区研究》，经济管理出版社 2017 年版。

［3］田延光主编，刘善庆、张明林著：《共享理念下的赣南等中央苏区脱贫攻坚研究》，经济管理出版社 2017 年版。

［4］陈绵水主编，李晓园、钟业喜、黄小勇著：《振兴原中央苏区的现实条件、产业布局和财税政策研究》，中国社会科学出版社 2014 年版。

［5］田延光主编，刘善庆著：《赣南等中央苏区特色产业集群研究》，经济管理出版社 2017 年版。

［6］江西省人民政府官网，www. jiangxi. gov. cn。

［7］赣州市人民政府官网，www. ganzhou. gov. cn。

［8］赣州市统计局官网，www. gzti. gov. cn。

［9］赣州市中小企业管理局，www. gzsme. gov. cn。

［10］赣州市章贡区人民政府官网，www. zgq. gov. cn。

［11］赣州市赣县区人民政府官网，www. ganxian. gov. cn。

［12］赣州市上犹县人民政府官网，www. shangyou. gov. cn。

［13］赣州市崇义县人民政府官网，www. chongyi. gov. cn。

［14］赣州市南康区人民政府官网，www. nkjx. gov. cn。

［15］赣州市大余县人民政府，www. jxdy. gov. cn。

［16］赣州市信丰县人民政府，www. jxxf. gov. cn。

[17] 赣州市龙南县人民政府，www. jxln. gov. cn。
[18] 赣州市定南县人民政府，www. dingnan. gov. cn。
[19] 赣州市全南县人民政府，www. quannan. gov. cn。
[20] 赣州市安远县人民政府，www. ay. gov. cn。
[21] 赣州市寻乌县人民政府，www. xunwu. gov. cn。
[22] 赣州市于都县人民政府，www. yudu. gov. cn。
[23] 赣州市兴国县人民政府，www. xinguo. gov. cn。
[24] 赣州市瑞金市人民政府，www. ruijin. gov. cn。
[25] 赣州市会昌县人民政府，www. huichang. gov. cn。
[26] 赣州市石城县人民政府，www. shicheng. gov. cn。
[27] 赣州市宁都县人民政府，www. ningdu. gov. cn。
[28] 2017 年赣州市统计年鉴，中国统计出版社。
[29] 2016 年赣州市统计年鉴，中国统计出版社。